TEBIE NASHUI
TIAOZHENG ZHIFA
FENGXIAN FANGKONG LILUN YU SHIWU

特别纳税调整执法
风险防控理论与实务

徐爱水 丁小团 著

法律出版社
LAW PRESS · CHINA

Contents | 目录

第一章

转让定价管理

001 第一节 **转让定价基础理论**

001 一、转让定价的概念

003 二、转让定价产生的原因

004 三、转让定价的发展历程

008 四、转让定价的基本原理

011 五、转让定价方法

019 第二节 **业务流程**

019 一、流程图

020 二、流程描述

020 三、相关法规依据

025 第三节 **风险提示**

025 一、对企业执法程序是否准确规范

026 二、内部程序是否准确规范

027 第四节 **风险防控策略**

027 一、对企业执法风险点的防控策略

029 二、内部程序风险点的防控策略

030 第五节 **典型案例**

030 案例一:关联企业认定案

035 案例二:E 公司转让定价调整案件

第二章 预约定价安排管理

048 第一节 **预约定价安排基础理论**
048 一、概念及分类
049 二、我国预约定价安排立法与实践发展
052 第二节 **业务流程**
052 一、单边预约定价安排管理
054 二、双边、多边预约定价安排管理工作流程
055 第三节 **工作规范**
055 相关依据
065 第四节 **风险提示**
065 一、实体性执法风险
065 二、一般程序性执法风险
066 三、特别程序性执法风险
067 第五节 **风险防控策略**
067 一、实体性执法风险防控策略
067 二、程序性执法风险防控策略
068 第六节 **典型案例**
068 案例:A 公司预约定价安排实例分析

第三章 成本分摊协议管理

080 第一节 **成本分摊协议基本理论**
080 一、成本分摊协议的概念和类型
082 二、成本分摊协议的原则
086 三、成本分摊协议的加入、退出和终止
088 四、成本分摊协议的税务处理
088 五、BEPS 时代我国成本分摊协议政策现状
090 第二节 **业务流程**

090 一、流程图
091 二、流程描述
091 第三节 **工作规范**
091 相关依据
094 第四节 **风险提示**
094 一、实体性执法风险
094 二、一般程序性执法风险
095 三、特别程序性执法风险
096 第五节 **风险防控策略**
096 一、实体性执法风险防控措施
097 二、一般程序性执法风险防控措施
097 三、特别程序性执法风险防控策略
098 第六节 **典型案例**
098 案例:美国苹果公司避税案

第四章
受控外国企业

105 第一节 **受控外国企业概述**
105 一、受控外国企业的概念
107 二、受控外国企业的税制的基本内容
113 第二节 **业务流程**
113 一、流程图
114 二、流程描述
114 第三节 **工作规范**
114 相关依据
117 第四节 **关注点**
117 一、企业设立地区实际税负
118 二、构成控制
118 三、非低税率国家

118 四、积极经营活动所得
119 第五节 **风险提示**
119 一、实体性执法风险
119 二、程序性执法风险
120 第六节 **风险防控策略**
120 一、实体性风险防控策略
121 二、程序性执法风险防控策略
122 第七节 **典型案例**
122 案例一:A公司诉H市某区国税局税务征收案
138 案例二:受控外国企业反避税案

第五章
资本弱化
146 第一节 **资本弱化基础理论**
146 一、资本弱化的概念
148 二、资本弱化的主要规制方法
150 三、我国资本弱化特别纳税调整制度沿革
153 第二节 **业务流程**
153 一、流程图
154 二、流程描述
154 第三节 **工作规范**
154 相关依据
159 第四节 **关注点**
159 一、债资比
160 二、借贷双方税负差
161 三、独立交易原则
161 第五节 **风险提示**
161 一、对企业执法程序是否准确规范
161 二、内部程序是否准确规范

162 第六节 **风险防控策略**
162 一、对企业执法风险点的防控策略
163 二、内部程序风险点的防控策略
164 第七节 **典型案例**
164 案例:A 公司与 S 省国税局行政征收纠纷案

第六章
一般反避税管理

169 第一节 **一般反避税基础理论**
169 一、避税和反避税的概念
169 二、我国一般反避税管理与其他特别纳税调整的关系
173 第二节 **业务流程**
173 一、流程图
174 二、流程描述
174 第三节 **工作规范**
174 一、一般反避税管理审核程序
174 二、相关依据
175 第四节 **关注点**
175 第五节 **风险提示**
175 一、一般反避税执法实体性风险
175 二、一般反避税执法程序性风险
176 第六节 **风险防控策略**
176 一、实体性执法风险防控策略
176 二、程序性执法风险防控策略
177 第七节 **典型案例**
177 案例一:产品低价外销引起的反避税调查案
180 案例二:境外间接转让境内股权复杂架构难掩纳税义务

第七章
文书送达的风险防控指引
186 第一节 **业务概述**
186 第二节 **风险防控策略**
186 一、税务文书的直接送达
187 二、税务文书的留置送达
187 三、税务文书的委托送达
188 四、税务文书的邮寄送达
189 五、税务文书的公告送达
190 六、必须向行政相对人送达税务文书
190 七、必须由税务执法人员送达税务文书
190 八、如实记录受送达人拒绝签收税务文书时的理由
191 九、如实记载送达日期和签收人
191 十、规范填写《税务文书送达回证》

第八章
部分文书范本
192 一、特别纳税调整立案审核表
194 二、特别纳税调整工作联系单(适用于协查)
195 三、特别纳税调整结案审核表
197 四、特别纳税调整补征税款情况统计表
197 五、预约定价安排补(退)税款情况统计表
198 六、相互协商协议补(退)税款情况统计表
199 七、特别纳税调整工作联系单(适用于信息交换)
200 八、特别纳税调查结论通知书
201 九、特别纳税调查初步调整通知书
205 十、特别纳税调查调整通知书
209 十一、税务事项通知书

217 十二、特别纳税调整监控管理报告
220 十三、税务检查通知书(一)、(二)
222 十四、询问通知书
224 十五、询问(调查)笔录
226 十六、调取账簿资料通知书
229 十七、调取账簿资料清单
230 十八、税务资料受理回执
230 十九、补正资料告知书
232 二十、协商内容记录
234 二十一、预约定价安排预备会谈申请书
235 二十二、单边预约定价安排受理谈签意向审核表
238 二十三、预约定价安排谈签意向书
239 二十四、预约定价安排正式申请书
241 二十五、单边预约定价安排签署审核表
245 二十六、单边预约定价安排(参照文本)
248 二十七、单边预约定价安排信息交换(中文)
250 二十八、单边预约定价安排信息交换表(英文)
253 二十九、预约定价安排补(退)税款通知书
258 三十、预约定价安排续签申请书
259 三十一、居民企业参股外国企业信息报告表
264 三十二、受控外国企业信息报告表
268 三十三、非居民企业欠税追缴告知书
270 三十四、非居民企业承包工程作业和提供劳务企业所得税扣缴义务通知书
272 三十五、纳税人、扣缴义务人涉税保密信息查询申请表
274 三十六、税务事项告知书(Notice of Tax Matter)

第九章
归档资料清单

276 一、特别纳税调查选案归档资料清单
276 二、特别纳税调查立案归档资料清单
276 三、特别纳税调查结案归档资料清单

278 **参考文献**

第一章

转让定价管理

所谓转让定价管理，是指税务机关依法[①]对企业与其关联方之间的业务往来（以下简称关联交易）是否符合独立交易原则进行审核评估和调查调整等工作的总称。

转让定价税制对于税务机关如何处理转让定价事务有明确的规定和指导，是转让定价反避税的法理支撑和实践指导，是关于转让定价的原则、方法、措施及有关协调等实体性和程序性规则的总称。

内　容	法律渊源
关联申报	《中华人民共和国税收征收管理法》 《中华人民共和国企业所得税法》
同期资料管理	
转让定价方法	
转让定价调查和调整	
罚则	

图 1－1　转让定价税制框架图

第一节　转让定价基础理论

一、转让定价的概念

转让定价，英文为“Transfer Price”，也译为“转让价格”、“转移价格”、“调拨价格”等，根据美国学者罗伯特·G. 埃克尔思（Robert G. Eccles）的考证，转让定价的

① 主要是《中华人民共和国企业所得税法》第六章和《中华人民共和国税收征收管理法》第 36 条规定。

概念可以追溯到1883年。涉及转让定价概念的文献最早出现于1901年,美国学者哈理·西奇威克(Henry Sidgwick)在《政治经济学原理》(*The Principles of Political Economy*)中指出,基于原材料产品的交换理论,生产者可能会消费自己生产的产品,即集团内部企业进行产品的购销流转。美国学者查尔斯·T. 亨格伦(Charles T. Horngren)与盖里· L. 桑顿(Gary L. Sundem)在《管理会计》中将转让价格定义为企业组织中一个分部针对其向同一组织中另一个分部提供产品或服务收取的价格。[①] 美国学者罗伊·罗哈吉(Roy Rohatgi)等人认为:"转让定价是一个经济术语,指关联方之间进行内部交易的估价过程。"[②]在国内税法的教材中,对转让定价也有界定,如"所谓转让价格,又称内部价格,指跨国公司进行内部交易所采用的价格"[③];"转让价格,也称划拨价格、调拨价格、转移价格,是指跨国公司内部母公司与子公司之间、子公司与子公司之间进行商品和劳务交换时所执行的内部贸易价格"[④]等。

同时,经济合作与发展组织(Organization for Economic Co – operation and Development,OECD)[⑤]1995年发表的《跨国企业与税务机关转让定价指南》(Transfer Pricing Guidelines for Multinational Enterprises and Tax Administrations,以下简称《转让定价指南》)中指出:"不应将转让定价直接与逃税及避税相联系,尽管有时候转让定价政策可以用于这两方面。"[⑥]所以说转让定价是一个中性的概念,不能将其与避税等同。而滥用转让定价(Transfer Pricing Manipulation)则涉及避税问题,主要是指企业违反独立交易原则,利用内部交易的转让定价不合理地操纵集团内各关联公司的利润,将利润转移至税率低的国家或地区,以达到避税的目的。

根据我国税法相关规定,转让定价是指关联企业之间对于有形资产购销、转让和使用、无形资产转让和使用、劳务提供、资金融通等各种业务往来的定价。转让定

---

① 参见周自吉:《转让定价基础理论与实务操作》,中国财政经济出版社2014年版,第5页。

② [美]罗伊·罗哈吉:《国际税收基础》,林海宁、范文祥译,北京大学出版社2006年版,第449页。

③ 刘剑文:《国际所得税法研究》,中国政法大学出版社2000年版,第159页。

④ 王松年主编:《国际会计前沿》,上海财经大学出版社2001年版,第505页。

⑤ OECD是由35个市场经济国家组成的政府间国际经济组织,旨在共同应对全球化带来的经济、社会和政府治理等方面的挑战,并把握全球化带来的机遇。OECD成立于1961年,目前成员国总数35个,总部设在巴黎。

⑥ 《OECD转让定价指南》第一章1.2。

价管理是指税务机关按照《中华人民共和国企业所得税法》(以下简称《企业所得税法》)第六章和《中华人民共和国税收征收管理法》(以下简称《税收征收管理法》)第 36 条的有关规定,对企业与其关联方之间的业务往来是否符合独立交易原则进行调查调整工作的总称。主要包括调查实施、协商审议、调整入库和跟踪管理四阶段的内容。

二、转让定价产生的原因

转让定价是社会化大生产发展的必然产物,其产生具有一定的理论基础和经济基础。

(一)转让定价产生的理论基础

内部化理论(internalization theory)是转让定价产生的内在基础,该理论由斯蒂芬·海默(Stephen Hymer)首创,英国学者巴克利(Peter J. Buckley)和凯森(Mark C. Casson)在其著作《跨国公司的未来》(1976 年出版)中正式提出,加拿大学者拉格曼(Alan M. Rugman)在其著作《跨国公司内幕》(1981 年出版)和《跨国公司新理论》(1982 年出版)中进一步丰富。该理论认为,中间产品(包括知识、信息、技术、管理专长等)市场是不完全的,这种不完全性将导致企业外部交易成本的增加,如信息收集费用、信息不对称导致的决策失误成本、签订合同过程中发生的各种费用等。相对于内部交易来说,企业通过外部市场进行议价和交易的成本会更高,无效成本也会增加,企业的获利必然会受到影响。所以,将中间产品市场在一个厂商中进行内部化处理,即将市场上的买卖关系纳入企业内部生产活动中,就可以有效避免时滞、讨价还价、购买者的不确定性等风险,同时也可以把政府干预的影响降到最低。而跨国经营活动则使企业的内部化超越了国界。为了节约交易费用,跨国公司把具有特定资源供需关系的外部产业组织纳入企业内部,以组织内部的交易取代市场交易,从而大大降低交易成本。由于内部交易仍需进行独立核算,转让定价便应运而生。

(二)转让定价产生的经济基础

19 世纪末 20 世纪初,在资本主义经济的推动下,许多垄断企业为占领更大的市场,纷纷扩大经营范围与产品类别,不断渗透至产业链的各个环节。伴随着企业规模的扩大和产业组织理论的发展,企业开始演变出多种组织管理结构,如直线职能制(U 型机构)、控股公司制(H 型结构)、事业部制(M 型结构)、超事业部制、矩阵制、多维制、模拟分散管理制等,多元化的组织结构使得企业内部形成了独立的交易主体,这也是内部交易形成的必要前提。就跨国公司而言,20 世纪 50 年代以前,跨国公司多采取以母公司为中心的高度集权管理体制,以保证母公司对子公司的绝对控制。随着跨国公司的不断壮大,为适应新的发展需求,其管理模式由高度集权转为高度集权下的分权管理,从金字塔式的等级制向网络化发展,将高度集中的经营权下放到下属众多的利润中心,把研发、生产、销售等环节根据不同的区位优势分布于全球各地,在全球范围内有效地使用资本、技术、人力和物力,把所有分部整合成统一的一体化经营网络,进行资源的全球化配置。将各分部作为利润中心,使其对自身的经营业绩承担责任,各分部之间形成了既相互独立又密切联系的关系。而各分部在相互购买、销售或与公司总部发生业务往来时,就必然需要以相应的价格来明确记载内部交易,以此作为衡量业绩的基础,于是便产生了转让定价。

三、转让定价的发展历程

第一次世界大战期间,多数国家均采取措施加强税收,以缓解军费上的巨大压力。为防止跨国集团通过关联企业将利润转移到海外低税率国家,维护本国税收权益,1915 年,英国率先颁布转让定价法规,禁止各跨境集团企业通过高买低卖等恶意税收筹划行为将利润转移到境外关联公司,否则主管税务部门有权对该笔业务的转让价格进行调整,成为世界上第一个制定转让定价税收政策的国家。美国紧随其后,在 1917 年制定了转让定价法规,因美国各地区之间所得税税率存在区别,且当时跨国经济活动不多,相关政策主要用以解决国内关联企业之间转让定价问题。1928 年美国在《国内收入法典》中扩大了国内收入局的反避税权力,要求企业必须真实反映经营收入情况。1954 年美国出台了具体的转让定价管理方法,用以规范国内关联企业之间的转让定价行为,随后转让定价管理方法被应用于跨国公司之间的关联业务。1968 年,美国出台了详细的转让定价操作法案。

OECD 是国际税法领域中非常重要的一个国际组织,从成立之初就致力于促进国际税收原则的建立、对反避税活动的规制等。早在 1963 年 OECD 就颁布了《关于避税对所得和资本双重征税的协定范本》(草案),指导成员国签订相互间的税收协定,避免和消除双重征税与跨国偷漏税。1979 年公布了《转让定价和跨国企业报告》,对确定有形资产、劳务、融资及无形资产等方面独立交易价格的方法提出了详细的指导原则，将可比非受控服务价格法、再销售价格法以及成本加成法三种以价格为基础的转让定价调整方法作为确定独立交易价格的常用方法。1995 年 OECD 发布了《跨国企业与税务机关转让定价指南》，对独立交易原则、转让定价方法、证明文件、无形资产、集团内劳务以及成本分摊协议等方面的内容进行明确规定，并在 1995 年至 2000 年定期进行更新补充。2010 年 OECD 再次对 1995 年版《转让定价指南》进行修订，主要涉及前三章（转让定价原则、方法和可比性分析）和第九章（业务重组）。2013 年，OECD 公布了就有关税基侵蚀和利润转移（Base Erosion and Profit Shifting，BEPS）问题开展多边合作的行动计划，提出了强化受控外国企业管理、限制通过利息扣除及其他财务支付产生的税基侵蚀、防止滥用协定等 15 项行动方案。

目前，美国《国内收入法典》和 OECD《转让定价指南》基本上是各个国家制定转让定价规则的范本，为各国税务机关处理跨境转让定价问题和协调各国税收利益提供了重要指导和参考。我国的转让定价法规也在很多方面借鉴了 OECD 的研究成果和其他国家的先进经验。我国对转让定价的法律规制实践始于 1987 年在深圳进行区域性试点，1987 年颁布的《深圳特区外商投资企业与关联公司交易业务税务管理的暂行办法》，开创了我国转让定价法规的先河。此后，我国逐步建立了针对外商投资企业和个人涉税事项实施专门管理的涉外税收管理体系，涉外税收单独立法，涉外税收管理自成体系。《中华人民共和国个人所得税法》（以下简称《个人所得税法》）、《中华人民共和国外商投资企业和外国企业所得税法》、《税收征收管理法》等一系列法律法规相继出台，构建了转让定价的基础法律框架。1998 年，国家税务总局成立了国际税务司，各省市税务机关也逐步将涉外税务管理部门转型为国际税收管理机构，尝试和探索针对“引进来”与“走出去”的跨境纳税人的国际税收事项的专业化管理工作。通过发布转让定价、预约定价和情报交换管理规程，税收协定谈签与执行、反避税调查与调整和情报交换等，把对外双边合作作为国际税收事项管理的主要内容。2008 年，内外资企业所得税法合并，标志着我国涉外税收管理成为历史。随着《企业所得税法》《特别纳税调整实施办法（试行）》以及相关配套法规及管理制度的陆续颁布实施，我国的国际税收法律依据更加完善，涵盖了各个法律级次在内的反避税法律框架和管理指南，为合法纳税和税务机关执法提供了科学完备的法律依据。

表 1-1　我国转让定价主要法律制度

名称	文号	颁布及修订时间	适用对象	主要规定	效力状态
《中华人民共和国外商投资企业和外国企业所得税法》	中华人民共和国主席令(七届第45号)	1991年4月	外商投资企业和外国企业	第13条规定了税务机关有权对外商投资企业、外国企业的转让定价行为进行合理税收调整。	失效
《中华人民共和国外商投资企业和外国企业所得税法实施细则》	国务院令第85号	1991年6月	外商投资企业和外国企业	第52条对关联企业进行了界定。第54条规定了税务机关依据《中华人民共和国外商投资企业和外国企业所得税法》第13条调整税收的顺序和确定的方法。	失效
《中华人民共和国税收征收管理法》	第七届全国人民代表大会常务委员会第二十七次会议通过	1992年9月颁布，1995年2月第一次修正,2001年4月第二次修正,2015年4月第三次修正	所有企业	1992年颁布时第24条规定税务机关有权对所有企业的转让定价行为进行合理税收调整。2001年修正后第53条首次确立了预约定价制度。第54条明确税务机关在转让定价制度下所享有的核定纳税人应纳税额的权力。第55条规定了税务机关调整税额的方法。第56条明确了转让定价的追溯调整时限。	2001年修订后有效
《中华人民共和国企业所得税暂行条例》	国务院令〔1993〕137号	1993年11月26日颁布	我国企业	第10条再次确认税务机关有权对本国关联企业之间转让定价行为进行合理税收调整。	失效
《关联企业间业务往来税务管理规程(试行)》	国税发〔1998〕59号	1998年4月23日颁布	所有企业	第12条规定了如何选择转让定价调查中的重点对象。第28条规定了有形财产购销业务转让定价的调整方法,包括可比非受控价格法、再销售价格法、成本加成法和其他合理替代方法。第37条明确了转让定价追溯调整的时限。	失效

续表

名称	文号	颁布及修订时间	适用对象	主要规定	效力状态
《中华人民共和国外资企业法实施细则》	国务院令第648号	1990年12月12日颁布，2001年4月12日第一次修订，2014年2月19日第二次修订	外资企业	第44条对外资企业进口的物资以及技术劳务的价格和出口产品价格，进行一定程度的限制。对于超出相关价格范围的交易，税务机关进行重点审查。	有效
《中华人民共和国税收征收管理法实施细则》	国务院令第362号	2002年9月7日颁布	所有企业	第53条首次确立了预约定价制度。第54条明确税务机关在转让定价制度下所享有的核定纳税人应纳税额的权力。第55条规定了税务机关调整税额的方法。第56条明确了转让定价的追溯调整时限。	有效
《中华人民共和国企业所得税法》	主席令第63号	2007年3月16日颁布	所有企业	第41条首次规定转让交易中无形资产和成本分摊问题。第42条与2002年颁布的《中华人民共和国税收征收管理法实施细则》相呼应，肯定了预约定价制度。第43条规定了企业应报送材料的范围。第44条与《中华人民共和国税收征收管理法实施细则》第54条相呼应，规定税务机关在转让定价制度下所享有的核定纳税人应纳税额的权力。	有效
《中华人民共和国企业所得税法实施条例》	国务院令〔2007〕512号	2007年12月6日颁布	所有企业	第109条对税法中的关联企业进行了界定。第110条首次阐述了独立交易原则的含义。第111条规定了转让定价调整的方法。第112条认可了成本分摊协议。第113条肯定了预约定价制度。第114条规定了企业应报送材料的范围。第115条规定了税务机关核定企业的方法。第123条规定了转让定价的追溯调整时限。	有效

续表

名称	文号	颁布及修订时间	适用对象	主要规定	效力状态
《特别纳税调整实施办法(试行)》	国税发〔2009〕2号	2009年1月8日颁布	所有企业	第一章第3条首次对我国税法中转让定价管理进行界定。第三章关于同期资料管理,除阐述了企业应提供同期资料的范围之外,还详细规定企业应当如何进行可比性分析以及如何选择、使用转让定价方法。第四章详细规定了转让定价调整的方法,较2007年颁布的《中华人民共和国企业所得税法实施条例》第110条更为详细。第五章关于转让定价调整,首次将该部分内容单列成章。第六章规定了预约定价安排管理及其制度细节,较2007年颁布的《中华人民共和国企业所得税法实施条例》第113条更为详细。第七章规定了成本分摊协议管理及其细节,较2007年颁布的《企业所得税法实施条例》第112条更为详细。其中,第四章、第五章、第十一章和第十二章的内容已被《特别纳税调查调整及相互协商程序管理办法》的相关规定取代。第69条在《关于规范成本分摊协议管理的公告》中被明确废止。	有效

四、转让定价的基本原理

转让定价研究的是关联企业之间交易的价格制定问题,这就涉及对关联方、关联关系、关联交易以及独立交易原则的理解和认识。

(一)关联方

转让定价产生的基础是内部交易,所以企业内部交易各方可谓是关联方的雏形。关于关联方的定义,各国或国际组织在界定时存在一定的差异,但其核心判定标准基本一致,即企业间是否存在控制关系,包括资金控制、人员控制或具体的运营控制。例如,《1977年OECD协定范本》第9条指出:“当两个企业满足以下任一条件时,可被认定为关联企业。一个企业直接或间接对另一个企业进行管理、控制或投资时;两个企业均直接或间接被同一方(包括第三方企业、组织或个人)管理、控制或投资时(即这两个企业处于同一控制下)。”我国《企业所得税法实施条例》第109条规定:“企业所得税法第四十一条所称关联方,是指与企业有下列关联关系之一的企业、其他组织或者个人:(一)在资金、经营、购销等方面存在直接或者间接的控制关系;(二)直接或者间接地同为第三者控制;(三)在利益上具有相关联的其他关系。”

(二)关联关系

《特别纳税调整实施办法(试行)》第9条对关联关系进行了非常明确具体的规定,认为企业与其他企业、组织或个人存在下列八种情形之一,即构成关联关系:

1. 25%以上的股权控制:一方直接或间接持有另一方的股份总和达到25%以上,或者双方直接或间接同为第三方所持有的股份达到25%以上。若一方通过中间方对另一方间接持有股份,只要一方对中间方持股比例达到25%以上,则一方对另一方的持股比例按照中间方对另一方的持股比例计算。

2. 50%以上借贷资金或担保借贷资金总额的10%以上:一方与另一方(独立金融机构除外)之间借贷资金占一方实收资本50%以上,或者一方借贷资金总额的10%以上是由另一方(独立金融机构除外)担保。

3. 50%以上的高级管理人员委派:一方半数以上的高级管理人员(包括董事会成员和经理)或至少一名可以控制董事会的董事会高级成员是由另一方委派,或者双方半数以上的高级管理人员(包括董事会成员和经理)或至少一名可以控制董事会的董事会高级成员同为第三方委派。

4. 共享50%以上高级管理人员:一方半数以上的高级管理人员(包括董事会成员和经理)同时担任另一方的高级管理人员(包括董事会成员和经理),或者一方至少一名可以控制董事会的高级管理人员同时担任另一方的董事会高级成员。

5. 专有技术等的控制:一方的生产经营活动必须由另一方提供的工业产权、专有技术等特许权才能正常进行。

6. 购销活动的控制:一方的购买和销售活动主要由另一方控制。

7. 劳务的控制:一方接受或提供劳务主要由另一方控制。

8. 实质控制:一方对另一方的生产经营、交易具有实质控制,或者双方在利益上具有相关联的其他关系,包括虽未达到第1项持股比例,但一方与另一方的主要持股方享受基本相同的经济利益,以及家族、亲属关系等。

可见，我国对关联方的界定范围较广，既包括通过股权控制比例、资金借贷或担保比例、高级管理人员委派或共享比例等进行直接判断的标准，也包括依据专有技术控制、购销活动控制、劳务控制等需要根据企业实质运营进行判断的标准。

（三）关联交易

关联交易是指关联方之间的业务往来，之所以不同于第三方交易，是因为交易双方之间存在关联关系，所以其交易条款有别于完全处于市场下的独立企业间的交易条款。从交易类型来看，根据《特别纳税调整实施办法（试行）》第10条的规定，主要包括有形资产交易、无形资产交易、资金融通和劳动提供等，具体归类及举例如下：

1. 有形资产的购销、转让和使用。如原材料、半成品和产成品的购销，固定资产的转让、受让、租赁等。

2. 无形资产的转让和使用。如土地使用权、版权（著作权）、专利、商标、客户名单、销售渠道、商业秘密和专有技术等特许权，以及工业品外观设计或实用新型等工业产权的所有权转让和使用权的业务提供等。

3. 资金融通。如各类长短期资金拆借和担保以及各类计息预付款和延期付款等业务。

4. 劳务提供。如市场调查、行销、管理、行政事务、技术服务、维修、设计、咨询、代理、科研、法律、会计事务等服务的提供。

5. 股权转让。如可以以货币形式进行转让，也可以以实物、知识产权形式转让。

（四）独立交易原则

独立交易原则（Arm's Length Principle），亦称公平交易原则、公平独立原则、正常交易原则等，其主旨在于要求企业在进行交易和定价时像对待独立第三方一样对待关联方，是判定转让定价合理性的基本原则，目前OECD成员国以及世界上大部分国家均将其作为制定和评估关联交易转让定价问题的核心准则。《1977年OECD协定范本》第9条指出："如果两个（关联）企业之间的商业或财务关系不同于独立企业之间的关系，那么，本应由其中一个企业取得，但由于这些情况而没有取得的利润，应该计入该企业的利润，并据以征税。"我国《企业所得税法实施条例》第110条规定："企业所得税法第四十一条所称独立交易原则，是指没有关联关系的交易各方，按照公平成交价格和营业常规进行业务往来遵循的原则。"

由于各国税制之间存在差异，计税依据和方法不尽相同，企业为了追求利益最大化,有可能通过内部交易自行订立价格,转移利润逃避纳税。独立交易原则的主旨是将关联交易取得的收入或者获得的利润与没有关联关系的交易方进行交易的结果进行对比,如果存在较大差异,则说明存在关联交易。独立交易原则为关联交易提供了最接近公开市场实际情况的交易比对,能为关联交易的定价给出直接的指引。在独立交易原则的指引下,企业可以将市场正常交易情况作为一个定位基准,并依此对自身的关联交易制定合理的收入或利润水平,可以有效避免因各国税务机关对同一交易下的定价认定不一致而造成的双重征税问题。此外,关联交易会导致企业的应得收入和利润不同于正常交易所取得的数额,造成企业或关联方的应税收入或所得的减少,从而导致应纳税额的减少,由此衍生出各种转让定价的调整方法和其他反避税措施。但并非所有的企业与关联方的交易都需要进行调整,只有在不符合独立交易原则,并造成了企业或者其关联方应纳税收入或者所得额减少,损害了所在国的实际税收利益时,才需要进行税收调整。

五、转让定价方法

(一)概述

选择合适的转让定价方法是企业合理制定转让定价政策和税务机关评估企业现有的转让定价政策是否符合独立交易原则的基础。企业或税务机关应根据受控交易的实质、功能风险的决定因素、可靠信息的可获得性、受控与非受控交易的可比程度以及能够消除实质差别的可比性调整的可靠度等因素来选择最合适的转让定价方法。目前国际通行的转让定价方法包括可比非受控价格法、再销售价格法、成本加成法、交易净利润法与利润分割法五种。

可比非受控价格法、再销售价格法和成本加成法属于传统交易方法。《2010年OECD转让定价指南(修订版)》指出:在商业和财务关系中,传统交易方法能直接对关联交易制定出符合独立交易原则的转让定价政策。这是因为受控交易与非受控交易的任何价格差异都可以直接归因于企业间的商业和财务关系,此时,可通过比较和评估可比非受控交易与受控交易下的价格,直接建立独立交易条件。而交易净利润与利润分割法则属于交易利润方法。在某些情况下,选择交易利润方法会比传统交易方法更为合适。比如,交易参与方对关联交易作出了独有的贡献,特别是涉及无形资产的贡献;或者当涉及的交易是高度整合难以单独分割的商业活动时。此外,交易理论方法可以考察企业整体的利润率水平。比如,当企业想要制定内部转让定价政策，而缺乏公开可靠的毛利率等信息时，也可以考虑使用交易利润方法。①

我国《特别纳税调查调整及相互协商程序管理办法》第15条和第16条明确规定转让定价方法包括可比非受控价格法、再销售价格法、成本加成法、交易净利润法、利润分割法及其他符合独立交易原则的方法。税务机关应当在可比性分析的基础上，选择合理的转让定价方法，对企业关联交易进行分析评估。在进行可比性分析时，应考虑以下五个方面的因素：

1. 交易资产或者劳务特性，包括有形资产的物理特性、质量、数量等；无形资产的类型、交易形式、保护程度、期限、预期收益等；劳务的性质和内容；金融资产的特性、内容、风险管理等。

2. 交易各方执行的功能、承担的风险和使用的资产。功能包括研发、设计、采购、加工、装配、制造、维修、分销、营销、广告、存货管理、物流、仓储、融资、管理、财务、会计、法律及人力资源管理等；风险包括投资风险、研发风险、采购风险、生产风险、市场风险、管理风险及财务风险等；资产包括有形资产、无形资产、金融资产等。

3. 合同条款，包括交易标的、交易数量、交易价格、收付款方式和条件、交货条件、售后服务范围和条件、提供附加劳务的约定、变更或者修改合同内容的权利、合同有效期、终止或者续签合同的权利等。合同条款分析应当关注企业执行合同的能力与行为，以及关联方之间签署合同条款的可信度等。

4. 经济环境，包括行业概况、地理区域、市场规模、市场层级、市场占有率、市场竞争程度、消费者购买力、商品或者劳务可替代性、生产要素价格、运输成本、政府管制，以及成本节约、市场溢价等地域特殊因素。

5. 经营策略，包括创新和开发、多元化经营、协同效应、风险规避及市场占有策略等。

（二）可比非受控价格法（Comparable Uncontrolled Price Method）

可比非受控价格法以非关联方之间进行的与关联交易相同或者类似业务活动所收取的价格作为关联交易的公平成交价格。可分为内部可比非受控价格与外部可比非受控价格，内部可比非受控价格，指企业存在与关联方交易类似可比的与第三方交易的价格；外部可比非受控价格，指两个独立企业间进行的可比交易的价

---

① 参见周自吉：《转让定价基础理论与实务操作》，中国财政经济出版社2014年版，第48页。

格。可比非受控价格法是基于交易价格的比较,可以适用于所有类型的关联交易。《2010年OECD转让定价指南(修订版)》指出,在可比非受控价格法下,若受控交易与非受控交易相比不存在重大差异;或该重大差异能够被准确调整以此来消除不可比性,那么在应用独立交易原则时可比非受控价格法是最为直接可靠的方法。

可比非受控价格法是用以制定或评估符合独立交易原则的最直接的转让定价方法,在使用时应注意合理调整那些可能对经济实质产生重要影响的因素。根据《特别纳税调查调整及相互协商程序管理办法》第17条的规定,在进行可比性分析时,应当按照不同交易类型,特别考察关联交易与非关联交易中交易资产或者劳务的特性、合同条款、经济环境和经营策略上的差异:

1. 有形资产使用权或者所有权的转让,包括:

(1)转让过程,包括交易时间与地点、交货条件、交货手续、支付条件、交易数量、售后服务等;

(2)转让环节,包括出厂环节、批发环节、零售环节、出口环节等;

(3)转让环境,包括民族风俗、消费者偏好、政局稳定程度以及财政、税收、外汇政策等;

(4)有形资产的性能、规格、型号、结构、类型、折旧方法等;

(5)提供使用权的时间、期限、地点、费用收取标准等;

(6)资产所有者对资产的投资支出、维修费用等。

2. 金融资产的转让,包括金融资产的实际持有期限、流动性、安全性、收益性。其中,股权转让交易的分析内容包括公司性质、业务结构、资产构成、所属行业、行业周期、经营模式、企业规模、资产配置和使用情况、企业所处经营阶段、成长性、经营风险、财务风险、交易时间、地理区域、股权关系、历史与未来经营情况、商誉、税收利益、流动性、经济趋势、宏观政策、企业收入和成本结构及其他因素。

3. 无形资产使用权或者所有权的转让,包括:

(1)无形资产的类别、用途、适用行业、预期收益;

(2)无形资产的开发投资、转让条件、独占程度、可替代性、受有关国家法律保护的程度及期限、地理位置、使用年限、研发阶段、维护改良及更新的权利、受让成本和费用、功能风险情况、摊销方法以及其他影响其价值发生实质变动的特殊因素等。

4. 资金融通,包括融资的金额、币种、期限、担保、融资人的资信、还款方式、计息方法等。

5. 劳务交易,包括劳务性质、技术要求、专业水准、承担责任、付款条件和方式、直接和间接成本等。

关联交易与非关联交易在以上方面存在重大差异的,应当就该差异对价格的影响进行合理调整,无法合理调整的,应当选择其他合理的转让定价方法。

(三)再销售价格法(Resale Price Method)

再销售价格法以关联方购进商品再销售给非关联方的价格减去可比非关联交易毛利后的金额作为关联方购进商品的公平成交价格。再销售价格法一般适用于再销售者未对商品进行改变外形、性能、结构或者更换商标等实质性增值加工的简单加工或者单纯购销业务。当再销售商对产品进行进一步加工或生产使得原有特征改变或消失,或者再销售商对产品进行了无形资产投入时,购入产品的原始价值构成已经不存在,就难以使用再销售价格法进行衡量。

再销售价格法是一种基于交易的比较方法,比较的对象是关联业务与可比非关联业务的毛利水平。根据《特别纳税调查调整及相互协商程序管理办法》第18条的规定,再销售价格法的计算公式如下:公平成交价格 = 再销售给非关联方的价格 ×(1 - 可比非关联交易毛利率);可比非关联交易毛利率 = 可比非关联交易毛利/可比非关联交易收入净额 ×100%。

相对可比非受控价格法而言,再销售价格法对产品可比性的要求有所降低,其可比性分析应当特别考察关联交易与非关联交易中企业执行的功能、承担的风险、使用的资产和合同条款上的差异,以及影响毛利率的其他因素,具体包括营销、分销、产品保障及服务功能,存货风险,机器、设备的价值及使用年限,无形资产的使用及价值,有价值的营销型无形资产,批发或者零售环节,商业经验,会计处理及管理效率等。

当受控和非受控交易之间以及交易各方之间存在差异,并且这些差异对用来衡量独立交易条件的属性有实质影响时,如存在影响受控和非受控交易所获得毛利率的实质性差异,就需要考虑作出相应的调整,而这些调整的程度和可信度将会影响再销售价格法的整体可靠性。在转让定价实务中,关联交易与非关联交易在功能、风险与合同条款等方面的差异通常情况下是很难直接调整的。而且由于会计记账准则的不同,这些差异往往体现在管理费用和销售费用上,而非再销售价格法所分析的毛利率层面。所以,无法合理调整的,应当选择其他合理的转让定价方法。

（四）成本加成法

成本加成法以关联交易发生的合理成本加上可比非关联交易毛利后的金额作为关联交易的公平成交价格。与再销售价格法相似，成本加成法是一种基于交易的比较方法，比较的对象是关联业务与可比非关联业务的毛利水平，一般适用于有形资产使用权或者所有权的转让、资金融通、劳务交易等关联交易。

根据《特别纳税调查调整及相互协商程序管理办法》第 19 条的规定，成本加成法的计算公式如下：公平成交价格 = 关联交易发生的合理成本 ×（1 + 可比非关联交易成本加成率）；可比非关联交易成本加成率 = 可比非关联交易毛利/可比非关联交易成本 ×100%。

相对可比非受控价格法而言，成本加成法对产品可比性的要求也有所降低，其可比性分析应当特别考察关联交易与非关联交易中企业执行的功能、承担的风险、使用的资产和合同条款上的差异，以及影响成本加成率的其他因素，具体包括制造、加工、安装及测试功能，市场及汇兑风险，机器、设备的价值及使用年限，无形资产的使用及价值，商业经验，会计处理，生产及管理效率等。在关联交易中，各方发挥的功能和风险会导致有关的费用水平及其种类、经营费用和非经营费用之间出现差异，如果费用体现了在使用该方法时未加考虑的功能差异，就可能需要对成本加成额做调整；如果费用反映出与该方法所考察的活动相异的额外功能，就可能需要单独确定针对此功能的补偿；如果所比较的费用方面存在差异，而这些差异仅仅是反映企业效率的高下，如监管费用、行政费用，那么就没有必要对毛利进行调整。所以，在判定关联交易是否符合独立交易原则时，企业必须对加成率有实质影响的差异进行分析，以确定是否需要调整，无法合理调整的，应当选择其他合理的转让定价方法。

（五）交易净利润法（Transactional Net Margin Method）

交易净利润法以可比非关联交易的利润指标确定关联交易的利润。不同于前述三种转让定价方法对单个关联交易下的价格或毛利的比较，交易净利润法是对企业在关联交易下的整体净利润水平的评估分析，一般适用于不拥有重大价值无形资产企业的有形资产使用权或者所有权的转让和受让、无形资产使用权受让以及劳务交易等关联交易。在交易净利润法下，有多种利润指标可以选择，用于评估受控交易，包括息税前利润率、资产收益率、完全成本加成率、贝里比率等。

1. 息税前利润率

息税前利润率是企业息税前利润与当期营业收入的比值，可以反映企业的获利能力。根据《特别纳税调查调整及相互协商程序管理办法》第 20 条的规定，其计算公式为：息税前利润率 = 息税前利润/营业收入 ×100%。

2. 资产收益率

资产收益率，也称为资产回报率（ROA），是企业息税前利润与年初和年末资产总额的平均值的百分比，是用来衡量每单位资产创造净利润数额的指标，适用于部分生产型、资产密集型或者资本密集型交易。具体计算公式为：资产收益率 = 息税前利润/[（年初资产总额 + 年末资产总额）/2] ×100% 在使用该比率时应特别注意资产的性质（如固定资产、现金资产、厂房设备等）以及资产年限和折旧情况。

3. 完全成本加成率

完全成本加成率的利润指标主要适用于成本与企业在交易中执行的功能、承担的风险和使用的资产有紧密的联系的交易，包括所有与交易相关的直接和间接的成本以及与运营相关的部分费用的合理分摊，其计算公式位：完全成本加成率 = 息税前利润/完全成本 ×100%。在使用完全成本加成率的利润指标时，需考虑与受控交易直接或间接相关的成本。通常情况下，应将营运成本全额包括到成本基数中作为分母进行计算。同时，对成本的加成需要进行区别对待，区分需要进行加成的成本和无须附加利润而可以直接通过平价转嫁的方式予以收回的成本。

4. 贝里比率

贝里比率是毛利除以营业费用及管理费用之和所得比率，用于计算单位营运费用所产生的利润情况。该指标关注的是毛利和营运费用两个指标，其实质是应用于销售型企业的营运成本加成的方法。利息和营业外收入都应从毛利中剔除，而折旧和摊销是否计入销售费用及管理费用，则取决于其在交易中相应创造的价值和可比程度。适用于营业额较大而销售货物的成本占总成本费用比例较大的企业交易，其计算公式为：毛利/（营业费用 + 管理费用）×100%。

利润指标的选取应当反映交易各方执行的功能、承担的风险和使用的资产。在使用交易净利润法时，应根据各种指标的特点、对于受控交易实质的适用性、不同指标对于可靠信息的要求、不同指标对于可靠对于受控交易实质的适用性、受控交易与非受控交易的可比程度、用于消除差异的可比性调整等因素选择合适的净利润指标。相比可比非受控价格法的价格指标而言，净利润指标很少受到交易上的差别的影响。较之毛利率，净利润指标也较少受到功能差异的影响。此外，因交易净利润法评估的是企业的净利润水平，只需测试关联交易参与者其中一方的财务指标即可，一般会选择交易方中功能相对简单、风险相对有限且不拥有重要无形资产的一方作为被测试方，也就是说，经营活动的参与方无须统一会计核算口径或者向所有参与者分摊成本，操作起来更为便利。

与其他转让定价方法对比，交易净利润法受关联与非关联交易下功能、风险、会计处理等差异的影响较小，根据《特别纳税调查调整及相互协商程序管理办法》第 20 条的规定，交易净利润法的可比性分析，应当特别考察关联交易与非关联交易中企业执行的功能、承担的风险和使用的资产，经济环境上的差异，以及影响利润的其他因素，具体包括行业和市场情况，经营规模，经济周期和产品生命周期，收入、成本、费用和资产在各交易间的分配，会计处理及经营管理效率等。也就是说，在使用交易净利润法时，企业需充分考虑对净利润有实质影响的关联交易与非关联交易的差异，并根据可比情形下的非受控交易或独立企业间的可比非受控交易来确定净利润。

（六）利润分割法

利润分割法根据企业与其关联方对关联交易合并利润（实际或者预计）的贡献计算各自应当分配的利润额。分为一般利润分割法和剩余利润分割法。

一般利润分割法，是根据关联交易各方所执行的功能、承担的风险和使用的资产，采用符合独立交易原则的利润分割方式，确定各方应当取得的合理利润。当难以获取可比交易信息但能合理确定合并利润时，可以结合实际情况考虑与价值贡献相关的收入、成本、费用、资产、雇员人数等因素，分析关联交易各方对价值做出的贡献，将利润在各方之间进行分配。

剩余利润分割法，是将关联交易各方的合并利润减去分配给各方的常规利润后的余额作为剩余利润，再根据各方对剩余利润的贡献程度进行分配。首先是分配足够的利润给每一个参与企业，以使其获得与所从事交易类型相匹配的基本回报，具体数额可以采用独立企业在外部市场获得的回报来确定。其次是将经过第一阶段分割后留存的剩余利润，根据各参与方对交易的贡献大小在各方之间进行分配。需要强调的是，不仅是利润可以在此阶段分配，若发生亏损也应在所有参与者中进行分摊。

有别于其他仅从交易一方进行考量的方法，利润分割法可以对一个高度集中营运的活动提供解决方案,适用于集团活动。因多用于高度整合且难以单独评估的关联交易,需对影响可比性分析的各种因素都进行全面谨慎的考量。根据《特别纳税调查调整及相互协商程序管理办法》第 21 条的规定,其可比性分析应当特别考察关联交易各方执行的功能、承担的风险和使用的资产,收入、成本、费用和资产在各方之间的分配,成本节约、市场溢价等地域特殊因素,以及其他价值贡献因素,确定各方对剩余利润贡献所使用的信息和假设条件的可靠性等。在使用利润分割法和考虑分割因素时,各参与方应在合理可行的基础之上,通过共同协商的方式决定利润分割的方法以及选择适用的利润分割法,各方分得的利润应与其在交易中执行的功能和承担的风险相匹配。

(七)其他符合独立交易原则的方法

其他符合独立交易原则的方法包括成本法、市场法和收益法等资产评估方法,以及其他能够反映利润与经济活动发生地和价值创造地相匹配原则的方法。

成本法是以替代或者重置原则为基础,通过在当前市场价格下创造一项相似资产所发生的支出确定评估标的价值的评估方法。成本法适用于能够被替代的资产价值评估。市场法是利用市场上相同或者相似资产的近期交易价格,经过直接比较或者类比分析以确定评估标的价值的评估方法。市场法适用于在市场上能找到与评估标的相同或者相似的非关联可比交易信息时的资产价值评估。收益法是通过评估标的未来预期收益现值来确定其价值的评估方法。收益法适用于企业整体资产和可预期未来收益的单项资产评估。

第二节 业务流程

一、流程图

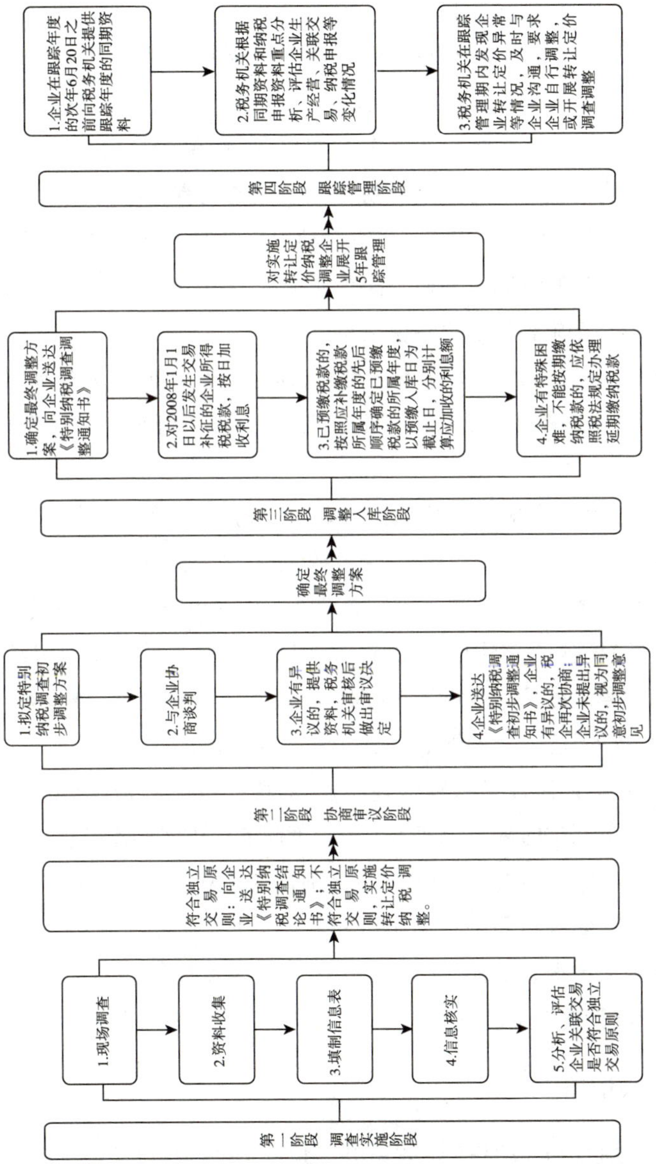

图1-2 转让定价管理流程图

二、流程描述

对省级税务机关或国家税务总局审核后同意立案的转让定价调查案件，主管税务机关应当组成办案小组实施调查，集体研究讨论，统一确定调查调整方案。

涉及全国联查案件的，国家税务总局牵头从相关省（市）抽调专业人员组成联查办案小组实施调查，集体研究讨论，统一确定调查调整方案。

转让定价管理第一阶段是调查实施阶段。在调查实施阶段，主管税务机关对省级税务机关或国家税务总局同意立案的案件，根据税法规定进行调查取证，分析、评估企业关联交易是否符合独立交易。包括现场调查，资料收集，填制信息表，信息核实，分析、评估企业关联交易是否符合独立交易原则五步骤。经调查，企业关联交易符合独立交易原则的，税务机关向企业送达《特别纳税调查结论通知书》；不符合独立交易原则，实施转让定价纳税调整。

转让定价管理第二阶段是协商审议阶段，即对不符合独立交易原则的关联交易，税务机关拟定特别纳税调查初步调整方案，与企业展开协商审议工作，确定最终调整方案。

转让定价管理第三阶段是调整入库阶段，即税务机关根据最终调整方案，向企业送达《特别纳税调查调整通知书》。企业收到后，按规定期限缴纳税款及利息。对2008年1月1日以后发生交易补征的企业所得税税款，按日加收利息；对特别纳税调整决定前预缴税款的，按照应补缴税款所属年度的先后顺序确定已预缴税款的所属年度，以预缴入库日为截止日，分别计算应加收的利息额；企业有特殊困难，不能按期缴纳税款的，应依照征管法规定办理延期缴纳税款。

转让定价管理第四阶段是跟踪管理阶段，即税务机关对企业实施转让定价纳税调整后，自企业被调整的最后年度的下一年度起5年内实施跟踪管理。在跟踪管理期内，企业在跟踪年度的次年6月20日之前向税务机关提供跟踪年度的同期资料；税务机关根据同期资料和纳税申报资料重点分析、评估企业生产经营、关联交易、纳税申报等变化情况；税务机关在跟踪管理期内发现企业转让定价异常等情况，及时与企业沟通，要求企业自行调整，或开展转让定价调查调整。

三、相关法规依据

税务机关应按照相关依据要求，规范开展转让定价管理各阶段工作。

（一）调查实施阶段

1. 现场调查

国家税务总局印发的《特别纳税调整实施办法（试行）》第 32 条、第 35 条：

第三十二条　税务机关对已确定的调查对象，应根据所得税法第六章、所得税法实施条例第六章、征管法第四章及征管法实施细则第六章的规定，实施现场调查。

（一）现场调查人员须 2 名以上。

（二）现场调查时调查人员应出示《税务检查证》，并送达《税务检查通知书》。

（三）现场调查可根据需要依照法定程序采取询问、调取账簿资料和实地核查等方式。

（四）询问当事人应有专人记录《询问（调查）笔录》，并告知当事人不如实提供情况应当承担的法律责任。《询问（调查）笔录》应交当事人核对确认。

（五）需调取账簿及有关资料的，应按照征管法实施细则第八十六条的规定，填制《调取账簿资料通知书》、《调取账簿资料清单》，办理有关法定手续，调取的账簿、记账凭证等资料，应妥善保管，并按法定时限如数退还。

（六）实地核查过程中发现的问题和情况，由调查人员填写《询问（调查）笔录》。《询问（调查）笔录》应由 2 名以上调查人员签字，并根据需要由被调查企业核对确认，若被调查企业拒绝，可由 2 名以上调查人员签认备案。

（七）可以以记录、录音、录像、照相和复制的方式索取与案件有关的资料，但必须注明原件的保存方及出处，由原件保存或提供方核对签注“与原件核对无误”字样，并盖章或押印。

（八）需要证人作证的，应事先告知证人不如实提供情况应当承担的法律责任。证人的证言材料应由本人签字或押印。

第三十五条　转让定价调查涉及向关联方和可比企业调查取证的，税务机关向企业送达《税务检查通知书》，进行调查取证。

2. 资料收集

（1）税务机关对企业

国家税务总局印发的《特别纳税调整实施办法（试行）》第 33 条：

第三十三条　根据所得税法第四十三条第二款及所得税法实施条例第一百一十四条的规定，税务机关在实施转让定价调查时，有权要求企业及其关联方，以及与关联业务调查有关的其他企业(以下简称可比企业)提供相关资料,并送达《税务事项通知书》。

(一)企业应在《税务事项通知书》规定的期限内提供相关资料,因特殊情况不能按期提供的,应向税务机关提交书面延期申请,经批准,可以延期提供,但最长不得超过30日。税务机关应自收到企业延期申请之日起15日内函复,逾期未函复的,视同税务机关已同意企业的延期申请。

(二)企业的关联方以及可比企业应在与税务机关约定的期限内提供相关资料,约定期限一般不应超过60日。

企业、关联方及可比企业应按税务机关要求提供真实、完整的相关资料。

(2)税务机关内部

国家税务总局印发的《特别纳税调整内部工作规程》第6条、第7条:

第六条　涉及全国联查案件的,税务总局牵头从相关省(市)抽调专业人员组成联查办案小组实施调查,集体研究讨论,统一确定调查调整方案。

联查过程中需要收集相关资料的,由联查办案小组确定收集资料清单,由税务总局指定税务机关统一送达纳税人。

被联查纳税人各成员单位所在地主管税务机关特别是总部所在地主管税务机关,应当积极配合收集相关资料并提供给联查办案小组。

第七条　主管税务机关需要收集属于其他省(市)税务机关管辖的被调查纳税人关联方或可比对象相关资料的,应当填写《特别纳税调整工作联系单(适用于协查)》,层报省级税务机关,由省级税务机关转发办理。

主管税务机关需要获取中央各部委有关信息资料的,应当层报税务总局,由税务总局审核后按规定程序办理;需要通过境外税务主管当局获取境外有关信息资料的,应当层报税务总局,由税务总局审核后根据我国对外签订的协定、协议或者安排的有关规定与境外税务主管当局开展信息交换。

3. 填制信息表

国家税务总局印发的《特别纳税调整实施办法(试行)》第34条:

第三十四条　税务机关应按本办法第二章的有关规定,核实企业申报信息,并要求企业填制《企业可比性因素分析表》。

税务机关在企业关联申报和提供资料的基础上,填制《企业关联关系认定表》、《企业关联交易认定表》和《企业可比性因素分析认定表》,并由被调查企业核对确认。

4. 信息核实

国家税务总局印发的《特别纳税调整实施办法(试行)》第36条：

第三十六条　税务机关审核企业、关联方及可比企业提供的相关资料，可采用现场调查、发函协查和查阅公开信息等方式核实。需取得境外有关资料的，可按有关规定启动税收协定的情报交换程序，或通过我驻外机构调查收集有关信息。涉及境外关联方的相关资料，税务机关也可要求企业提供公证机构的证明。

5. 分析、评估企业关联交易是否符合独立交易原则

国家税务总局印发的《特别纳税调整实施办法(试行)》第37条、第38条、第39条、第40条、第41条、第42条：

第三十七条　税务机关应选用本办法第四章规定的转让定价方法分析、评估企业关联交易是否符合独立交易原则，分析评估时可以使用公开信息资料，也可以使用非公开信息资料。

第三十八条　税务机关分析、评估企业关联交易时，因企业与可比企业营运资本占用不同而对营业利润产生的差异原则上不做调整。确需调整的，须层报国家税务总局批准。

第三十九条　按照关联方订单从事加工制造，不承担经营决策、产品研发、销售等功能的企业，不应承担由于决策失误、开工不足、产品滞销等原因带来的风险和损失，通常应保持一定的利润率水平。对出现亏损的企业，税务机关应在经济分析的基础上，选择适当的可比价格或可比企业，确定企业的利润水平。

第四十条　企业与关联方之间收取价款与支付价款的交易相互抵消的，税务机关在可比性分析和纳税调整时，原则上应还原抵消交易。

第四十一条　税务机关采用四分位法分析、评估企业利润水平时，企业利润水平低于可比企业利润率区间中位值的，原则上应按照不低于中位值进行调整。

第四十二条　经调查，企业关联交易符合独立交易原则的，税务机关应作出转让定价调查结论，并向企业送达《特别纳税调查结论通知书》。

(二)协商审议

国家税务总局印发的《特别纳税调整实施办法(试行)》第43条：

第四十三条　经调查，企业关联交易不符合独立交易原则而减少其应纳税收入或者所得额的，税务机关应按以下程序实施转让定价纳税调整：

（一）在测算、论证和可比性分析的基础上，拟定特别纳税调查初步调整方案；

（二）根据初步调整方案与企业协商谈判，税企双方均应指定主谈人，调查人员应做好《协商内容记录》，并由双方主谈人签字确认，若企业拒签，可由2名以上调查人员签认备案；

（三）企业对初步调整方案有异议的，应在税务机关规定的期限内进一步提供相关资料，税务机关收到资料后，应认真审核，并及时作出审议决定；

（四）根据审议决定，向企业送达《特别纳税调查初步调整通知书》，企业对初步调整意见有异议的，应自收到通知书之日起7日内书面提出，税务机关收到企业意见后，应再次协商审议；企业逾期未提出异议的，视为同意初步调整意见；

（五）确定最终调整方案，向企业送达《特别纳税调查调整通知书》。

（三）调整入库

国家税务总局印发的《特别纳税调整实施办法（试行）》第44条、第107条、第108条、第109条：

第四十四条　企业收到《特别纳税调查调整通知书》后，应按规定期限缴纳税款及利息。

第一百零七条　税务机关根据所得税法及其实施条例的规定，对企业作出特别纳税调整的，应对2008年1月1日以后发生交易补征的企业所得税税款，按日加收利息。

（一）计息期间自税款所属纳税年度的次年6月1日起至补缴（预缴）税款入库之日止。

（二）利息率按照税款所属纳税年度12月31日实行的与补税期间同期的中国人民银行人民币贷款基准利率（以下简称“基准利率”）加5个百分点计算，并按一年365天折算日利息率。

（三）企业按照本办法规定提供同期资料和其他相关资料的，或者企业符合本办法第十五条的规定免于准备同期资料但根据税务机关要求提供其他相关资料的，可以只按基准利率计算加收利息。

企业按照本办法第十五条第（一）项的规定免于准备同期资料，但经税务机关调查，其实际关联交易额达到必须准备同期资料的标准的，税务机关对补征税款加收利息，适用本条第（二）项规定。

（四）按照本条规定加收的利息，不得在计算应纳税所得额时扣除。

第一百零八条　企业在税务机关作出特别纳税调整决定前预缴税款的,收到调整补税通知书后补缴税款时,按照应补缴税款所属年度的先后顺序确定已预缴税款的所属年度,以预缴入库日为截止日,分别计算应加收的利息额。

第一百零九条　企业对特别纳税调整应补征的税款及利息,应在税务机关调整通知书规定的期限内缴纳入库。企业有特殊困难,不能按期缴纳税款的,应依照征管法第三十一条及征管法实施细则第四十一条和第四十二条的有关规定办理延期缴纳税款。逾期不申请延期又不缴纳税款的,税务机关应按照征管法第三十二条及其他有关规定处理。

(四)跟踪管理

国家税务总局印发的《特别纳税调整实施办法(试行)》(国税发〔2009〕2 号)第 45 条:

第四十五条　税务机关对企业实施转让定价纳税调整后,应自企业被调整的最后年度的下一年度起 5 年内实施跟踪管理。在跟踪管理期内,企业应在跟踪年度的次年 6 月 20 日之前向税务机关提供跟踪年度的同期资料,税务机关根据同期资料和纳税申报资料重点分析、评估以下内容:

(一)企业投资、经营状况及其变化情况;

(二)企业纳税申报额变化情况;

(三)企业经营成果变化情况;

(四)关联交易变化情况等。

税务机关在跟踪管理期内发现企业转让定价异常等情况,应及时与企业沟通,要求企业自行调整,或按照本章有关规定开展转让定价调查调整。

第三节　风险提示

税务机关在转让定价管理过程中面临潜在的"对企业执法程序是否准确规范"和"内部程序是否准确规范"两方面风险。

一、对企业执法程序是否准确规范

(一)调查实施执法风险

县(区)和市(州)两级税务机关调查实施过程中滥用权力,玩忽职守,违法调取账簿，未准确使用执法文书，或因未达两人以上或未出示相关执法证件等未按照规定的程序对已确定调查的对象进行调查，形成执法风险。

（二）协商审议执法风险

县（区）和市（州）两级税务机关在协商审议过程中未按规定程序进行，形成执法风险。

（三）保密义务执法风险

县（区）和市（州）两级税务机关对在转让定价管理过程中取得的纳税人信息资料以及案件调整相关资料，未按有关规定履行保密义务，形成执法风险。

（四）跟踪管理执法风险

县（区）和市（州）两级税务机关在转让定价纳税调整后，未按照规定实施跟踪管理，形成执法风险。

二、内部程序是否准确规范

（一）调取账簿执法风险

县（区）级主管税务机关调取账簿时未严格执行内部审批程序，形成执法风险。

（二） 收集资料执法风险

1. 未能及时全面地收集涉税信息。首先，齐全、完整的数据资源是转让定价分析的基础，也是转让定价工作取得成效的关键。但由于缺乏第三方数据报告制度和法制保障，无法保证全社会、各部门构建协税、护税体系，向税务机关传递相关数据信息；其他部门出于自身利益考虑，提供反映纳税人涉税情况的外部数据的积极性和主动性普遍不高，不愿意将相关信息向税务机关传递、或是传递信息有所保留，客观上制约了信息掌握。其次，我国市场公开信息数据较少，相关的数据获取渠道较为匮乏。客观上导致税务机关信息数据采集的难度。最后，境外涉税信息获取难度大。这些因素导致了税务机关获取的信息不全面完整，形成了客观的执法风险。

2. 未严格执行程序。县（区）、市（州）和省级三级税务机关在收集资料过程中未严格执行税务机关内部规定，形成执法风险。

（三）案头审计执法风险

案头审计是筛选案源、确定企业存在避税嫌疑的重要环节，通过审计分析初步确定嫌疑企业转让定价避税的环节，然后再通过其他方式来进行佐证关联交易的不合理性，因此忽视案头审计环节或者审计不准确将导致日常征管工作出现严重疏忽，或导致此后的调查取证出现方向性错误。

（四）差异调整执法风险

首先，县（区）、市（州）和省级三级税务机关对企业与可比企业营运资本占用不同而对营业利润产生的差异进行调整时，未严格执行内部审批程序，形成执法风险。其次，鉴于国内市场公司的信息数据匮乏，仅能依靠税务机关内部协查制度获取部分秘密数据，因此，进行有效的可比性分析存在较大的困难与执法风险。最后，作出纳税调整决定时，忽视纳税人的主张权利的程序，导致行政复议或行政诉讼。

第四节　风险防控策略

一、对企业执法风险点的防控策略

各级税务机关应尽量多采取事前预防避税方式，着重审核企业递交的同期资料质量，研究企业转让定价和税收模型的制定与执行，敦促企业自查和主动提高水平。

各级税务机关应加强经济分析方法在调查和对外磋商中的应用，建立经济分析师小组，为反避税案件的量化提供技术支持。并深入分析不同行业的避税规律，有针对性的采取措施，不断加强反避税管理。

（一）调查实施执法风险点防控策略

根据《特别纳税调整实施办法（试行）》第 32 条、第 34 条、第 35 条及《税收征收管理法实施细则》第 86 条的规定，转让定价办案人员在现场调查阶段须严格做到以下方面：

1. 2 名以上调查人员在岗，出示《税务检查证》，送达《税务检查通知书》。

2. 采取询问、调取账簿资料和实地核查等方式。

3. 告知当事人或证人不如实提供情况应承担的法律责任。

4. 做好《询问（调查）笔录》，应由 2 名以上调查人员签字，并交当事人或被调查企业核对确认。若当事人或被调查企业拒绝，可由 2 名以上调查人员签认备案。证人的证言材料应由本人签字或押印。

5. 需调取账簿及有关资料时，须填制《调取账簿资料通知书》和《调取账簿资料清单》,以前会计年度的账簿资料,在3个月内完整退还;当年账簿资料,在30日内退还。

6.可以以记录、录音、录像、照相和复制的方式索取与案件有关的资料,但必须注明原件的保存方及出处,由原件保存或提供方核对签注"与原件核对无误"字样,并盖章或押印。

7.税务机关在企业关联申报和提供资料的基础上,填制《企业关联关系认定表》、《企业关联交易认定表》和《企业可比性因素分析认定表》,应交被调查企业核对确认。

8.转让定价调查涉及向关联方和可比企业调查取证的,税务机关须向企业送达《税务检查通知书》,进行调查取证。

(二)协商审议执法风险点防控策略

根据《特别纳税调整实施办法(试行)》第43条的规定,转让定价办案人员根据特别纳税调查初步调整方案在与企业进行协商谈判过程中,税企双方均应指定主谈人,调查人员应做好《协商内容记录》,并由双方主谈人签字确认,若企业拒签,可由2名以上调查人员签认备案。

税务机关在与企业协商谈判、作出审议决定过程中,须首先向企业送达《特别纳税调查初步调整通知书》,确定最终调整方案后,再向企业送达《特别纳税调查调整通知书》。

在作出纳税调整决定时,纳税人享有陈述权、异议权、申辩权、协商权、申请行政复议和行政诉讼的权利,应依法确保其权利。

(三)保密义务风险点防控策略

根据《税收征收管理法》第8条第2款的规定:"纳税人、扣缴义务人有权要求税务机关为纳税人、扣缴义务人的情况保密。税务机关应当依法为纳税人、扣缴义务人的情况保密。"

《特别纳税调整内部工作规程》第14条规定:"主管税务机关应当在对纳税人实施特别纳税调整工作结束后,将工作过程中形成的文书、工作底稿、证据等资料,按有关规定集中归档。税务机关内部需要调阅的,应当严格执行档案转出、接收和调阅手续。"

(四)跟踪管理执法风险点防控策略

根据《特别纳税调整实施办法(试行)》第45条的规定,税务机关对企业实施转让定价纳税调整后，应自企业被调整的最后年度的下一年度起5年内以要求企业在跟踪年度的次年6月20日之前向税务机关提供同期资料的方式实施跟踪管理。税务机关通过对资料的分析、评估，如发现企业转让定价出现异常，或要求企业自行调整，或开展转让定价调查。

二、内部程序风险点的防控策略

（一）调取账簿执法风险点防控策略

根据《税收征收管理法实施细则》第86条的规定，税务机关如将纳税人以前会计年度的账簿、记账凭证、报表和其他有关资料调回税务机关检查，须经县以上税务局（分局）局长批准；有特殊情况的，须经设区的市、自治州以上税务局局长批准。

（二）收集资料执法风险点防控策略

1. 通过加大关联申报和同期资料管理，分行业、分地区、分年度对跨国企业利润水平加强监控，及时发现嫌疑企业，为反避税提供案源。其中应当重视在华跨国公司提供的同期资料，通过对同期资料的分析，全面了解企业的运营模式、关联关系、市场战略等情况，据此加强日常监控管理。

2. 严格执行审核流程

根据《特别纳税调整内部工作规程》第7条的规定："主管税务机关需要收集属于其他省（市）税务机关管辖的被调查纳税人关联方或可比对象相关资料的，应当填写《特别纳税调整工作联系单（适用于协查）》，层报省级税务机关，由省级税务机关转发办理。主管税务机关需要获取中央各部委有关信息资料的，应当层报税务总局，由税务总局审核后按规定程序办理；需要通过境外税务主管当局获取境外有关信息资料的，应当层报税务总局，由税务总局根据税收协定、协议或者安排的有关规定与境外税务主管当局开展信息交换。"

（三）分析阶段风险点防控策略

案头审计需要对被调查对象报送的企业所得税年度申报资料及关联企业业务往来年度报告表等资料进行详细的数据分析，从而掌握企业的生产经营状况、关联交易等整体状况，并在此基础上全面分析嫌疑企业的财务状况，从材料采购、费用支出及产品销售等各个环节进行比较分析，准备确定调查取证方向。之后可依据《税收征收管理法实施细则》第51条规定"纳税人有义务就其与关联企业之间的业务往来，向当地税务机关提供有关的价格、费用标准等资料"要求纳税人举证。

（四）差异调整执法风险点防控策略

根据《特别纳税调整实施办法（试行）》第38条的规定："税务机关分析、评估企业关联交易时，因企业与可比企业营运资本占用不同而对营业利润产生的差异原则上不做调整。确需调整的，须层报国家税务总局批准。"

重视对税务机关内部协查制度，并严格执行内部协查流程要求，尽量掌握较多信息数据。同时，可依情况聘请专业度较高的国际会计师事务所提供内容全面准确的可比企业信息。

第五节　典型案例

案例一　关联企业认定案①

一、案情

（一）基本情况

A公司是位于S市的一家声电设备生产企业，由台商张先生通过其在台湾地区的B公司投资创立，主营耳机、耳塞及听筒等业务。自成立以来，盈利状态良好，发展迅速，生产规模不断扩大。但随着2007年A公司享受"两免三减半"税收优惠政策资格的取消，其利润水平开始急速下滑（如表1-2所示）。经了解，在2007年前后，A公司没有重大事项发生，整个市场行情也未有大幅波动，但其毛利率却大幅萎缩，连续亏损。而与此同时，B公司竟又在同一地区投资增设了另外一家跟A公司同类型的企业。面对如此反常情况，税务机关怀疑A公司存在通过转让定价安排避税的嫌疑，由此展开了对A公司的调查。

表1-2　A企业享受税收优惠前后年度财务数据表

单位：万元

年度	营业收入	营业成本	毛利	毛利率	费用合计	营业利润	营业利润率
2002~2006加权平均	17,945.21	15,367.99	2577.22	14.36%	798.42	1778.80	9.91%
2007	19,085.59	18,549.75	535.85	2.81%	821.23	-285.38	-1.50%

① 参见陈巩皓：《转让定价反避税调整的方法与难点研究》，厦门大学2014年硕士学位论文。

续表

年度	营业收入	营业成本	毛利	毛利率	费用合计	营业利润	营业利润率
2008	19,655.73	19,273.97	381.76	1.94%	804.19	-422.43	-2.15%
2009	20,170.47	19,708.72	461.75	2.29%	852.33	-390.58	-1.94%
2010	22,609.52	22,590.33	19.19	0.08%	796.14	-776.95	-3.44%
2011	23,069.06	22,383.90	685.16	2.97%	817.50	-132.34	-0.57%

说明:2002 年至 2006 年间 A 企业享受“两免三减半”税收优惠,其间的数据采用加权平均值,2007 年至 2011 年不再享受此税收优惠。

(二)关联交易的认定

在调查过程中,税务机关查阅了 A 公司的关联交易报告表、相关订单、购销明细和往来凭证等资料。根据 A 公司的申报和其关联交易报告表看来,其关联方只有母公司 B,而其原材料采购和产品销售都不与 B 公司发生关系,所以不存在关联购销业务和其他的关联交易行为。根据其他相关资料,在采购方面,A 公司的原材料均采购自中国境内知名的电子元件企业,属于独立的第三方公司,不存在关联交易。在销售方面,A 公司收到的订单来自 C1、C2 和 C3 三家不同的境外客户,账务记录上显示 A 公司将产品分别销售给 C1、C2 和 C3,而报告单显示的实际货流则是 A 公司将货物作为手机产品的配件直接发给各大移动通讯设备制造厂商,所以 A 公司声称,C1、C2 和 C3 三个客户属于贸易商,不存在关联关系,因此也不构成关联交易。

但有一个细节引起了税务机关的注意,那就是 C1、C2、C3 都是注册在英属维尔京群岛的公司,并且在互联网上查不到任何关于它们的信息,这在贸易商中是不正常的情况,很可能意味着这三家公司只是个空壳。随着调查的深入,税务机关发现 A 公司的收款全部来自注册在英属维尔京群岛的某 C 公司在中国大陆银行设立的非居民账户。这就意味着 C1、C2、C3 三家公司与 C 公司之间很可能存在某种关联关系,C 公司很可能在实质上与 A 公司进行业务往来。在相关银行的协助下,税务机关取得了 C 公司在银行的非居民账户的资料,查明了 C 公司账户多笔资金转账凭证上的签名人与 A 公司的法人代表张先生系配偶关系。随后,A 公司承认了其隐瞒关联关系的行为,并且承认 C 公司是以 A 公司法定代表人张先生的妻弟的名义在英属维尔京群岛注册的,其实际经营决策都受 A 公司的法定代表人张先生及其配偶的共同控制。因 C1、C2、C3 无经营实体,客户订单事实上是由 C 公司以这三家公司的名义下达给A公司的,而且资金流也不流经这三家公司。至此,税务机关认定C公司与A公司存在关联关系。重新确认后,A公司的关联关系如图1-3所示:

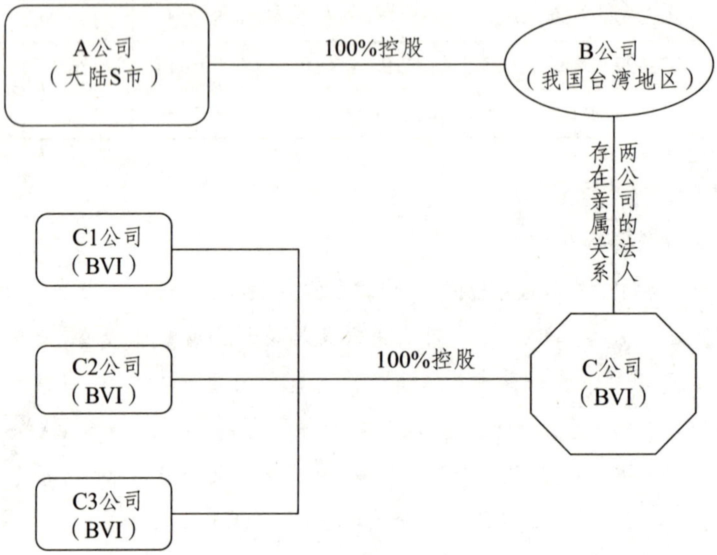

图1-3　A公司关联关系

A公司的交易流程如图1-4所示:

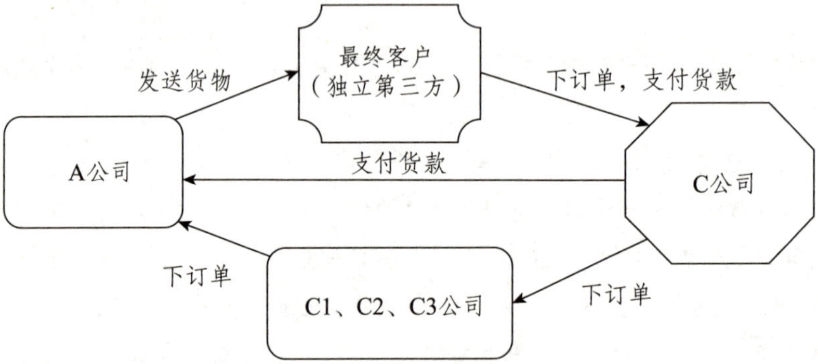

图1-4　A公司交易流程

(三)功能风险分析

根据A公司的组织结构(如图1-5所示),其设立了完备的管理、采购和生产部门,但却没有研发和销售部门,貌似A公司只发挥管理、采购和生产职能,不执行研发和销售职能。而税务机关查明,C公司的员工均为A公司行政部的职员,从事联系客户、开发市场的工作,其薪资全部由A公司负担,只是在C公司挂名。所以,在关联交易中,C公司不执行任何的职能也不承担任何的风险,A公司发挥着全部的功能且自行承担风险。

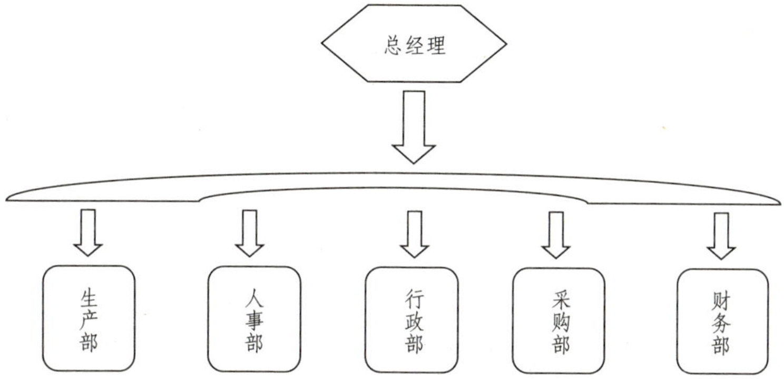

图1-5　A公司组织结构示意图

(四)转让定价调整

因C公司不执行任何功能也不承担任何风险,所以,税务机关认为C公司不应获得任何利润,其占有的全部利润应当归属于A公司(A公司只在销售货物时存在关联交易,所以调整利润就是调整关联交易营业收入)。由于在享受"两免三减半"所得税优惠期间以及之前的年度里,C公司未截留利润,所以税务机关对公司的调整从其税收优惠结束后的第一年开始,通过对五个年度的转让定价调整,共调增A公司关联交易收入13,786.05万元,补征企业所得税3446.51万元。鉴于A公司未按要求进行关联申报,故意隐匿关联关系,税务机关对所属纳税年度在2008年1月1日以后的补征税款收取基准利率上加5个百分点的罚息。

二、评析

跨境关联交易多呈多样性、隐秘性和复杂性等特征,因税企双方在信息上的严重不对称,税务机关多数情况下只能依赖纳税人的自行申报来获取相关资料,一旦纳税人不能如实申报关联关系或是关联交易的有关情况,税务机关就很难判断纳税人是否存在转让定价避税安排,这也是目前在转让定价管理实务中税务机关所面临的一大难题。本案税务机关采取的调查方法和思路值得学习与借鉴:

第一,如发现纳税人的财务状况、制度及人员安排等与经济规律、事实或常理不符时,不能仅仅因为纳税人未做关联申报而排除纳税人通过转让定价安排避税的嫌疑,应抽丝剥茧寻找更多线索。在目前的税务监管中,税务机关的工作人员多数情况下会受到“先入为主”的惯性思维影响,在纳税人未申报关联关系时,会认为其不存在转让定价避税的嫌疑。按照此种调查模式,关联申报将会成为“老实人”遭到调查调整的原因,而那些未如实履行申报义务的纳税人将会逃脱调整,这显然有悖于我国关联申报的立法初衷。所以,对于交易的主要客户都是来自英属维尔京群岛、萨摩亚等避税港,或者存在如“货、款、票”三者的流向不一致等避税嫌疑的纳税人,税务机关应当尽可能全方位多角度地获取更多的信息和线索,而不是只关注于纳税人的自主申报。

第二,纳税人关联交易的事实易被忽略,税务机关工作人员应仔细审查和甄别交易细节。本案C1、C2、C3公司与A公司和B公司都没有直接的股权关系,很容易被误认为是独立的第三方客户。而把参与交易的关联方拆分成三家公司分散A公司的销售收入,使其不符合《特别纳税调整实施办法(试行)》第9条第6项规定的“一方的购买或销售活动主要由另一方控制”关联关系认定标准的做法,极易掩盖其实质的关联交易行为。所以,税务机关工作人员应在注重有关细节的基础上进行合理的推断,力求从零星的线索中寻找关联交易的痕迹,如本案中的关联方的付款账户,或者是相似的公司、成员名称、相同的注册地址、购销合同上签名的笔迹等,同时要调取一切可以获得的协助,如本案正是在银行的协助下才获取的非居民账户的相关信息,最大限度地寻找突破口。

第三,在避税动机的主导下,纳税人内部的组织结构所反映的职能风险可能会失实。如本案A公司虽然履行了市场和销售功能,但仅从其组织结构上是无法得出此结论的。所以,在进行功能风险分析时,不能只针对被调整对象,而要全面客观地调查和分析被调整对象及其各关联方在关联交易中各自执行的职能和承担的风险,进而通过人员、费用的归属来判断功能风险的承担方。

第四,严格遵循独立交易原则,选择合适的转让定价方法进行调整。本案依据独立交易原则,即收益与功能风险相匹配的精神进行调整,因C公司不承担任何功能风险,不应获得任何利润,所以其对利润的贡献为零,实质上采用了简化版的利润分割法进行调整。

总之,转让定价调查前期的信息收集与筛选对比极其关键和重要,很容易受到各种不实干扰信息的影响，需要税务工作人员具备足够高的专业敏感性、全面的素质和高度敬业的精神才能胜任，本案税务机关解决问题的思路和手段可以为其他类似情况下的转让定价调整案件提供借鉴与参考。

案例二 E公司转让定价调整案件①

一、案情简介

E公司是2008年在S市设立的从事灯具制造的外商投资企业，自2011年开始盈利后便长年保持微利状态。E公司的税务登记资料显示其是由位于英属维尔京群岛的B公司出资设立，海外的原材料采购方为D公司，产品的销售方为C公司。后S国税局通过反避税调查，获知D公司、C公司、B公司均受控于同一家公司A。因E公司的国内外行业发展前景良好，但是销售成本率远远高于同行业水平，利润率低于关联企业水平。在其处于微利状态下，投资方持续追加投资，财务数据显示明显上升的销售额并没有带来利润率的增长。S国税局鉴于E公司存在的转让定价避税疑点，对其进行功能风险分析，通过可比性分析调整，追缴税款1137万元。

二、关联关系认定

E公司是B公司（英属维尔京群岛）于2008年在中国S市设立的外商独资企业，注册资本为3000万美元，后增资至4600万美元，主要从事生产灯具及其配件、灯具压塑件、镇流器、灯泡包装、防盗器、直金塑胶模具等，产品极少量在中国销售，主要出口美国、欧洲、澳大利亚等国外市场。B公司是A跨国股份有限公司（以下简称A公司，注册地美国）100%控股的子公司，除了B公司外，A公司还控股C公司（美国）和D公司（美国），其中对C公司是100%控股，D公司是80%控股。由此可知，E公司的关联企业有A公司、B公司、C公司和D公司，关联关系如图1-6所示：

① 参见刘亚慧：《S国税局转让定价反避税的案例研究》，湖南大学2016年硕士学位论文。

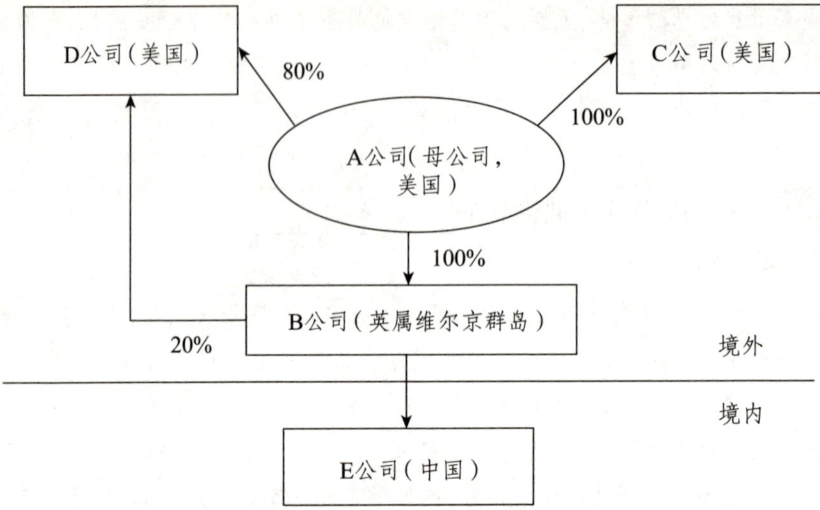

图1-6　E公司关联企业股权结构图

E公司主要生产产品的原材料包括放电灯管、玻璃制品、电感器、面鹤灯塑料介质电容、聚酯油漆等，这些原材料的购进业务约98%是通过D公司进行，产成品的销售业务约99%是通过C公司进行的，具体的关联交易额如表1-3所示.

表1-3　2011~2016年关联交易明细表

	2011年	2012年	2013年	2014年	2015年	2016年
关联销售	23,121	42,360	67,279	85,394	109,982	143,405
关联销售比	99.85%	99.74%	99.62%	99.58%	99.81%	99.76%
关联采购	22,186	40,603	64,102	80,133	102,804	135,075
关联采购比	99.38%	99.03%	98.47%	97.92%	97.56%	98.63%

三、转让定价反避税操作程序

（一）避税行为分析

通过查阅E公司的企业所得税纳税申报表可知，其销售成本占销售收入的比例较大，全部在95%以上，导致毛利率低于5%，成本费用比例过高。E公司历年生产经营情况（表1-4）、主要盈利指标（表1-5）如下所示。

表 1-4　2011~2016 年生产经营简表

单位:万元

	2011 年	2012 年	2013 年	2014 年	2015 年	2016 年
主营业务收入	23,156	42,470	67,536	85,754	110,191	143,750
主营业务成本	22,324	41,001	65,098	81,835	105,376	136,951
主营业务利润	832	1469	2438	3919	4815	6799
期间费用	310	482	273	294	352	391
营业利润	572	998	2208	2736	3835	6598
利润总额	561	1010	2004	2453	3449	5233
净利润	561	1010	1903.8	2330.35	3276.55	4709.7

表 1-5　E 公司盈利指标

	2011 年	2012 年	2013 年	2014 年	2015 年	2016 年
销售收入	23,156	42,470	67,536	85,754	110,191	143,750
销售成本	22,324	41,001	65,098	81,835	105,376	136,951
销售毛利	832	1469	2438	3919	4815	6799
销售毛利率	3.59%	3.46%	3.61%	4.57%	4.37%	4.73%
销售利润额	572	998	2208	2736	3835	6598
销售利润率	2.47%	2.35%	3.27%	3.19%	3.48%	4.59%
利润总额	561	1010	2004	2453	3449	5233
总利润率	2.42%	2.38%	2.97%	2.86%	3.13%	3.64%

税务人员经过初步审核分析,发现 E 公司主要存在以下几个方面的疑点:

1. 销售成本率明显高于同类型企业

通过选取与 E 公司销售同种类型照明工具的加工制造企业进行比较(具体数据如表 1-6 所示),E 公司的销售成本率高于行业水平 20% 以上。这就意味着 E 公司很有可能根据自身进料加工模式,在与关联企业进行购销业务的过程中实施转让定价,通过高成本的原材料采购和低价的产成品销售,将利润转移到境外母公司。

表1－6 行业内销售成本率对比表

	2011年	2012年	2013年	2014年	2015年	2016年
E公司	96.41%	96.54%	96.39%	95.43%	95.63%	95.27%
甲照明公司	79.89%	73.33%	72.35%	71.69%	74.05%	74.81%
乙照明公司	84.35%	80.85%	81.44%	78.98%	80.89%	79.81%
丙照明公司	75.47%	72.52%	70.90%	74.37%	78.53%	78.87%
丁光电公司	62.46%	60.65%	63.43%	71.70%	72.24%	68.64%
戊科技公司	82.79%	77.49%	75.06%	74.92%	74.38%	74.59%
己光电公司	67.44%	73.39%	69.02%	72.85%	77.90%	79.32%
行业水平	75.4%	73.04%	72.03%	74.09%	76.33%	75.92%

注:行业水平由E公司之外的上述公司的利润表数据得出。

2.与主要关联交易方相比,利润水平明显偏低

通过分析A公司(E公司的最终控股母公司)的合并财务报表可知,E公司极少从国内外非关联企业采购原材料或销售产品,根据A公司的订单向D公司购进原材料,原材料98%以上从D公司采购,生产的产品99%以上直接销售给C公司,少量的产品在国内销售。E公司的原材料购进流程如图1－7所示:

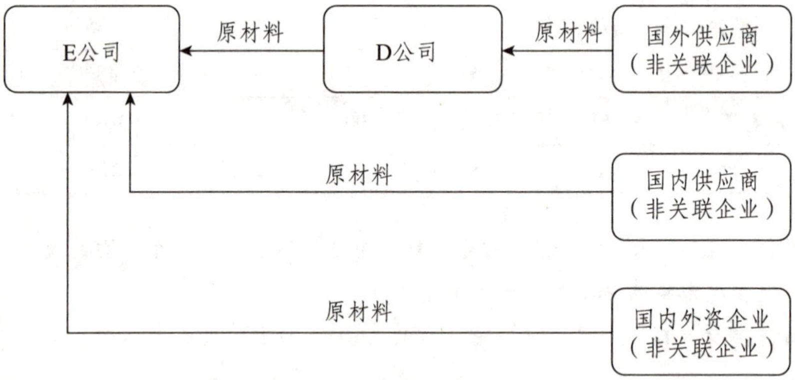

图1－7 E公司原材料采购流程图

E公司的发票流程为:E公司将发票开给C公司,C公司将发票开给最终客户;其资金流为:客户先将货款支付给C公司,C公司再将货款支付给E公司。

E 公司的产品销售流程如图 1-8 所示：

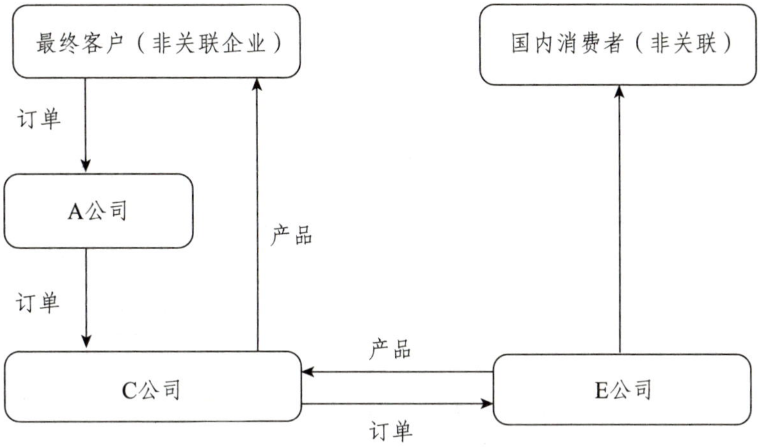

图 1-8　E 公司产品销售流程图

从上述分析可以看出，E 公司负责产品的加工制造，对于功能相对单一的外商投资企业应当按照功能风险与利润相配比的转让定价原则，保持合理的利润水平。但由表 1-7 可知，E 公司近 6 年在整个销售环节中平均获利 11.82%，远低于关联销售企业 C 公司 88.08% 的获利水平。

表 1-7　销售环节获利情况表

单位：万元

	E 公司获利	C 公司获利	全部利润	E 公司获利占比
2011 年	561	7041	7602	7.38%
2012 年	1010	7796	8806	11.47%
2013 年	2004	21,325	23,329	8.59%
2014 年	2453	17,140	19,593	12.52%
2015 年	3449	17,698	21,147	16.31%
2016 年	5233	30,438	35,671	14.67%
年均	2460	16,898	19,358	11.82%

3. 销售收入增长率与利润率不相匹配

E 公司逐年增加投资，扩大生产规模，销售额每年都在稳步增长，但由表 1-8

可知,E公司的销售收入同比增长率与销售利润率有很大的差距,销售利润率低于5%(评价公司获利能力的参考标准是销售利润率达8%),长期处于微利状态。在投资回报率较低的情况下仍然追加投资扩大规模,显然有悖于正常的生产经营理念。

表1-8　E公司2011~2016年销售收入同比增长率与销售利润率

	2011年	2012年	2013年	2014年	2015年	2016年
销售收入同比增长率	—	45.48%	37.12%	21.24%	28.50%	30.46%
销售利润率	—	2.35%	3.27%	3.19%	3.48%	4.59%

注:2011年开始盈利。

4. E公司的行业发展前景良好

E公司主要生产灯泡、灯具以及灯泡和灯具的配件。从国际市场来看,20世纪90年代中后期,我国灯具产品多向美国、德国、香港地区、英国和荷兰等出口,在美国市场占有率超过50%,位列第一。其中,北美和欧洲是照明行业的主要市场,主要产品需求为通过UL认证、CB认证和欧盟市场ROSH认证的高质量产品;中南亚、中东、南美洲作为传统市场,对低价位产品有大量需求;俄罗斯和东欧是潜在市场。从国内市场来看,国内基础设施建设(如铁路、城市轨道、机场等)、城市亮化(建筑物、城市广场、道路、绿地等亮化)、商业照明等需求潜力巨大,且呈逐年递增趋势。所以,照明灯具市场的国际、国内需求市场潜力大,行业发展前景良好。

综上可推知,E公司很可能存在利用"高进低出"的方式实施转让定价的避税行为。为全面准确掌握E公司基本生产经营情况,税务机关对E公司2011~2016年6年的账簿、凭证、报表、发票、合同章程等相关资料进行调查审计,历时两个月逐本、逐份、逐页对账簿、凭证和资料进行检查。通过调查审计,整理计算6年来各类产品内外销收入、成本、数量、单价和毛利率,并对各型号产品成本中所含材料成本、制造费用和人工进行了计算分析,发现E公司生产的产品所耗用的原材料占成本的比重均在95%以上,进一步认定其可能存在利用关联进口材料价格加成转移利润的避税行为。

(二)功能风险分析

针对E公司的避税疑点,S国税局调查人员深入企业约谈各部门负责人,全面了解该公司采购、生产、技术、研发、质量、营销、物流、管理、仓储等各环节的情况,并根据掌握的情况对其生产经营和承担的功能风险及所处的经济环境进行全方位的分析研究。

1. E公司的组织结构

经查,E公司共有五大部门,具体组织部门及各部门工作职责如图1-9所示。

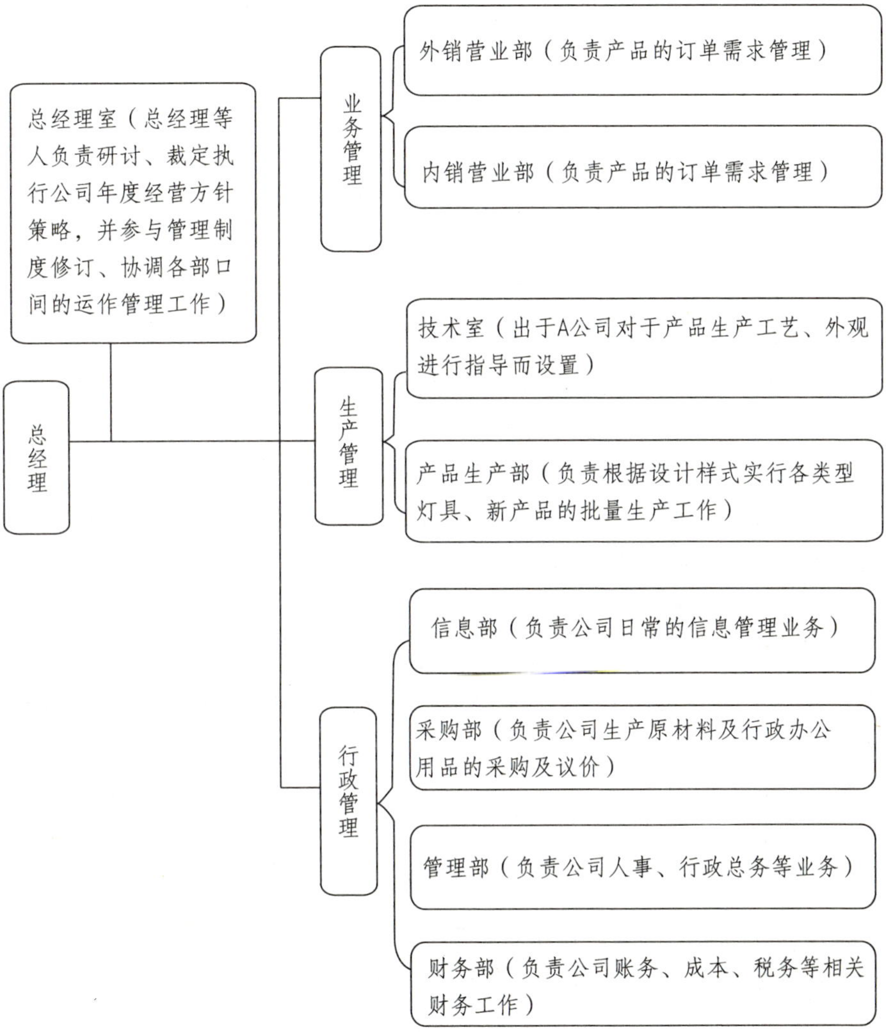

图1-9　E公司组织结构图

2. E公司及关联交易方各自承担的功能

(1)研发

E公司根据A公司的订单进行生产，主要负责产品的生产并将产品销售给C公司。A公司设立产品开发部口与海外技术研发部口，负责主要的研发工作，并对经试生产投入市场测试推出的新样式产品拥有研发成果，所以A公司主要承担研发功能。

(2)生产

E公司根据制订的产销计划安排生产计划，负责产品的制造、装配及检测；根据公司质量管理标准、客户需求以及政府法规制定质量控制的标准及程序。A公司主要负责订单业务和向中国境内采购销售，以及提供售后装修与维护工作。所以，E公司主要承担生产功能。

(3)营销

E公司根据A公司的订单进行生产，产品生产后90%以上销售给C公司，C公司再将产品销售给客户，所以E公司基本不承担营销功能；A公司负责订单业务，根据客户需求研发出样品，再向E公司下订单，进行批量规模生产，产品生产完成后，由C公司负责采购，A公司销售给订单客户并负责售后的安装与维护，所以，A公司和C公司主要承担营销功能。

(4)其他管理

E公司自行负责公司的行政管理、财务、会计及法律事务，A公司向E公司提供关键技术人员，并对E公司进行生产指导。所以，其他管理功能方面，A公司承担主要功能。

3. 风险分析

(1)市场风险

市场风险主要体现为产品价格变动和销量变动。因E公司是根据A公司的订单进行生产，并将产品直接销售给C公司，所以A公司和C公司承担产品售价波动而影响利润的风险。此外，如果市场需求减少，A公司将会调整订单生产数量，避免因市场需求变化而出现的固定成本与费用无法补偿的风险。

(2)存货风险

存货风险主要是指原材料、在产品、产成品毁损灭失的风险。E公司的产品生产部设置专门的原材料、在产品与产生品储存仓库，并配备相应的管理人员严格按照管理规章制度进行管理。所以,E公司承担存货风险。

(3)研发风险

E公司设有技术部,主要技术人员由A公司派遣,并根据A公司的设计样品及工艺流程进行指导生产,所以A公司承担研发风险。

(4)产品质量风险

E公司在进行原材料采购时会进行相应的质量检测,对于抽检不合格的原材料会要求供应方D公司重新发货。如果生产出的产品不符合订单要求,则由E公司承担赔偿责任,所以E公司承担产品质量风险。

(5)汇率风险

因E公司与位于美国的C公司进行产成品销售,所以承担收入计量货币美元与人民币汇率变动的风险。

4.资产分析

通过对E公司进行实地考察,其拥有厂房、生产设备、存货、办公设备等有形资产,没有无形资产。

综上,E公司仅承担与产品生产加工相关的存货风险和产品质量风险,A公司承担研发风险和市场风险,D公司因销售原材料承担相应的存货风险,C公司承担市场风险。根据国家税务总局《关于强化跨境关联交易监控和调查的通知》(国税函〔2009〕363号)"跨国企业在中国境内设立的承担单一生产(来料加工或进料加工)、分销或合约研发等有限功能和风险的企业,不应承担金融危机的市场和决策等风险,按照功能风险与利润相配比的转让定价原则,应保持合理的利润水平"的规定,E公司必须保留合理的利润。

(三)转让定价方法的选择

1.可比非受控价格法

因E公司产品的多样化,很难找到与之可比性高的非关联交易,加之E公司的产品基本上都是外销,每年的无关联转厂销售额不到全年销售比例的2%,所以,可比非受控价格法不适用于评估E公司产品出口销售的盈利能力。

2.再销售价格法

因E公司采用进料加工模式从关联方采购原材料,主要承担生产功能,不承担分销功能,所以,再销售价格法不适合用来衡量E公司的盈利能力。

3. 成本加成法

适用成本加成法时应考虑两项主要因素:一是关联交易中产品或劳务的成本基数可以确定;二是确定适当的加成利润率,所以必须合理、正确地确定销售成本。E 公司生产产成品且基本都是与其关联企业进行业务往来,所以不适用此法。

4. 交易净利润法

交易净利润法是基于利润的定价法,按照没有关联关系的交易各方进行相同或类似业务往来的净利润水平来确定利润,评估的参照方是指第三方纳税人在相似环境下从事类似的商业活动的利润水平。交易净利润法的计算依据为与关联交易相似的交易环境下的利润水平,而相似交易环境可以通过功能风险分析来确定。由于 E 公司 97% 以上的交易为关联交易,而且主要承担生产制造功能,结合 E 公司的关联交易情况、功能风险承担情况,确定其适用交易净利润这一转让定价方法。

(四)可比性分析调整

1. 可比企业选择

基于前述对 E 公司的相关调查分析,根据交易净利润率法的要求,S 国税局采用 BvD 的 OSIRIS 数据库进行可比企业的筛选。一是进行产业界定,根据产业分类匹配选取 US sic 代码为 3641 的照明灯具制造企业;二是进行功能风险匹配,确定为主要承担生产功能风险的企业,排除承担研发功能和销售功能的企业;三是财务数据的筛选,选取拥有 5 年完整财务数据的企业;四是财务指标的界定,所筛选的企业研发费用及销售费用占主营业务收入的比例分别小于 1% 和 3%。按照上述条件进行筛选,最终确定了 16 家亚太区可比企业。

2. 可比性分析利润区间的确定

通过整理相关的财务报表,得出这 16 家亚太区可比企业的销售利润率的四分位情况如表 1-9 所示:

表 1-9　四分位法调整表

	2011 年	2012 年	2013 年	2014 年	2015 年	2016 年
可比下四分位值	3.07%	3.75%	4.01%	4.83%	5.18%	6.46%
可比中位值	4.535%	4.425%	4.88%	5.355%	6.675%	8.04%
可比四分位值	7.48%	8.96%	8.53%	10.63%	11.59%	13.7%
E 公司的销售利润率	2.42%	2.35%	3.27%	3.19%	3.48%	4.59%
是否需要调整	是	是	是	是	是	是

通过功能风险分析，确定相关的可比企业，参照可比同行业的利润水平，采用四分位法，得到可比企业的中位值为4.535%、4.425%、4.88%、5.355%、6.675%、8.04%，并以此为标准，对E公司进行调整。

3. 可比性分析调整结果

经双方充分谈判磋商，最终双方达成一致意见，参照同行业利润水平进行调整，确定E公司2011年至2016年的销售利润率分别为4.535%、4.425%、4.88%、5.355%、6.675%、8.04%，总追加税款1137万元。

四、评析

在实际的转让定价反避税税务管理工作中，关联关系及关联交易的认定、可比性分析、转让定价调整方法的选取是转让定价反避税调查调整的操作要点和操作难点：

第一，由于跨国集团通过设立导管公司实现多重控股的安排掩盖了集团内部关联关系。随着跨国公司的日益发展，通过设立导管公司导致的多重控股情况使得关联集团内部的关联关系与关联交易变得日益隐蔽和复杂。导管公司通常以逃避或减少税收、转移或累积利润等为目的，在形式上满足法律对组织形式的要求，仅在所在国登记注册，不从事制造、经销、管理等实质性经营活动，利用税收协定等优惠措施为跨国公司转移利润。本案E公司的相关税务文档显示其全资控股公司为英属维尔京群岛的B公司，而与E公司存在原材料购销关系的D公司、产品购销关系的C公司没有直接的关联关系。从表面上看，E公司与D公司、C公司不构成关联关系，它们之间所实施的交易也不构成关联交易，事实上，是E公司的母公司B公司100%受控于A公司，而D公司、C公司均为A公司的控股公司。现有关联申报及同期资料无法真正地披露完整的关联关系，掩盖了E公司、A公司、D公司、C公司之间的关联关系，需要借助国际税收情报交换来厘清其关联关系，这无疑加大了税务机关认定关联关系的难度。

第二，企业出于自身利益的考虑，拖延同期资料的提供或提供不完整的同期资料。税务机关判断关联方之间的交易是否符合独立交易原则，是根据其掌握的关联交易的详细信息，也就是同期资料，在此基础上采用相关的定量分析指标进行可比性分析，并根据结果来分析关联交易的价格是否与非受控交易价格存在实质性差异。因税企双方在利益上的对立性，决定了纳税人缺乏提供完整同期资料的主动性和积极性，而同期资料的不完整无疑会为税务机关量化转让定价税务风险、分析避税行为带来很大困难。本案S国税局在对E公司的转让定价反避税调查中，税企共进行了12次谈判。起初，E公司以资料尚未齐全拖延提供同期资料的时间，后来提供的同期资料也不完整：一是关联企业间关联关系及企业所属企业集团的组织结构及股权架构披露不完整；二是提供的企业内部组织架构资料，内部各部门所履行的功能和职责介绍较少；三是在对企业功能风险的分析缺乏充分依据，采用成本费用转移的方式将实际并未承担的功能风险设定为承担了相应的功能风险，加大了S国税局的调查难度，耗费了大量的调查成本。

第三，转让定价方法的确定建立在包括功能风险分析在内的可比性分析和充实的可比数据基础上，而功能风险情况的分析及可比数据的缺乏导致转让定价方法的确定存在难点。选取合理的转让定价调整方法需要进行一系列可比性分析，可比性分析因素主要包括交易资产或劳务的特性、交易各方的功能和风险、合同条款、经济环境、经营策略等。这些可比性分析依赖企业内部的同期资料和外部的可比数据，所以企业内部的交易性质、可比数据的来源、数量都直接影响转让定价的调整标准。但由于我国目前实际的转让定价处理中，可比非受控交易几乎不存在，税务机关一般是要凭借实践经验及借鉴国外有益做法进行分析调整，很容易引起税企争议。此外，企业在关联交易发生后往往通过有关成本费用的调整，使功能风险承担情况在表面上达到与利润大致匹配的情况。这给税务当局确定转让定价调整方法造成了很大困难。在本案转让定价调整过程中，税企双方就选取交易净利润法作为调整方法进行了多轮协商。

在我国当前的转让定价税制的体制下，为解决上述操作困难，可以尝试从完善税制、加强征管等方面进行规制和完善。(1)完善相关法律及政策规定，尤其是细化同期资料条款，具体化、明确化同期资料的准备要求，从而确保关联企业提交的关联申报信息真实、全面、完整。具体而言，同期资料包括主体文档、本地文档和特殊事项文档三类。主体文档主要披露跨国企业全球业务的整体情况；包括组织架构、业务描述、无形资产、融资安排以及财务税务情况。本地文档主要披露本地企业的关联交易信息；包括企业概况、关联关系、关联交易、可比性分析以及转让定价方法的选择等。特殊事项文档，主要针对特殊事项，提供个性化的同期资料信息；比如针对成本分摊协议、资本弱化事宜。此外，可以考虑提高转让定价税制对于证明文件提供的相关处罚力度来强化企业的举证责任。(2)在转让定价方法的选取决策过程中，重点考量可比性分析因素，扩宽可比数据来源，建立完善的可比数据库，增强税款调整额度的合理性和可靠性。(3)注重提升企业在转让定价反避税过程中的配合度。税务机关可以鼓励企业事前对自身的转让定价税务风险进行评估,自行进行调整,也可以适时启动预约定价安排,降低征税成本以及减少企业配合转让定价反避税的负效应。

第二章

预约定价安排管理

预约定价安排一般可涵盖各种关联交易类型，如有形资产的购销、转让和使用、无形资产的转让和使用、融通资金、劳务等。预约定价安排分六个阶段。如图2－1所示：

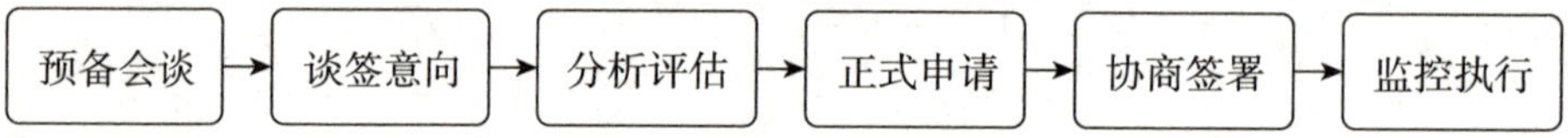

图2－1　预约定价安排阶段

第一节　预约定价安排基础理论

一、概念及分类

（一）概念

预约定价安排，也称“预约定价协议”（Advance Pricing Arrangement），是指企业就其未来年度关联交易的定价原则和计算方法，向税务机关提出申请，与税务机关按照独立交易原则协商、确认后达成的协议。预约定价安排适用于自企业提交正式书面申请年度的次年起3～5个年度的关联交易。①

预约定价安排管理是指企业与税务机关就企业未来年度关联交易的定价原则和计算方法达成预约定价安排。预约定价安排的谈签与执行经过预备会谈、谈签意向、分析评估、正式申请、协商签署和监控执行六个阶段。预约定价安排包括单边、双边和多边三种类型。

① 参见《中国预约定价安排年度报告（2015）》，第3页。

（二）分类

预约定价安排按照参与的国家税务主管当局的数量，可以分为单边、双边和多边三种类型。

企业与一国税务机关签署的预约定价安排为单边预约定价安排。单边预约定价安排只能为企业提供一国内关联交易定价原则和方法的确定性，而不能有效规避企业境外关联方被其所在国家的税务机关进行转让定价调查调整的风险，因此，单边预约定价安排无法避免国际重复征税。

企业与两个或两个以上国家税务主管当局签署的预约定价安排为双边或多边预约定价安排，双边或多边预约定价安排需要税务主管当局之间就企业跨境关联交易的定价原则和方法达成一致，可以有效避免国际重复征税，为企业转让定价问题提供确定性。

（三）优势

预约定价安排是税务机关和企业通过合作的方式处理企业转让定价问题以及潜在转让定价争议的有效手段。税务机关与企业达成的预约定价安排，对双方均具有约束力，企业应主动遵守安排的全部条款及要求，税务机关应依照安排，做好监控执行工作。

预约定价安排是在税企双方自愿、平等、互信的基础上达成的协议，为税企双方增进理解、加强合作、减少对抗提供了有效途径。预约定价安排具有如下优势：（1）为企业未来年度的转让定价问题提供确定性，从而带来企业经营及税收的确定性，也为税务机关带来稳定的收入预期；（2）降低税务机关转让定价管理及调查的成本，有效避免企业被税务机关转让定价调查的风险，降低企业的税收遵从成本；（3）有助于提高税务机关的纳税服务水平，促进税收管理与服务的均衡发展，保障纳税人相关权益的实现。

此外，双边预约定价安排还特别具备以下优势：（1）促进各国税务主管当局之间的交流与合作；（2）使企业可以在两个（双边预约定价安排）或两个以上（多边预约定价安排）国家（地区）避免被转让定价调整的风险，并有效避免国际重复征税。

二、我国预约定价安排立法与实践发展

我国自20世纪90年代末开始预约定价安排的实践。1998年，预约定价安排作为“转让定价调整方法中的其他合理方法”写入《关联企业间业务往来税务管理

规程(试行)》(国税发〔1998〕59号)第28条。[①] 1998年税务机关与企业签署首例单边预约定价安排。

2002年,《税收征收管理法实施细则》第53条[②]正式列入预约定价制度,预约定价由转让定价的调整方法上升为一种制度。

2004年,国家税务总局颁布了《关联企业间业务往来预约定价实施规则(试行)》(国税发〔2004〕118号),对预约定价安排谈签步骤、要求及后续监控执行等具体操作程序作出详细规定,从而规范了我国的预约定价安排管理。1998~2004年,我国一些地方税务机关尝试与企业达成一些单边预约定价安排,在这一阶段,由于缺乏全国统一的具体操作规范,各地达成的预约定价安排普遍存在条款过于简化、功能风险分析和可比性分析不足等问题。

为了促进全国预约定价管理工作的规范统一,自2005年起,国家税务总局实施了预约定价监控管理制度,即各地税务机关在签署单边预约定价安排前必须逐级层报国家税务总局审核,同时要求各地税务机关要稳步推进预约定价工作,严格依据有关规定,提高预约定价安排的规范程度。我国的预约定价管理从此步入了规范发展的新阶段。2005年4月,我国与日本签署了中国历史上第一例双边预约定价安排。随后,我国与美国、韩国等国相继达成了双边预约定价安排。2005~2008年4年间,税务机关与企业共签署预约定价安排41个,其中单边预约定价安排36个、双边预约定价安排5个。

2009年年初,为了配合新《企业所得税法》及其实施条例的实施,国家税务总局颁布实施了《特别纳税调整实施办法(试行)》(国税发〔2009〕2号),其中第六章进一步明确了中国预约定价安排制度及操作规范,并首次制定了双边预约定价安排的谈签程序及具体规定。2016年10月11日,国家税务总局发布《关于完善预约定价安排管理有关事项的公告》(国家税务总局公告2016年第64号,以下简称64号公告),并于2016年12月1日起正式施行,64号公告直接废止了《特别纳税调整实施办法(试行)》第六章的全部内容,不仅对预约定价制度及执行程序进行了优化调

---

① 第28条规定:"有形财产购销业务转让定价的调整方法……(四)其他合理的方法。在上述三种调整方法均不能适用时,可采用其他合理的替代方法进行调整,如可比利润法、利润分割法、净利润法等。经企业申请,主管税务机关批准,也可采用预约定价方法……"

② 第53条规定:"纳税人可以向主管税务机关提出与其关联企业之间业务往来的定价原则和计算方法,主管税务机关审核、批准后,与纳税人预先约定有关定价事项,监督纳税人执行。"

整,也体现了对 BPES 行动计划的有效落实,成为我国预约定价安排管理制度的核心规范渊源。

2009 年,双边预约定价安排谈签工作有了较快的发展,全年共签署预约定价安排 12 个,其中单边预约定价安排 5 个,双边预约定价安排 7 个。2010 年,全年共签署预约定价安排 8 个,其中单边预约定价安排 4 个,双边预约定价安排 4 个。2011 年,全年共签署预约定价安排 12 个,其中单边预约定价安排 8 个,双边预约定价安排 4 个。2012 年,全年共签署预约定价安排 12 个,其中单边预约定价安排 3 个,双边预约定价安排 9 个。2013 年,全年共签署预约定价安排 19 个,其中单边预约定价安排 11 个,双边预约定价安排 8 个。2014 年,全年共签署预约定价安排 9 个,其中单边预约定价安排 3 个,双边预约定价安排 6 个。2015 年,全年共签署预约定价安排 12 个,其中单边预约定价安排 6 个,双边预约定价安排 6 个。①

自 2005 年 1 月 1 日至 12 月 31 日,我国税务机关累计收到 192 个双边预约定价安排的书面谈签意向(其中 49 个已签署),涉及的国家(地区)达 16 个。此外,国家税务总局还收到许多企业关于双边预约定价安排的咨询,未来预约定价安排申请的数量有不断增长的趋势。

① 参见《中国预约定价安排年度报告(2015)》,第 6 页。

第二节　业务流程

一、单边预约定价安排管理

（一）单边预约定价安排管理工作流程图（图2-2）：

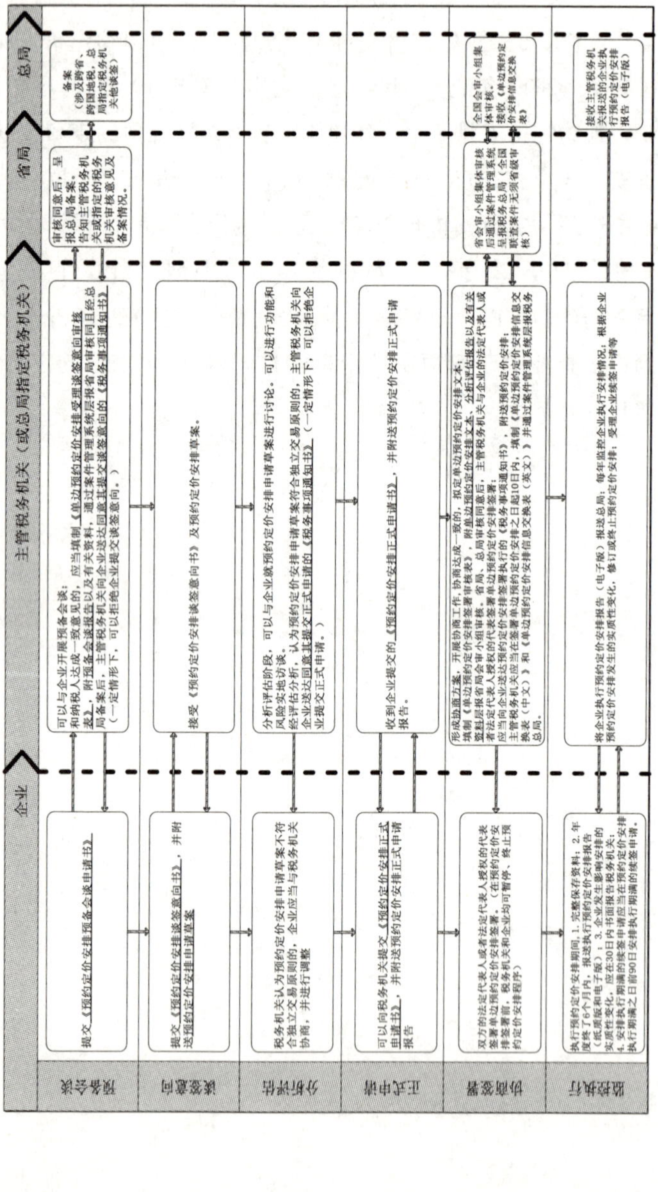

图2-2　单边预约定价安排管理工作流程图

（二）单边预约定价安排管理流程描述

1. 预备会谈

该阶段主管税务机关或总局指定的税务机关收到企业申请后层报省局审核、总局备案后，向企业送达同意其提交谈签意向的《税务事项通知书》。

2. 谈签意向

该阶段主管税务机关接收企业提交的《预约定价安排谈签意向书》及预约定价安排草案。

3. 分析评估

该阶段主管税务机关对企业提交的预约定价安排申请草案是否符合独立交易原则进行评估分析，主管税务机关向企业送达同意或拒绝其提交正式申请的《税务事项通知书》。

4. 正式申请

该阶段主管税务机关接收企业提交的《预约定价安排正式申请书》，并附送预约定价安排正式申请报告。

5. 协商签署

该阶段主管税务机关与企业协商达成一致的，拟定单边预约定价安排文本，层报省局、总局审核同意后，主管税务机关与企业的法定代表人或者法定代表人授权的代表签署单边预约定价安排签署。

6. 监控执行

该阶段主管税务机关将企业执行预约定价安排报告（电子版）报送总局，做好对预约定价安排的后续管理。

二、双边、多边预约定价安排管理工作流程

（一）双边、多边预约定价安排管理工作流程图（图2－3）

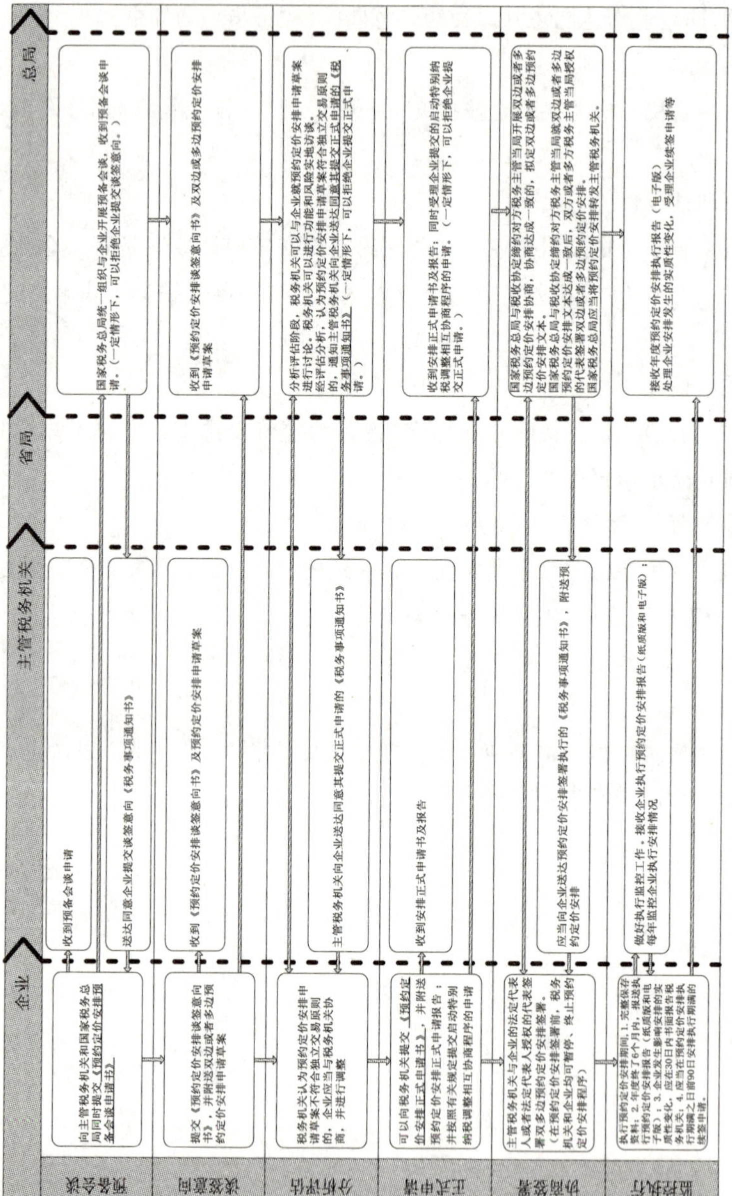

图2-3　双边、多边预约定价安排管理工作流程图

（二）双边、多边预约定价安排管理工作流程描述

1. 预备会谈

该阶段主管税务机关与总局收到企业申请后由总局统一组织与企业开展预备会谈，主管税务机关向企业送达同意其提交谈签意向的《税务事项通知书》。

2. 谈签意向

该阶段主管税务机关与总局接收企业提交的《预约定价安排谈签意向书》及预约定价安排草案。

3. 分析评估

该阶段由总局统一组织对企业提交的预约定价安排申请草案是否符合独立交易原则进行评估分析，主管税务机关向企业送达同意或拒绝其提交正式申请的《税务事项通知书》。

4. 正式申请

该阶段主管税务机关与总局接收企业提交的《预约定价安排正式申请书》及附送的预约定价安排正式申请报告，总局受理企业提交的启动特别纳税调整相互协商程序的申请。

5. 协商签署

该阶段总局与税收协定缔约方对方税务主管当局协商达成一致的，拟定双边或多边预约定价安排文本，双边或多边税务主管当局授权的代表签署双边或多边预约定价安排，主管税务机关向企业送达预约定价安排签署执行的《税务事项通知书》及预约定价安排。

6. 监控执行

该阶段主管税务机关与总局接收年度预约定价安排执行报告（电子版），主管税务机关应做好预约定价安排的执行监控工作。

第三节 工作规范

相关依据

1.《企业所得税法》第42条：

第四十二条　企业可以向税务机关提出与其关联方之间业务往来的定价原则

和计算方法，税务机关与企业协商、确认后，达成预约定价安排。

2.《税收征收管理法实施细则》第53条：

第五十三条　纳税人可以向主管税务机关提出与其关联企业之间业务往来的定价原则和计算方法，主管税务机关审核、批准后，与纳税人预先约定有关定价事项，监督纳税人执行。

3.《企业所得税法实施条例》第113条：

第一百一十三条　企业所得税法第四十二条所称预约定价安排，是指企业就其未来年度关联交易的定价原则和计算方法，向税务机关提出申请，与税务机关按照独立交易原则协商、确认后达成的协议。

4.国家税务总局《关于完善预约定价安排管理有关事项的公告》

一、企业可以与税务机关就其未来年度关联交易的定价原则和计算方法达成预约定价安排。

二、预约定价安排的谈签与执行经过预备会谈、谈签意向、分析评估、正式申请、协商签署和监控执行6个阶段。预约定价安排包括单边、双边和多边3种类型。

三、预约定价安排适用于主管税务机关向企业送达接收其谈签意向的《税务事项通知书》之日所属纳税年度起3至5个年度的关联交易。

企业以前年度的关联交易与预约定价安排适用年度相同或者类似的，经企业申请，税务机关可以将预约定价安排确定的定价原则和计算方法追溯适用于以前年度该关联交易的评估和调整。追溯期最长为10年。

预约定价安排的谈签不影响税务机关对企业不适用预约定价安排的年度及关联交易的特别纳税调查调整和监控管理。

四、预约定价安排一般适用于主管税务机关向企业送达接收其谈签意向的《税务事项通知书》之日所属纳税年度前3个年度每年度发生的关联交易金额4000万元人民币以上的企业。

五、企业有谈签预约定价安排意向的，应当向税务机关书面提出预备会谈申请。税务机关可以与企业开展预备会谈。

（一）企业申请单边预约定价安排的，应当向主管税务机关书面提出预备会谈申请，提交《预约定价安排预备会谈申请书》[附件1（略）]。主管税务机关组织与企业开展预备会谈。

企业申请双边或者多边预约定价安排的，应当同时向国家税务总局和主管税务机关书面提出预备会谈申请，提交《预约定价安排预备会谈申请书》。国家税务总局统一组织与企业开展预备会谈。

（二）预备会谈期间，企业应当就以下内容作出简要说明：

1. 预约定价安排的适用年度；

2. 预约定价安排涉及的关联方及关联交易；

3. 企业及其所属企业集团的组织结构和管理架构；

4. 企业最近 3 至 5 个年度生产经营情况、同期资料等；

5. 预约定价安排涉及各关联方功能和风险的说明，包括功能和风险划分所依据的机构、人员、费用、资产等；

6. 市场情况的说明，包括行业发展趋势和竞争环境等；

7. 是否存在成本节约、市场溢价等地域特殊优势；

8. 预约定价安排是否追溯适用以前年度；

9. 其他需要说明的情况。

企业申请双边或者多边预约定价安排的，说明内容还应当包括：

1. 向税收协定缔约对方税务主管当局提出预约定价安排申请的情况；

2. 预约定价安排涉及的关联方最近 3 至 5 个年度生产经营情况及关联交易情况；

3. 是否涉及国际重复征税及其说明。

（三）预备会谈期间，企业应当按照税务机关的要求补充资料。

六、税务机关和企业在预备会谈期间达成一致意见的，主管税务机关向企业送达同意其提交谈签意向的《税务事项通知书》。企业收到《税务事项通知书》后向税务机关提出谈签意向。

（一）企业申请单边预约定价安排的，应当向主管税务机关提交《预约定价安排谈签意向书》[附件 2（略）]，并附送单边预约定价安排申请草案。

企业申请双边或者多边预约定价安排的，应当同时向国家税务总局和主管税务机关提交《预约定价安排谈签意向书》，并附送双边或者多边预约定价安排申请草案。

（二）单边预约定价安排申请草案应当包括以下内容：

1. 预约定价安排的适用年度；

2. 预约定价安排涉及的关联方及关联交易；

3. 企业及其所属企业集团的组织结构和管理架构；

4. 企业最近3至5个年度生产经营情况、财务会计报告、审计报告、同期资料等；

5. 预约定价安排涉及各关联方功能和风险的说明，包括功能和风险划分所依据的机构、人员、费用、资产等；

6. 预约定价安排使用的定价原则和计算方法，以及支持这一定价原则和计算方法的功能风险分析、可比性分析和假设条件等；

7. 价值链或者供应链分析，以及对成本节约、市场溢价等地域特殊优势的考虑；

8. 市场情况的说明，包括行业发展趋势和竞争环境等；

9. 预约定价安排适用期间的年度经营规模、经营效益预测以及经营规划等；

10. 预约定价安排是否追溯适用以前年度；

11. 对预约定价安排有影响的境内、外行业相关法律、法规；

12. 企业关于不存在本条第(三)项所列举情形的说明；

13. 其他需要说明的情况。

双边或者多边预约定价安排申请草案还应当包括：

1. 向税收协定缔约对方税务主管当局提出预约定价安排申请的情况；

2. 预约定价安排涉及的关联方最近3至5个年度生产经营情况及关联交易情况；

3. 是否涉及国际重复征税及其说明。

(三)有下列情形之一的，税务机关可以拒绝企业提交谈签意向：

1. 税务机关已经对企业实施特别纳税调整立案调查或者其他涉税案件调查，且尚未结案的；

2. 未按照有关规定填报年度关联业务往来报告表；

3. 未按照有关规定准备、保存和提供同期资料；

4. 预备会谈阶段税务机关和企业无法达成一致意见。

七、企业提交谈签意向后，税务机关应当分析预约定价安排申请草案内容，评估其是否符合独立交易原则。根据分析评估的具体情况可以要求企业补充提供有关资料。

税务机关可以从以下方面进行分析评估：

(一)功能和风险状况。分析评估企业与其关联方之间在供货、生产、运输、销售等各环节以及在研究、开发无形资产等方面各自作出的贡献、执行的功能以及在存货、信贷、外汇、市场等方面承担的风险。

(二)可比交易信息。分析评估企业提供的可比交易信息,对存在的实质性差异进行调整。

(三)关联交易数据。分析评估预约定价安排涉及的关联交易的收入、成本、费用和利润是否单独核算或者按照合理比例划分。

(四)定价原则和计算方法。分析评估企业在预约定价安排中采用的定价原则和计算方法。如申请追溯适用以前年度的,应当作出说明。

(五)价值链分析和贡献分析。评估企业对价值链或者供应链的分析是否完整、清晰,是否充分考虑成本节约、市场溢价等地域特殊优势,是否充分考虑本地企业对价值创造的贡献等。

(六)交易价格或者利润水平。根据上述分析评估结果,确定符合独立交易原则的价格或者利润水平。

(七)假设条件。分析评估影响行业利润水平和企业生产经营的因素及程度,合理确定预约定价安排适用的假设条件。

八、分析评估阶段,税务机关可以与企业就预约定价安排申请草案进行讨论。税务机关可以进行功能和风险实地访谈。税务机关认为预约定价安排申请草案不符合独立交易原则的,企业应当与税务机关协商,并进行调整;税务机关认为预约定价安排申请草案符合独立交易原则的,主管税务机关向企业送达同意其提交正式申请的《税务事项通知书》,企业收到通知后,可以向税务机关提交《预约定价安排正式申请书》[附件3(略)],并附送预约定价安排正式申请报告。

(一)企业申请单边预约定价安排的,应当向主管税务机关提交上述资料。企业申请双边或者多边预约定价安排的,应当同时向国家税务总局和主管税务机关提交上述资料,并按照有关规定提交启动特别纳税调整相互协商程序的申请。

(二)有下列情形之一的,税务机关可以拒绝企业提交正式申请:

1. 预约定价安排申请草案拟采用的定价原则和计算方法不合理,且企业拒绝协商调整;

2. 企业拒不提供有关资料或者提供的资料不符合税务机关要求,且不按时补正或者更正;

3. 企业拒不配合税务机关进行功能和风险实地访谈;

4. 其他不适合谈签预约定价安排的情况。

九、税务机关应当在分析评估的基础上形成协商方案，并据此开展协商工作。

（一）主管税务机关与企业开展单边预约定价安排协商，协商达成一致的，拟定单边预约定价安排文本［参照文本见附件4（略）］。

国家税务总局与税收协定缔约对方税务主管当局开展双边或者多边预约定价安排协商，协商达成一致的，拟定双边或者多边预约定价安排文本。

（二）预约定价安排文本可以包括以下内容：

1. 企业及其关联方名称、地址等基本信息；

2. 预约定价安排涉及的关联交易及适用年度；

3. 预约定价安排选用的定价原则和计算方法，以及可比价格或者可比利润水平等；

4. 与转让定价方法运用和计算基础相关的术语定义；

5. 假设条件及假设条件变动通知义务；

6. 企业年度报告义务；

7. 预约定价安排的效力；

8. 预约定价安排的续签；

9. 预约定价安排的生效、修订和终止；

10. 争议的解决；

11. 文件资料等信息的保密义务；

12. 单边预约定价安排的信息交换；

13. 附则。

（三）主管税务机关与企业就单边预约定价安排文本达成一致后，双方的法定代表人或者法定代表人授权的代表签署单边预约定价安排。

国家税务总局与税收协定缔约对方税务主管当局就双边或者多边预约定价安排文本达成一致后，双方或者多方税务主管当局授权的代表签署双边或者多边预约定价安排。国家税务总局应当将预约定价安排转发主管税务机关。主管税务机关应当向企业送达《税务事项通知书》，附送预约定价安排，并做好执行工作。

（四）预约定价安排涉及适用年度或者追溯年度补（退）税款的，税务机关应当按照纳税年度计算应补征或者退还的税款，并向企业送达《预约定价安排补（退）税款通知书》。

十、税务机关应当监控预约定价安排的执行情况。

（一）预约定价安排执行期间，企业应当完整保存与预约定价安排有关的文件和资料，包括账簿和有关记录等，不得丢失、销毁和转移。

企业应当在纳税年度终了后6个月内，向主管税务机关报送执行预约定价安排情况的纸质版和电子版年度报告，主管税务机关将电子版年度报告报送国家税务总局；涉及双边或者多边预约定价安排的，企业应当向主管税务机关报送执行预约定价安排情况的纸质版和电子版年度报告，同时将电子版年度报告报送国家税务总局。

年度报告应当说明报告期内企业经营情况以及执行预约定价安排的情况。需要修订、终止预约定价安排，或者有未决问题或者预计将要发生问题的，应当作出说明。

（二）预约定价安排执行期间，主管税务机关应当每年监控企业执行预约定价安排的情况。监控内容主要包括：企业是否遵守预约定价安排条款及要求；年度报告是否反映企业的实际经营情况；预约定价安排所描述的假设条件是否仍然有效等。

（三）预约定价安排执行期间，企业发生影响预约定价安排的实质性变化，应当在发生变化之日起30日内书面报告主管税务机关，详细说明该变化对执行预约定价安排的影响，并附送相关资料。由于非主观原因而无法按期报告的，可以延期报告，但延长期限不得超过30日。

税务机关应当在收到企业书面报告后，分析企业实质性变化情况，根据实质性变化对预约定价安排的影响程度，修订或者终止预约定价安排。签署的预约定价安排终止执行的，税务机关可以和企业按照本公告规定的程序和要求，重新谈签预约定价安排。

（四）国家税务局和地方税务局与企业共同签署的预约定价安排，在执行期间，企业应当分别向国家税务局和地方税务局报送年度报告和实质性变化报告。国家税务局和地方税务局应当对企业执行预约定价安排的情况，实施联合监控。

十一、预约定价安排执行期满后自动失效。企业申请续签的，应当在预约定价安排执行期满之日前90日内向税务机关提出续签申请，报送《预约定价安排续签申请书》，并提供执行现行预约定价安排情况的报告，现行预约定价安排所述事实和经营环境是否发生实质性变化的说明材料以及续签预约定价安排年度的预测情况等相关资料。

十二、预约定价安排采用四分位法确定价格或者利润水平，在预约定价安排执行期间，如果企业当年实际经营结果在四分位区间之外，税务机关可以将实际经营结果调整到四分位区间中位值。预约定价安排执行期满，企业各年度经营结果的加权平均值低于区间中位值，且未调整至中位值的，税务机关不再受理续签申请。

双边或者多边预约定价安排执行期间存在上述问题的，主管税务机关应当及时将有关情况层报国家税务总局。

十三、预约定价安排执行期间，主管税务机关与企业发生分歧的，双方应当进行协商。协商不能解决的，可以报上一级税务机关协调；涉及双边或者多边预约定价安排的，必须层报国家税务总局协调。对上一级税务机关或者国家税务总局的决定，下一级税务机关应当予以执行。企业仍不能接受的，可以终止预约定价安排的执行。

十四、在预约定价安排签署前，税务机关和企业均可暂停、终止预约定价安排程序。税务机关发现企业或者其关联方故意不提供与谈签预约定价安排有关的必要资料，或者提供虚假、不完整资料，或者存在其他不配合的情形，使预约定价安排难以达成一致的，可以暂停、终止预约定价安排程序。涉及双边或者多边预约定价安排的，经税收协定缔约各方税务主管当局协商，可以暂停、终止预约定价安排程序。税务机关暂停、终止预约定价安排程序的，应当向企业送达《税务事项通知书》，并说明原因；企业暂停、终止预约定价安排程序的，应当向税务机关提交书面说明。

十五、没有按照规定的权限和程序签署预约定价安排，或者税务机关发现企业隐瞒事实的，应当认定预约定价安排自始无效，并向企业送达《税务事项通知书》，说明原因；发现企业拒不执行预约定价安排或者存在违反预约定价安排的其他情况，可以视情况进行处理，直至终止预约定价安排。

十六、有下列情形之一的，税务机关可以优先受理企业提交的申请：

（一）企业关联申报和同期资料完备合理，披露充分；

（二）企业纳税信用级别为 A 级；

（三）税务机关曾经对企业实施特别纳税调查调整，并已经结案；

（四）签署的预约定价安排执行期满，企业申请续签，且预约定价安排所述事实和经营环境没有发生实质性变化；

（五）企业提交的申请材料齐备，对价值链或者供应链的分析完整、清晰，充分考虑成本节约、市场溢价等地域特殊因素，拟采用的定价原则和计算方法合理；

（六）企业积极配合税务机关开展预约定价安排谈签工作；

（七）申请双边或者多边预约定价安排的，所涉及的税收协定缔约对方税务主管当局有较强的谈签意愿，对预约定价安排的重视程度较高；

（八）其他有利于预约定价安排谈签的因素。

十七、预约定价安排同时涉及两个或者两个以上省、自治区、直辖市和计划单列市税务机关的，或者同时涉及国家税务局和地方税务局的，由国家税务总局统一组织协调。

企业申请上述单边预约定价安排的，应当同时向国家税务总局及其指定的税务机关提出谈签预约定价安排的相关申请。国家税务总局可以与企业统一签署单边预约定价安排，或者指定税务机关与企业统一签署单边预约定价安排，也可以由各主管税务机关与企业分别签署单边预约定价安排。

十八、单边预约定价安排涉及一个省、自治区、直辖市和计划单列市内两个或者两个以上主管税务机关，且仅涉及国家税务局或者地方税务局的，由省、自治区、直辖市和计划单列市相应税务机关统一组织协调。

十九、税务机关与企业在预约定价安排谈签过程中取得的所有信息资料，双方均负有保密义务。除依法应当向有关部门提供信息的情况外，未经纳税人同意，税务机关不得以任何方式泄露预约定价安排相关信息。

税务机关与企业不能达成预约定价安排的，税务机关在协商过程中所取得的有关企业的提议、推理、观念和判断等非事实性信息，不得用于对该预约定价安排涉及关联交易的特别纳税调查调整。

二十、除涉及国家安全的信息以外，国家税务总局可以按照对外缔结的国际公约、协定、协议等有关规定，与其他国家（地区）税务主管当局就 2016 年 4 月 1 日以后签署的单边预约定价安排文本实施信息交换。企业应当在签署单边预约定价安排时提供其最终控股公司、上一级直接控股公司及单边预约定价安排涉及的境外关联方所在国家（地区）的名单。

二十一、本公告所称主管税务机关是指负责特别纳税调整事项的税务机关。

二十二、本公告自 2016 年 12 月 1 日起施行。《特别纳税调整实施办法（试行)》(国税发〔2009〕2 号文件印发)第六章同时废止。本公告施行前税务机关未接受正式申请的预约定价安排,适用本公告的规定。

5.《特别纳税调整内部工作规程》第 13 条、第 17 条、第 18 条、第 19 条:

第十三条　主管税务机关应当及时跟踪特别纳税调整补征税款和预约定价安排、相互协商协议的执行以及补(退)税款情况,并在纳税人实际补(退)税款之日起 10 日内,将补(退)税款、加收利息和滞纳金情况填制《特别纳税调整补征税款情况统计表》、《预约定价安排补(退)税款情况统计表》、《相互协商协议补(退)税款情况统计表》,通过案件管理系统层报税务总局备案。

第十七条　单边预约定价安排仅涉及一个省、自治区、直辖市、计划单列市国家税务局或者地方税务局的,由主管税务机关负责谈签相关工作,或者由省级税务机关统一组织协调谈签相关工作。

税务机关在预备会谈期间和纳税人达成一致意见的,主管税务机关应当填制《单边预约定价安排受理谈签意向审核表》,附预备会谈报告以及有关资料,通过案件管理系统层报省级税务机关审核。省级税务机关审核后同意的,应当及时呈报税务总局备案,并由主管税务机关向纳税人送达同意其提交谈签意向的《税务事项通知书》。

税务机关经分析评估后与纳税人开展预约定价安排协商并达成一致的,主管税务机关应当填制《单边预约定价安排签署审核表》,附单边预约定价安排文本、分析评估报告以及有关资料,参照本规程第九条第二款的有关规定,经省级会审小组集体审核后通过案件管理系统呈报税务总局,由全国会审小组集体审核。经审核同意后,由主管税务机关与纳税人签署单边预约定价安排。①

主管税务机关应当在签署单边预约定价安排之日起 10 日内,填制《单边预约定价安排信息交换表(中文)》和《单边预约定价安排信息交换表(英文)》,并通过

---

① 第九条　属于全国联查案件的重大案件,由主管税务机关填制《特别纳税调整结案审核表》,并附结案报告以及有关资料通过案件管理系统层报税务总局,按照有关规定由全国会审小组集体审核,无需经过省级会审小组集体审核。

除全国联查案件以外的重大案件,经省级会审小组审核同意后,通过案件管理系统呈报税务总局,按照有关规定由全国会审小组集体审核。

全国会审小组集体审核案件时,可以听取办案小组成员和省级会审小组成员对案件调查具体情况的汇报,共同讨论、评议案件。

案件管理系统层报税务总局。

第十八条　单边预约定价安排同时涉及两个或者两个以上省、自治区、直辖市和计划单列市税务机关的，或者同时涉及国家税务局和地方税务局的，由税务总局统一组织协调，税务总局或者税务总局指定的税务机关负责谈签相关工作。

税务总局或者指定的税务机关在预备会谈期间和纳税人达成一致意见的，由指定的税务机关填制《单边预约定价安排受理谈签意向审核表》，附预备会谈报告以及有关资料，通过案件管理系统层报税务总局审核。经审核同意后，由指定的税务机关向纳税人送达同意其提交谈签意向的《税务事项通知书》。

税务总局或者指定的税务机关经分析评估后与纳税人开展预约定价安排协商并达成一致的，由指定的税务机关填制《单边预约定价安排签署审核表》，附单边预约定价安排文本、分析评估报告以及有关资料，通过案件管理系统层报税务总局，参照本规程第九条第一款的有关规定，由全国会审小组集体审核。经审核同意后，由税务总局或者指定的税务机关与纳税人统一签署单边预约定价安排，并转发各主管税务机关执行，也可以由各主管税务机关与纳税人分别签署单边预约定价安排。

指定的税务机关应当在签署单边预约定价安排之日起 10 日内，填制《单边预约定价安排信息交换表（中文）》和《单边预约定价安排信息交换表（英文）》，并通过案件管理系统层报税务总局。

第十九条　对于在特别纳税调整工作中取得的纳税人信息资料以及案件调查调整相关资料，各级税务机关应当按有关规定履行保密义务。

第四节　风险提示

一、实体性执法风险

税收合同的基本规则不完善形成风险。对合同适用范围，合同成立、变更、解除、撤销的基本条件与程序，合同争议解决的途径，合同违约责任的承担等未作出规定，税收合同管理缺乏法律依据。

二、一般程序性执法风险

1. 预约定价安排中，向税务机关提供同期资料是企业履行举证责任的重要表现。但目前同期资料的准备缺乏规范，企业准备的同期资料在分析经营策略的选择、各个交易方承担功能与风险方面缺乏足够的关注；对无形资产交易（如融资、技术等特许权使用费、研发费用等）的分析过于简单，未提及中国市场溢价、成本节约等中国企业的归属问题；关联交易和非关联交易成本费用划分模糊不清；同时由于多数国内公司处于集团公司中下层地位，其同期资料较难描绘出集团公司的全貌。这些资料准备不规范，给税务机关和企业双方造成协商困难，形成重要的执法风险。

2. 预约定价安排下信息公开和商业秘密保护存在冲突。根据规定，对纳税人所提供的谈签资料，税企双方都具有保密的义务，但并未指明哪些相关条款对该保密行为进行保护，也未明确违反保密要求后的相应处罚。并且，纳税人提供资料，经过税务机关的审查后，也许最终不能达成协议安排，税务机关是否对企业进行转让定价调整时使用这些资料或信息也存在法律风险。

3. APA 的签订是建立在协议各方已有的信息基础之上的，信息不对称的存在可能会使得协议的某一方受到损失。通常情况下，企业对自身经营信息的掌握是优于税务机关的，因此，在谈判过程中，税务机关可能会因没有掌握足够的信息而利益受损，存有较大执法风险。

4. 根据规定，预约定价安排的生效时间为提出申请次年起的 3 ~ 5 年，税企双方达成预约定价安排在有效期间都必须按照约定内容执行。但鉴于我国经济发展之迅速，预约定价安排可对短期内情况适用，但对未来 3 ~ 5 年的事情进行强制性约定存在风险，甚至可能会给税企双方皆带来难以弥补的损失。

5. 税务机关对于撤销、取消或修改预约定价安排的相关条件“自由裁量权”过分扩展，容易导致税企纠纷。

三、特别程序性执法风险

（一）省级税务机关风险提示

1. 未按照规定权限和程序对单边预约定价安排谈签意向进行审核，形成执法风险。

2. 未按照规定权限和程序对单边预约定价安排文本由会审小组集体审核，形成执法风险。

（二）市（州）级、县（区）级税务机关风险提示

1. 在单边预约定价安排中，主管税务机关未填制《单边预约定价安排受理谈签意向审核表》，附预备会谈报告以及有关资料，通过案件管理系统层报省局审核同且经总局备案，形成执法风险；主管税务机关未向企业送达同意或拒绝其提交谈签意向的《税务事项通知书》，形成执法风险。

2. 在单边预约定价安排中，主管税务机关未按照规定进行分析评估形成执法风险；主管税务机关未向企业送达同意或拒接其提交正式申请的《税务事项通知书》形成执法风险。

3. 在单边预约定价安排中主管税务机关未填制《单边预约定价安排签署审核表》，附单边预约定价安排文本、分析评估报告以及有关资料层报省局会审小组审核的形成执法风险；主管税务机关未向企业送达预约定价安排签署执行的《税务事项通知书》，附送预约定价安排的形成执法风险；主管税务机关未在签署单边预约定价安排之日起 10 日内，填制《单边预约定价安排信息交换表（中文）》和《单边预约定价安排信息交换表（英文）》并通过案件管理系统层报税务总局，形成执法风险。

4. 税务机关未履行监控执行相关职责形成执法风险。

第五节　风险防控策略

一、实体性执法风险防控策略

税务机关对特定的税收权益处置权缺乏法律依据。税收合同适用需要税务机关对税收权益在权限内的特定处置，且税收合同的自由合意不能超越税收法定的原则。在目前立法尚未明确赋予税务机关特定的税收权益处置权情况下，各级税务局就权限范围、适用条件、程序等事项，建议皆交由总局统一处理。

二、程序性执法风险防控策略

1. 税务管理应注重减轻纳税人遵从义务。在同期资料准备等方便开展一定的辅导。

2. 执法过程中明确规定商业秘密的范围，制定相应的泄密处罚措施，严格保护

纳税企业的合法利益。

3. 税务机关必须要加大对APA信息的收集力度,拓宽信息来源渠道、加强国际间的交流合作,设立专门的机构来负责信息管理体制的建设。

4. 目前税务机关对已签订协议的后期管理主要是监督企业是否严格执行,对客观环境的变化是否适用协议的监管力度有限,仅仅依靠协议中的假设条件是明显不够的。对于这种情况,应当研拟法律对策改变目前这种3~5年必须严格执行协议的要求,在执行的过程中根据具体情况来主动进行调整,保证实现签订预约定价安排的目的,保证税企双方的利益。

5. 税务机关对于撤销、取消或修改预约定价安排的相关条件必须自觉限制,不能任由"自由裁量权"无边界扩展。在税务机关撤销、取消或修改预约定价安排时,不仅需要向纳税人说明阐释理由,还应该进一步出示相应充足的证据以证明税务机关撤销、取消或修改预约定价安排确实是纳税人的故意所导致的。

第六节 典型案例

案例 A公司预约定价安排实例分析①

一、案情简介

(一)企业经营情况

A电子有限公司(以下简称A公司)是一家由日本B电子株式会社(以下简称B公司)独资,于2000年1月在中国S市成立的生产性外商独资企业,注册资本8000万美元,投资总额9800万美元。A公司主要是生产经营计算机系统硬件、笔记本电脑、彩色电视机及上述产品的销售和售后服务。2005年至2007年适用15%企业所得税率,2008年至2012年分别适用18%、20%、22%、24%、25%过渡性优惠企业所得税率,2013年起适用25%企业所得税率。A公司2008~2010年的经营状况及获利能力如表2-1所示:

① 参见曾进、陈挺:《预约定价安排(APA)律师实务案例分析——双边预约定价安排实证解析》,载高顿网校网址:https://www.gaodun.com/guoshui/587701.html,最后访问日期:2017年10月31日。

表 2-1　A 公司 2008~2010 年经营状况及获利情况

项目	计算公式	2008 年	2009 年	2010 年
销售总额	1	461,032	672,986	2,112,566
销售退回与折让	2	230	425	31
销售净额	3=1-2	460,802	672,561	2,112,535
销售成本	4	350,672	514,821	1,851,015
毛利	5=3-4	110,130	157,740	261,520
税前售后服务利润	6	1120	1532	1823
管理费用	7	6966	8161	14,782
销售费用	8	93263	134,930	191,156
息税前营业利润	9=5+6-7-8	11,021	16,181	57.405
息税前营业利润率	10=9/3	2.40%	2.41%	2.72%
投资收益	11	0	0	0
营业外收支净额	12	-13	-21	0
息税前利润	13=9+11+12	11,008	16,160	57,405
销售息税前利润率	14=13/3	2.39%	2.40%	2.72%

A 公司从 2013 年 1 月起投入笔记本电脑产品的生产线开始从事笔记本电脑生产及销售业务，与此同时，计算机系统硬件和彩色电视机业务停产，笔记本电脑业务的销售收入占全年销售收入 100%。2016 年开始，A 公司的生产经营状况发生了本质性的变化，全年总销售收入环比大幅增长 3 倍以上（其中外销业务占比 97.9%），获利能力也有所增长。在本双边预约定价安排申请所涉及的期限内笔记本电脑业务是 A 公司的唯一业务。

（二）关联交易分析

1. 关联关系的认定

A 公司是 B 公司的全资子公司，A 公司 80% 的高级管理人员是由 B 公司委派。A 公司生产笔记本电脑必须由 B 公司提供技术特许权才能正常进行，A 公司从 B 公司进口用于生产笔记本电脑的主要原材料和配件；A 公司所有的外销业务是接收 B 公司的订单后进行生产并销售给 B 公司。因此 B 公司对 A 公司的生产经营、交易具有实质控制。在本双边预约定价安排申请所涉及的期限内,A 公司和 B 公司互为关联企业。

2. 关联交易项目

A 公司 2013 年开始的笔记本电脑业务关联交易项目主要包括:

(1)关联采购:A 公司从 B 公司进口用于生产笔记本电脑的主要原材料和配件。

(2)关联出口销售:从 2013 年 3 月开始,A 公司向 B 公司销售笔记本电脑。B 公司负责 A 公司生产的笔记本电脑的全球化的市场营销和在中国境外市场的推广。A 公司所有的外销业务是接收 B 公司的订单后进行生产并销售给 B 公司。

(3)商标使用费:A 公司就其在国内销售中使用 B 公司拥有的笔记本电脑商标权向 B 公司支付按销售净额的 1.27% 计算的商标使用费。对于与 B 公司的外销业务, A 公司不需要支付商标使用费。

(4)技术特许权使用费:A 公司就其在国内销售中使用 B 公司拥有的笔记本电脑专利技术向 B 公司支付按销售净额的 8.68% 计算的技术特许权使用费。对于与 B 公司的外销业务,A 公司不需要支付技术使用费。

(5)技术培训费:A 公司向 B 公司支付 B 公司对其笔记本电脑业务提供技术培训的技术培训费。

(6)购买生产线:A 公司向 B 公司购买生产笔记本电脑的核心生产线。

3. 关联交易金额

A 公司自 2013 年起,每年度发生的关联交易金额均超过人民币 4000 万元。2016 年笔记本电脑业务关联交易包括了原材料采购、产成品销售、商标使用费、技术特许权使用费、技术培训费、购买生产线,其关联交易金额如表 2－2 所示:

表 2－2 A 公司 2016 年笔记本电脑业务关联交易金额

单位:万元

关联交易项目	原材料采购	产成品销售	商标使用费	技术特许权使用费	技术培训费	购买生产线	合计
关联交易金额	1,295,710	2,068,172	563	3851	120	109,098	3,477,514

其中,2016 年 A 公司向关联方采购的金额约占该业务总采购金额的 72.4%,关联销售则占该业务总销售金额的 97.9%。在外销业务中,A 公司的笔记本电脑

产品均销售给B公司;而在内销业务中,A公司通过国内总代理商销售笔记本电脑产品。预计在本双边预约定价安排申请所涉及的期限内,该营销模式不会发生改变。

(三)转让定价方法的选择和使用

1. 可比性分析

(1)内销业务非受控价格与外销业务可比性分析

2016年A公司同时向B公司以及国内总代理商销售多种型号的笔记本电脑产品。A公司用于内销业务的主要是八种型号中低端笔记本电脑产品,加权平均单价为7052元人民币/台;而用于出口业务的主要是五种型号高端笔记本电脑产品,加权平均单价为9870元人民币/台。由于用于内外销业务所针对的笔记本电脑产品型号不同,并且A公司在笔记本电脑内销业务中将产品销售给国内总代理商,要承担一定的市场营销功能,与其在外销业务中不承担任何市场营销功能存在较大的差异。因此,A公司的用于外销业务以及内销业务的笔记本电脑价格不可比,其用于内销业务的八种型号中低端笔记本电脑产品加权平均单价不是关联交易的可比非受控价格。

(2)内销业务非关联交易营业利润率与外销业务可比性分析

A公司笔记本电脑业务2016年内销部分息税前营业利润率为20%,外销部分息税前营业利润率为2.35%。分析其差异主要有两点原因:

一是与价格差异相同,A公司在笔记本电脑内销业务中将产品销售给国内总代理商,要承担一定的市场营销功能,与其在外销业务中不承担任何市场营销功能存在较大的功能与风险差异,因而笔记本电脑内销业务相对于外销业务成本加成率水平定价大幅提高。因承担市场营销功能,A公司在笔记本电脑的内销业务销售费用中还列支了业务推广费、赠品费等;因代理商超额销售而给予的返利作为销售折让冲减了主营业务收入。

二是A公司就其在国内销售中使用B公司拥有的笔记本电脑商标权向B公司支付按销售净额的1.27%计算的商标使用费;就其在国内销售中使用B公司拥有的笔记本电脑专利技术向B公司支付按销售净额的8.68%计算的技术特许权使用费。对于与B公司的外销业务,A公司则不需要支付上述费用,这也对内外销业务的息税前营业利润率造成较大影响。

A公司外销业务和内销业务反映盈利及定价水平的指标息税前营业利润率不

可比,同理,A公司内外销业务的其他反映盈利及定价水平的指标如完全成本加成率、毛利率等也会因上述原因而不可比,其内销业务反映盈利及定价水平的指标息税前营业利润率等不能作为可比非关联交易的利润率指标计算公平成交价格。

2. 功能风险分析

(1)合同条款分析

A公司与B公司2015年8月签订母子公司经营合同,该合同规定A公司与B公司之间笔记本电脑业务的购销交易均以美元结算。A公司向B公司的笔记本电脑销售为FOB/CIF价结算,销售价格由B公司制定,A公司给予B公司的付款期发货后为30天。B公司负责A公司生产的笔记本电脑的全球化的市场营销和在中国境外市场的推广,A公司所有的外销业务是接收B公司的订单后进行生产并销售给B公司。A公司就其在内销业务中使用B公司拥有的笔记本电脑商标权向B公司支付按销售净额的1.27%计算的商标使用费;就其在内销业务中使用B公司拥有的笔记本电脑专利技术向B公司支付按销售净额的8.68%计算的技术特许权使用费。

由此可见,A公司没有在其外销业务中的定价权和市场参与权,但A公司在其外销业务中也不承担的市场营销功能,经营风险也较小。

(2)关联交易与非关联交易功能风险分析

经调查分析,A公司与B公司在笔记本电脑业务中执行的功能和承担的风险如表2-3所示:

表2-3　A公司与B公司在笔记本电脑业务中执行的功能和承担的风险

	外销业务(关联交易)		内销业务(关联交易)	
	BHK公司	K公司	BHK公司	K公司
A. 功能				
a. 研发				
产品设计		高	高	低
技术开发		高	高	低
b. 采购				
供应商资格认定及价格谈判	低	高	高	低

续表

	外销业务(关联交易)		内销业务(关联交易)	
	BHK公司	K公司	BHK公司	K公司
c. 生产				
产品规格及制造技术		高	高	低
生产计划		高	高	低
生产制造	高		高	
质量监控		高	高	低
实地质量监控	高		高	低
d. 市场营销和销售				
市场策略		高	高	低
品牌创立及推广		高	高	低
市场调查及市场开发		高	高	低
售后服务		高	高	
B. 风险				
研发风险		高	中	低
市场风险		高	高	
存货风险		中	高	
生产风险		高	高	
外汇风险		中	高	中
信用风险		高	高	中
C. 功能性资产净值				
无形资产		高	中	高
有形资产	高		高	

3. 转让定价方法的选择

经以上关联交易情况分析及可比性分析可知,A公司用于关联交易与非关联交易的产品价格不可比,其用于内销业务的八种型号中低端笔记本电脑产品加权平均单价不是关联交易的可比非受控价格,不能以此价格适用可比非受控价格法;A公司关联交易与非关联交易业务反映盈利及定价水平的指标不可比,其非关联业务反映盈利及定价水平的指标如息税前营业利润率等不能作为可比非关联交易的利润率指标计算公平成交价格,不能以此类利润率指标适用成本加成法。

A公司与B公司进行的关联交易主要包括购销交易、提供劳务、财产转让、收取特许权使用费和商标使用费等,交易净利润法适用于此类关联交易转让定价的调整。A公司与B公司间几乎不存在融通资金,A公司的借贷资金自理,并且中日两国的税制的差异较大,因而交易净利润法的利润率指标选取为销售息税前利润率。由于企业的汇兑损益受企业及国家外币政策的影响较大,另外,企业的投资收益和营业外收支与本双边预约定价安排申请所涉及交易情形无关,因此在计算销售息税前利润时汇兑损益、投资收益及营业外收支净额也应予以剔除。息税前利润率应按以下方法计算:

本年销售息税前利润率=本年息税前利润÷本年销售净额×100%

其中,息税前利润为不含利息、汇兑损益、投资收益、营业外收支净额、税款的净利润;销售净额为销售总额减去销售退回与折让后的余额;会计项目的定义及解释均以中国会计准则为准。

4.可比非关联交易的利润率指标确定与调整方法

经关联交易情况分析、可比性分析及功能风险分析,可以测试并采样取得与A公司在执行的功能、承担的风险和使用的资产相似的9家笔记本电脑生产企业,计算其2015~2016年非关联交易销售息税前利润率区间为3.52%~6.18%,中位值为4.96%,该区间确定为本预约定价安排交易净利润法适用的独立交易利润率区间。本预约定价安排执行期间内的任一年度,如果A公司的销售息税前利润率落在上述独立交易利润率区间内,则不对A公司进行转让定价调整;如果A公司的销售息税前利润率落在上述独立交易利润率区间外,则按照本预约定价安排确定的独立交易利润率区间的中位值,对该年度进行转让定价调整。调整公式如下:

本年转让定价调整额=本年销售净额 ×(4.96% -本年销售息税前利润率)

A公司应将本年转让定价调整额作为纳税调整额,在本年所得税汇算清缴时进行纳税调整。A公司调增调减的应纳税所得额按当期汇率计算并相应调减和调增B公司在日本国申报的应纳税所得额。

5. 关键假设的确定

上述转让定价调整方法和使用针对的是一定条件下未来的关联交易，应当对影响交易的经营情形及经济状况作出必要的假设。当交易实际发生时的情形与该假设的情形有差异时，依据所选择的方法得出的利润结果就难以符合公平交易原则，这时就需要修改或取消本预约定价安排。

（四）预约定价安排的谈签

1. 预备会谈

2017 年 1 月 5 日，A 公司分别向国家税务总局和 S 市国税局提交《预约定价安排预备会谈申请书》，由国家税务总局统一组织与 A 公司开展预备会谈。预备会谈期间，A 公司就以下情况作出了简要说明：（1）安排的适用年度为 2017～2020 年连续四个年度；（2）安排涉及的关联方为 B 公司，涉及的关联交易是笔记本电脑外销业务；（3）A 公司的组织结构和管理架构；（4）A 公司 2011～2016 年的生产经营情况、财务会计报告、审计报告、同期资料等；（5）关于 A 公司和 B 公司功能和风险的说明，包括功能和风险划分所依据的机构、人员、费用、资产等；（6）市场情况的说明，包括行业发展趋势和竞争环境等；（7）不存在成本节约、市场溢价等地域特殊优势；（8）申请应用安排确定的方法解决 2015 年、2016 年的转让定价问题；（9）B 公司 2011～2016 年的生产经营情况及关联交易情况；（10）向日本国税厅提出双边预约定价安排申请的情况；（11）提供说明证明不涉及国际重复征税；（12）其他需要说明的情况。

2. 提交签谈意向

A 公司于 2017 年 1 月 16 日收到 S 市国税局送达的同意其提交谈签意向的《税务事项通知书》，并向国家税务总局和向 S 市国税局提交意向书和申请草案，双边预约定价安全申请草案除了签署内容外，还包括：（1）安排使用的定价原则和计算方法，以及支持这一定价原则和计算方法的功能风险分析、可比性分析和假设条件等；（2）价值链或者供应链分析，以及对成本节约、市场溢价等地域特殊优势的考虑；（3）A 公司安排适用期间的年度经营规模、经营效益预测以及经营规划等；（4）对安排有影响的境内外行业相关法律、法规；（5）A 公司不存在税务机关可以拒绝企业提交谈签意向情形的说明。

3. 分析评估

A 公司提交谈签意向后，国家税务总局和 S 市国税局派出税务人员，针对 A 公司提交的预约定价安排申请草案内容，从功能和风险状况、可比交易信息、关联交易数据、定价原则和计算方法、价值链分析和贡献分析、交易价格、利润水平、假设条件等方面进行全面评估。A公司配合税务人员对以下内容进行分析：(1)了解A公司经营范围、历史经营状况，评估A公司的经营规划、发展趋势，重点审核A公司的生产项目可行性研究报告、投资预(决)算、董事会决议等，分析了反映经营业绩的有关信息和资料，如财务、会计报表、审计报告等；(2)以A公司提供的功能和风险分析说明为依据，分析、评估A公司与B公司之间在供货、生产、运输、销售等各环节以及在开发、使用专利技术等方面各自执行的功能以及在存货、信贷、外汇、市场等方面所承担的风险；(3)以A公司提供的可比信息资料为依据，分析、评估可比企业和申请企业之间的实质性差异和调整的可行性。查阅并分析相关财务、经营等资料，对A公司选用的转让定价原则和计算方法能否公平地反映了A公司与B公司间关联交易和经营现状进行论证；(4)对A公司确定的关键假设进行分析、对影响行业盈利能力和A公司生产经营的因素及其影响程度进行评估。在此基础上，合理确定预约定价安排适用的假设条件；(5)对A公司确定的转让定价原则和计算方法进行分析，评估该转让定价原则和计算方法是否能够合理地运用于A公司与B公司间以前、现在和未来年度的关联交易以及是否符合我国境内、外有关法律、税收协定或安排；(6)对预期经调整后的利润区间进行评估，以确定能否为税务机关和企业接受；(7)对A公司的价值链和贡献进行分析。

经分析评估，税务人员在转让定价调整方法的选定上与A公司产生分歧。税务人员认为，用于内销业务的八种型号中低端笔记本电脑产品加权平均单价可以作为关联交易的可比非受控价格而适用可比非受控价格法，A公司通过详尽的可比性分析与计算，指出用于内外销业务的笔记本电脑产品在价格上的不可比性，并论证了交易净利润法是本案转让定价调整的最佳方法。经过A公司与税务人员的沟通和解释，税务机关最后认可A公司提出的预约定价安排诸项核心内容。

4. 正式申请

2017年2月22日，A公司向S市国家税务局和国家税务总局提交《预约定价安排正式申请书》和《启动相互协商程序申请书》，A公司在书面申请报告中载明以下内容：(1)A公司和B公司组织架构、A公司内部结构、关联关系、关联交易情况；(2)安排所涉及的关联交易类别和纳税年度；(3)关联方之间功能和风险划分，包括划分所依据的机构、人员、费用、资产；(4)安排适用的转让定价原则和计算方法，以及支持这一原则和方法的功能风险分析、可比性分析和假设条件;(5)安排预约期间的年度经营规模、经营效益预测以及经营规划;(6)与安排有关的关联交易、经营安排及利润水平等财务方面的信息;(7)双重征税问题;(8)可能涉及的境内、外有关法律、税收协定或安排等。

(五)协商签署和监控执行

在分析评估的基础上形成协商方案后,2017年4月6日国家税务局、日本国税厅、A公司、B公司,就假设条件、定价原则和计算方法以及双边预约定价安排适用期限等主要问题进一步协商。确定适用期限为自A公司和B公司提交正式申请年度的次年起4个未来连续年度,即2017年1月1日~2020年12月31日,并决定应用安排确定的方法解决2015年、2016年的转让定价问题。转让定价原则和定价方法、相关术语定义、假设条件、企业年度报告等问题也协商达成一致。2017年5月18日,国家税务局与日本国税厅授权的代表正式签订《双边预约定价安排》。国家税务总局将预约定价安排转发S市国税局,S市国税局于2017年5月26日向A公司送达《税务事项通知书》,附送双边预约定价安排,并做好监控执行工作。

二、评析

本案是根据2016年12月1日起实施的《关于完善预约定价安排管理有关事项的公告》的具体要求开展的预约定价安排。较之于《特别纳税调整实施办法(试行)》关于预约定价安排的有关规定,《关于完善预约定价安排管理有关事项的公告》作出了相应调整,主要体现在:

(一)受理、审批的税务机关的差异

按照《特别纳税调整实施办法(试行)》的规定,设区的市、自治州以上的税务机关才能受理其预约定价安排,然后再层报国家税务总局审定。而根据《关于完善预约定价安排管理有关事项的公告》的要求,不仅受理机关的层级变更为主管税务机关,并且主管税务机关与企业就单边预约定价安排文本达成一致后,双方的法定代表人或者法定代表人授权的代表即可签署单边预约定价安排,主管税务机关只需将签署情况报国家税务总局报备即可。

(二)适用年度和追溯年度

《特别纳税调整实施办法(试行)》规定预约定价安排适用于自企业提交正式书面申请年度的次年起3~5个连续年度的关联交易。如果企业申请当年或以前年度的关联交易与预约定价安排适用年度相同或类似,经企业申请,税务机关批准,可将预约定价安排确定的定价原则和计算方法适用于申请当年或以前年度关联交易的评估和调整。《关于完善预约定价安排管理有关事项的公告》规定预约定价安排适用于主管税务机关向企业送达接收其谈签意向的《税务事项通知书》之日所属纳税年度起3~5个年度的关联交易。企业以前年度的关联交易与预约定价安排适用年度相同或者类似的,经企业申请,税务机关可以将预约定价安排确定的定价原则和计算方法追溯适用于以前年度该关联交易的评估和调整。追溯期最长为10年。本案如果A公司于2016年12月1日提出谈签意向,2017年2月5日提出正式申请。根据《关于完善预约定价安排管理有关事项的公告》,该预约定价安排的适用年度自2016年计算而非2017年,追溯年度可以为2006年至2016年。

(三)划分阶段

由《特别纳税调整实施办法(试行)》规定的"预备会谈、正式申请、审核评估、磋商、签订安排和监控安排"调整为"预备会谈、谈签意向、分析评估、正式申请、协商签署和监控执行",增加了谈签意向并调整了正式申请和分析评估的顺序,更有利于税企双方提高谈签效率,保证预约定价签署的成功率。

(四)优先受理、拒绝谈签意向和拒绝正式申请

《特别纳税调整实施办法(试行)》没有就预约定价安排的优先受理或者拒绝的情况作出规定,仅在对外发布的预约定价安排年度报告中指出预约定价安排得到优先受理的可能情况。《关于完善预约定价安排管理有关事项的公告》明确了八种优先受理的情形,如企业关联申报和同期资料完备合理、披露充分;企业纳税信用级别为A级;税务机关曾经对企业实施特别纳税调整,并已经结案;符合续签的预约定价安排情形的;企业提交的申请资料齐备,对价值链或供应链分析完整、清晰,充分考虑成本节约、市场溢价等地域特殊因素;企业积极配合谈签的;双边或多边预约定价涉及的税收缔约对方税务主管当局有较强的谈签意愿,重视程度高的,以及其他有利于谈签的因素。一方面有助于识别税收遵从度较高的企业,为之提供有针对性的税收服务;另一方面有助于集中有限资源,提高工作效率。需要指出的是,为了落实BEPS行动计划成果,《关于完善预约定价安排管理有关事项的公告》对价值链分析、供应链分析和地域特殊优势的分析给予了充分考虑,这也是近年来我国税务机关关注的重点。另外,《关于完善预约定价安排管理有关事项的公告》增加了拒绝谈签意向和拒绝正式申请的可能性,列明了四种情形,并增加暂行和终止的三种情形,有利于增强案件的流动性,使之能够得到及时有效的处理。

（五）执行效果

《特别纳税调整实施办法（试行）》规定在预约定价安排执行期内，如果企业发生实际经营结果不在安排所预期的价格或利润区间之内的情况，税务机关可将实际经营结果调整到安排所确定的价格或利润区间内。《关于完善预约定价安排管理有关事项的公告》进一步明确税务机关可以调整到四分位区间中位值。此外，如果预约定价安排执行期满，企业各年度经营结果的加权平均值低于区间中位值，且未调整至中位值的，税务机关不再受理续签申请。

（六）单边预约定价安排的信息交换

BEPS 第 5 项行动计划最低标准要求 BEPS 参与国交换单边预约定价安排信息，我国承诺将 2016 年 4 月 1 日以后签署的单边预约定价安排纳入强制自发情报交换框架，定期与相关国家（地区）进行信息交换，并通过《关于完善预约定价安排管理有关事项的公告》将此情况告知纳税人。相关国家包括企业最终控股公司、上一级直接控股公司及单边预约定价安排涉及的境外关联方所在国家（地区）。该行动计划同时也对信息交换的保密性作出了严格规定。按照有关规定，我国与其他国家（地区）税务主管当局将严格遵守信息交换的有关保密规定，并接受 G20 和 OECD 的审议和监督。

第三章

成本分摊协议管理

本章旨在介绍成本分摊协议的定义和相关概念，阐明如何判断成本分摊协议的内容是否符合独立交易原则。

第一节　成本分摊协议基本理论

一、成本分摊协议的概念和类型

（一）成本分摊协议的概念

成本分摊协议是一种合同安排，是合同各参与方用来约定在共同研发、生产或受让无形资产、有形资产和服务时各自应做出的贡献与需承担的风险，并预期上述无形资产、有形资产或服务会为各参与方创造收益。① 成本分摊协议并不要求所有参与方都必须是独立的法人实体或者参与方有固定营业场所，也不要求各参与方通过共同经营的方式共同利用无形资产或共享收益或利润。成本分摊协议的主要特点是共担贡献，根据独立交易原则，各参与方在确立成本分摊协议时，其贡献份额占贡献总额的比例应与其根据协议获得的与其收益份额占整体预期收益的比例相一致。各参与方可以在各自的业务经营中行使其对成本分摊协议成果享有的权益，且无须就此向其他方支付特许权使用费或其他报酬。而参与者以外的其他方如需使用成本分摊协议所涉及的权益时，应当向参与方支付相应报酬，如针对无形资产的许可使用而支付特许权使用费等。

成本分摊协议管理是指税务机关按照《企业所得税法》相关规定，对企业与其

---

① OECD/G20 税基侵蚀和利润转移（BEPS）项目 2015 年最终报告，第 8～10 项行动计划《无形资产转让定价指引》8.3。

关联方签署的成本分摊协议是否符合独立交易原则进行审核评估和调查调整等工作的总称。企业与其关联方共同开发、受让无形资产,或者共同提供、接受劳务发生的成本,在计算应纳税所得额时应当按照独立交易原则进行分摊。企业依照《企业所得税法》的规定,按照独立交易原则与其关联方分摊共同发生的成本,达成成本分摊协议。企业与其关联方分摊成本时,应当按照成本与预期收益相配比的原则进行分摊,并在税务机关规定的期限内,按照税务机关的要求报送有关资料。

(二)成本分摊协议的类型

根据 BEPS 第 8 ~ 10 项行动计划——《无形资产转让定价指引》,成本分摊协议主要分为两种:一种是开发型成本分摊协议,即为并同开发、生产和受让无形或有形资产签订的成本分摊协议;另一种是服务型成本分摊协议,指为获取服务签订的成本分摊协议。两者的主要区别在于前者预期会为参与方带来持续的未来收益,尤其在涉及无形资产的情况下,往往具有收益不确定且无法在短期内实现的重大风险,而后者通常仅仅产生当前收益,可以提供相对稳定且低风险的收益。

开发型成本分摊协议的各参与方都拥有开发完成的无形资产或有形资产的权利。就无形资产而言,这些权利往往表现为在特定地域或特定应用方面利用该无形资产的各项单独的权利。这些单独的权利可能构成事实上的法律所有权,也可能是只有某一特定参与方是该无形资产的法律所有权人,但其他参与方拥有使用或利用该无形资产的权利。如果某一参与方对根据成本分摊协议开发的资产拥有此类权利,就无须为使用该资产支付特许权使用费或者支付其他补偿。较之服务型成本分摊协议,开发性成本分摊协议因收益具有不确定性且无法在短期内实现,通常风险更高,需要更为细化的指导与说明,尤其在贡献的价值评估方面。

服务型成本分摊协议,多指劳务的成本分摊协议,常见于管理和行政服务、采购和市场营销等活动的集中化。与一般的集团内劳务相比,劳务的成本分摊协议最大的区别在于所获得的成果将为所有参与者带来收益。所以,按照国际执行惯例和我国税法的规定,涉及劳务的成本分摊协议一般适用于集团采购和集团营销策划,除此之外一般的劳务提供只能通过服务费的方式执行。

(三)成本分摊协议的优势

总体来讲,成本分摊协议主要具有以下两方面的优势:

1. 成本分摊协议有助于简化多重交易。对一个涉及无形资产开发的成本分摊协议而言,可以避免参与方之间复杂的交叉许可及风险分配,使参与方通过贡献分摊和风险分配,共享所开发的无形资产的权益,而通过成本分摊协议简化交易流程,也并不会影响对参与方各自贡献进行合理的价值评估。例如,某跨国企业集团拥有4家生产企业,均有各自独立的研发团队。4家企业签订了一项旨在改进生产流程的成本分摊协议,从而共享经验并共担风险。如果不签订成本分摊协议,这4家企业就必须独立开发某些无形资产并互相授予使用许可,而通过成本分摊协议授予各参与方该无形资产成果的权益,就不再需要交叉许可,交易流程得到了极大简化。

2. 成本分摊协议有助于实现税务优化。例如,一些涉及无形资产开发的成本分摊协议,可以避免双边许可协议的使用,从而避免针对相关支付产生的营业税和预提所得税。对于多数劳务的成本分摊协议而言,也能享受到比一般跨辖区服务协议更为优惠的税赋。

二、成本分摊协议的原则

成本分摊协议作为转让定价管理体系的重要内容,既要遵循转让定价的一般原则,即独立交易原则,也要遵循成本分摊协议的独特原则,即风险与收益相配比的原则。尤其在BEPS行动计划全面落实过程中,坚持独立交易原则和风险与收益相配比的原则至关重要。

(一)独立交易原则

独立交易原则是关联交易必须遵循的基本原则,也是成本分摊协议中确定各参与方贡献和预期收益的基础。BEPS第8~10项行动计划——《无形资产转让定价指引》中指出,为了使成本分摊协议的条件符合独立交易原则的,参与方做出的贡献必须与独立企业在可比情形下为了能从成本分摊协议中取得合理的预期收益而愿意做出的贡献相一致。成本分摊协议的贡献与一般的集团内部资产转让或服务提供的区别,在于各参与方期望获得的全部或部分补偿来自其通过整合相关资源和技术所创造的预期共同收益按其贡献比例分摊获得的部分。尤其对开发型成本分摊协议而言,参与方同意共担预期成果相关的风险所产生的有利或不利影响。我国《特别纳税调整实施办法(试行)》第65条规定:“成本分摊协议的参与方对开发、受让的无形资产或参与的劳务活动享有受益权,并承担相应的活动成本。关联方承担的成本应与非关联方在可比条件下为获得上述受益权而支付的成本相一致。”

企业与其关联方达成成本分摊协议符合独立交易原则须满足以下要求:(1)采取协议分摊的成本必须是企业及其关联方在共同开发、受让无形资产或者共同提供、接受劳务时实际发生的成本数额,而不应在实际成本基础上附加上述共同活动中任何成员公司的属于利润、收益的数据,且这部分成本须与可比情形下没有关联关系的企业在从事上述活动中发生的成本具有可比性。(2)在协议安排期间,各参与方的成本分摊比例应与预期获得的资产受益权或劳务服务的分享比例保持一致。(3)在计算各参与方的相对贡献和确定其收益分配时,各参与方做出的贡献必须与独立企业在可比情形下从成本分摊协议中取得合理的预期收益而愿意做出的贡献一致;各参与方获取的预期利益也必须与独立企业在可比情形下分摊成本后应获取的预期收益一致。(4)平衡支付也应遵循独立交易原则,每一参与方根据协议按比例划分实际全部贡献的份额与其根据协议按比例划分预期获得的全部利益的份额应一致。(5)对于已经执行并形成一定资产、权利的成本分摊协议,如果协议参与方发生变更或协议终止执行,应根据独立交易原则作相应的处理:新参与方为获得已有协议成果的受益权应作出合理的支付;原参与方退出协议安排,将已有协议成果的受益权转让给其他参与方,应获得合理的补偿;参与方变更后,应对各方受益和成本分摊情况作出相应调整;协议终止时,各参与方应按照独立交易原则对已有协议成果作出合理分配并作相应的税务调整。

税务机关在审核关联企业之间所达成的成本分摊协议是否符合独立交易原则时,通常考虑以下几个方面:(1)在协议签订时,参考没有关联关系的企业间按照一般商业原则在类似情形下,能否达成协议所达成的条款,包括以何种方式预计和分配未来收益,以何种方法进行成本分摊,各方投入价值是否得到合理计量;(2)在协议执行期间,如果某参与方在未来的实际受益比例与成本分摊比例不一致,是否有相应的补偿机制,使其得到其他成员的补偿,或者补偿给其他成员;(3)在已生效协议有新的加入者、退出者或者终止时,是否有相应的机制对前期活动已形成的资产作出合理补偿。对于背离独立交易原则的成本分摊税务机关应当依照独立交易原则进行相应的税务调整,包括对共同发生的成本进行确认、分摊,对参与方的贡献进行评估、平衡支付等。这些均须按照在可比情形下没有关联关系的企业之间共同开发、受让无形资产或提供、接受劳务来确定。①

---

① 参见朱青:《成本分摊协议税收管理难点问题分析》,载《财会月刊》2010年第31期。

（二）风险与收益相配比原则

成本分摊协议的各参与方，其分担的风险应当与其收益相配比。成本分摊协议要按照一定的比例分摊成本。然而，成本分摊仅仅是成本分摊协议的形式表现，成本分摊的比率必须与参与方的合理收益相配比。以收益为参照，当参与方的收益和成本不一致时，必须进行调整；参与方不进行调整时，税务机关有权根据经济实质依法调整。

1. 参与方的确定及贡献的衡量

成本分摊协议以共同收益这一概念为基础，所以必须赋予参与方拥有成本分摊协议标的的有形资产、无形资产或服务的权益或权利，并且参与方可以合理预期从成本分摊协议中受益。如果某一方并不能合理预期从成本分摊协议活动的成果中受益，那就不应将其视为成本分摊协议的参与方。例如，某企业仅承担成本分摊协议中涉及的研发活动，并不拥有成本分摊协议成果的权益，则该企业应当被视为成本分摊协议的服务提供方，而非成本分摊协议的参与方。此外，参与方必须对因参与成本分摊协议而获得的机会和承担的风险具备评估和决策能力以及实际履行的能力，如果某一方并未对成本分摊协议约定由其承担的风险实施控制且不具备承担该风险的财务能力，则其将不被视为成本分摊协议的参与方，也不能分享成本分摊协议的成果。

关于各参与方对成本分摊协议贡献的价值或数量衡量问题，通常情况下，现金或外部购买服务的计量相对简单，但有形资产或者无形资产的衡量则要复杂和困难很多，所以目前实务中尚未有统一的衡量方法。而独立企业在可比情形下的处理方式值得参考。近年来较为知名的美国成本分摊协议判例，可以对成本分摊协议中无形资产的贡献计量进行说明：美国软件公司 Veritas 曾因一项成本分摊协议中贡献的计量与美国国税局产生分歧，并诉诸税务法庭。Veritas 美国曾与其爱尔兰子公司达成一项成本分摊协议。爱尔兰以现金形式，Veritas 美国以其既有无形资产参与该成本分摊协议，双方均可以使用该无形资产生产和销售产品，并共同开拓全球市场。在支付这笔现金时，Veritas 爱尔兰参考了市场上类似的第三方技术许可协议，计划投入 1.18 亿美元作为参与成本分摊协议的贡献。而税务当局却认为在确定这笔现金金额时，应该全盘考虑该无形资产未来所有的收益，将其折现后按双方未来预期收益的份额配比该笔收入，并得出 25 亿美元的“天价”。虽然美国国税局的计算方法有一定的依据，但在这项成本分摊协议中，这样的评估方法却是不合适的,因为考虑未来收益的现值存在几个限制。首先,这项无形资产必须被100%使用于成本分摊协议中。但事实上,未来Veritas美国还会在除分摊协议规定范围之外使用此无形资产生产产品。对于某些既用于成本分摊协议活动,又用于参与方自身独立商业活动的资产,其贡献的计量是十分复杂的,仅仅简单地将其统一计算是不科学不合理的。其次,未来收益的现值计算往往基于一个固定的摊销年限和折现率。但过多的预计无形资产的寿命、过高的预计折现率以及过于乐观的预计未来的经济形势都有可能导致预测出的未来收益与实际偏差过大。事实上,无形资产带来的竞争优势能维持的时间有时要比人们预想的短得多,尤其是Veritas所处的软件行业。Veritas美国若想让既有的无形资产在未来持续发挥功效,可能需要对其进行更新,这就需要额外投入。相应地,在不知道投入具体的金额时,简单地将无形资产按照一个预想的水平进行摊销是有失偏颇的。最后,也是最重要的,美国国税局没有考虑到Veritas爱尔兰需要在成本分摊协议中投入的其他贡献。Veritas爱尔兰实际在很大程度上接管了原由Veritas美国执行的市场营销职能,况且其在欧洲市场的开拓和原有市场的维护上都卓有成效,这些工作也进一步增加了无形资产的价值。如果把这部分努力转化成实际贡献,Veritas爱尔兰所需支付的现金贡献就应该相应减少。至此,美国国税局过于理论化的方案被证明在实际应用中存在诸多限制条件,而Veritas美国提出的类似于"可比非受控法"的评估方法则简单易行得多。

2. 预期收益及其与贡献的匹配

各参与方的预期收益份额可以根据其因参与成本分摊协议而获得的预期额外收入、成本节约或其他收益来确定,可以使用具有相关性的分摊标准来进行推算。一般来说,可作为分摊标准的参数包括销售额(营业额)、利润、使用量、生产量、销售量、员工数量等。因成本分摊协议的所有或者重大收益预期不仅在费用发生年度实现,也会在未来年度实现,尤其是开发型成本分摊协议,所以贡献的分摊也需要考虑对参与方收益份额的预测。通常,较为有效的方法是在进行总体预期收益分摊的同时使用多个分摊指标。无论采用何种方法来评估参与方预期收益的相应份额,与成本分摊协议最相关的分摊标准可能随着时间推移发生变化,如预期收益的时间跨度、权利是否具有排他性、获得预期收益时不同的风险状况等。为了消除参与方预期收益份额和实际收益份额之间的差异,成本分摊协议应定期根据调整后的预期收益份额与贡献之间的关系进行评估,以决定是否需要对参与方的未来贡献进行相应的调整。在实际操作中,若发现贡献与预期收益间存在重大差异,税务部门有权要求进行调整,某些情况下也可以要求废除该成本分摊协议。

此外,在确定了各参与方的预期收益份额后,如果其实际贡献比例与预期收益份额不一致,则需要通过平衡支付对各参与方的贡献进行调整。所谓平衡支付,是指一笔用来调整各参与方的贡献比例的支付,这笔支付作为付出方的成本能增加其贡献份额;相应地,接收方在接受了补偿调整后,其在成本分摊协议中的贡献份额也会减少。此类调整的发生一般基于如下考量:一是当成本分摊协议各参与方的实际贡献比例与现实收益比例不符时,多收益方应向多贡献方进行补偿调整以消除两者间的差异;二是涉及新加入者的成本分摊协议,若新加入者贡献了无形资产,原有的参与方需要为此向加入者支付一笔费用,作为以后在成本分摊协议中使用该无形资产的补偿。①

三、成本分摊协议的加入、退出和终止

成本分摊协议的参与方有可能会变化,如果发生变动就需要对各参与方的贡献和预期收益份额进行重新评估。

(一)成本分摊协议的加入

作为参与方加入一个已生效的成本分摊协议,即可获得加入之前成本分摊协议相关活动结果而产生的利益,如已开发完成或仍在开发过程中的无形资产或者有形资产。在这种情况下,原参与方实际上向新的加入者转让了其在以前成本分摊协议活动所形成的一部分利益。根据独立交易原则,任何无形资产或有形资产的转让都必须根据被转让权益的独立交易价格进行补偿,这种补偿即是“加入支付”。加入支付的金额应根据新加入者所取得的无形资产或者有形资产相关权益的价值(独立交易价格),同时参考新加入者将享有的与其收益占协议预期总收益的比例来确定。某些情况下,新加入者为加入成本分摊协议投入既有的无形资产或有形资产,而其他参与方可能需要进行平衡支付以体现新加入者的贡献。这时,平衡支付和加入支付可以相抵并根据净值计算,但必须保存适当的金额支付记录,以备税务机关审查。

---

① 参见周自吉:《转让定价基础理论与实务操作》,中国财政经济出版社2014年版,第198~199页。

我国《特别纳税调整实施办法(试行)》第70条规定:已经执行并形成一定资产的成本分摊协议,参与方发生变更或协议终止执行,应根据独立交易原则做如下处理:(一)加入支付,即新参与方为获得已有协议成果的受益权应做出合理的支付;……(三)参与方变更后,应对各方受益和成本分摊情况做出相应调整……也就是说,新参与方加入后,成本分摊协议的贡献比例应重新计算,新参与方应当为获得已有协议成果的受益权作出合理的支付。

(二)成本分摊协议的退出

与加入支付类似,参与方退出成本分摊协议时也会产生相应问题。尤其是退出成本分摊协议的参与方可能将其在成本分摊协议活动所形成的利益转让给其他参与方,根据独立交易原则,此时应当进行补偿,即"退出补偿"。退出补偿的金额应根据已有协议资产的独立交易价格来确定,但某些情况下也不需要进行补偿。例如,共享管理服务的成本分摊协议通常只会为参与方提供当前的短期利益,不会创造持续的、具有特别价值的成果,此时就无须补偿。

我国《特别纳税调整实施办法(试行)》第70条规定:"已经执行并形成一定资产的成本分摊协议,参与方发生变更或协议终止执行,应根据独立交易原则做如下处理:……(二)退出补偿,即原参与方退出协议安排,将已有协议成果的受益权转让给其他参与方应获得合理的补偿;(三)参与方变更后,应对各方受益和成本分摊情况做出相应调整……"也就是说,原参与方退出成本分摊协议,将已有协议成果的受益权转让给其他参与方时应当获得合理的补偿。

(三)成本分摊协议的终止

当成本分摊协议终止时,基于独立交易原则,各参与方获得的成本分摊协议活动所形成的利益应与协议期间其对协议的贡献程度(通过实际发生或因协议终止而产生的平衡支付进行调整)相一致,或者在向其他参与方转让利益时,转让方应当获得合理的补偿。

我国《特别纳税调整实施办法(试行)》第70条规定:"已经执行并形成一定资产的成本分摊协议,参与方发生变更或协议终止执行,应根据独立交易原则做如下处理:……(四)协议终止时,各参与方应对已有协议成果做出合理分配。"

《特别纳税调整实施办法(试行)》第70条第2款规定:"企业不按独立交易原则对上述情况做出处理而减少其应纳税所得额的,税务机关有权做出调整。"

四、成本分摊协议的税务处理

成本分摊协议的税务处理主要涉及税前抵扣项的认定。《OECD 转让定价指南》指出,针对参与方根据成本分摊协议所作出的贡献(包括任何平衡支付)的税务处理方式,应当与没有签署成本分摊协议的各方为实现成本分摊协议相同目的而开展业务的情况下适用的一般税收制度规则相同。针对加入支付和退出补偿的税务处理方式,应当与没有签署成本分摊协议的各方为取得或处置执行类似于成本分摊协议中的活动所形成的利益时适用的一般税收制度规则(包括避免双重征税协定)相同。我国《特别纳税调整实施办法(试行)》第 72 条规定:"对于符合独立交易原则的成本分摊协议,有关税务处理如下:(一)企业按照协议分摊的成本,应在协议规定的各年度税前扣除;(二)涉及补偿调整的,应在补偿调整的年度计入应纳税所得额;(三)涉及无形资产的成本分摊协议,加入支付、退出补偿或终止协议时对协议成果分配的,应按资产购置或处置的有关规定处理。"第 75 条规定:"企业与其关联方签署成本分摊协议,有下列情形之一的,其自行分摊的成本不得税前扣除:(一)不具有合理商业目的和经济实质;(二)不符合独立交易原则;(三)没有遵循成本与收益配比原则;(四)未按本办法有关规定备案或准备、保存和提供有关成本分摊协议的同期资料;(五)自签署成本分摊协议之日起经营期限少于 20 年。"可见,通常情况下,参与方承担的有关成本分摊协议的成本可以税前扣除。

五、BEPS 时代我国成本分摊协议政策现状

成本分摊协议在我国起步比较晚,近年来取得一定成果,但是仍处于发展阶段,尚不成熟。大体上经历了三个阶段:

第一,提出阶段。我国官方最早出现"成本分摊协议"是在国家税务总局对两家跨国公司和境内子公司的执行共同业务的批复中。第一次从法律层面对成本分摊协议予以认可,是在 2008 年 1 月 1 日起实施的《企业所得税法实施条例》中,该实施条例肯定了基于独立交易原则达成成本分摊协议的做法。但是,也仅仅局限于提出,并没有实质性的法律规定。

第二,立法阶段。2009 年《特别纳税调整实施办法(试行)》第七章对成本分摊协议的管理进行了较为详细的规定,使成本分摊协议在一定程度上具有了可操作性。2015 年 6 月,为减少行政审批,规范成本分摊协议管理,国家税务总局发布了

《关于规范成本分摊协议管理的公告》(国家税务总局公告2015年第45号),取消执行成本分摊协议时的税务机关审核环节,更加强调税务机关的后续管理。

第三,完善阶段。在新的国际税改形势下,2015年10月,我国翻译BEPS十五项行动计划,其中对无形资产和成本分摊协议有了进一步的完善,尤其对独立交易原则的进一步落实,提出了完善建议。随后,国家税务总局推出《特别纳税调整征求意见稿》,将BEPS行动计划中的精髓,结合中国实际,进一步推向政策层面。这一阶段,我国的成本分摊协议,适应国际大趋势,将基于BEPS行动计划,有一个全新的纲领性指引。根据2009年《特别纳税调整实施办法(试行)》和2015年《关于规范成本分摊协议管理的公告》,成本分摊协议的执行有明确的管理流程:(1)关联方之间商议签订成本分摊协议;(2)向主管税务机关报送成本分摊协议副本;(3)执行协议,并约定执行过程中因加入、退出、终止等变动而引起的补偿调整;(4)判定成本分摊协议是否符合独立交易原则和风险与收益相配比的原则,各参与方准备同期资料,并按规定及时提供给税务机关。

第二节 业务流程

一、流程图

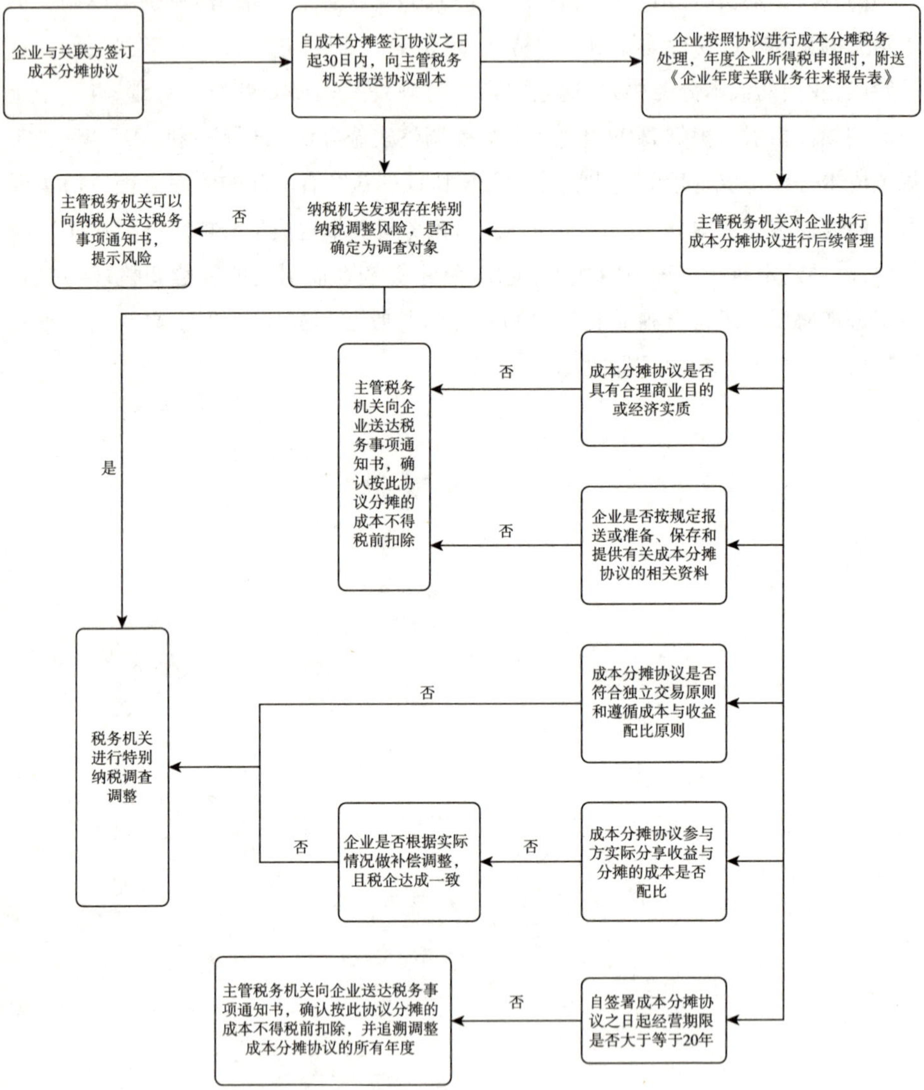

图3－1 成本分摊协议管理流程图

二、流程描述

1. 企业与关联方签订成本分摊协议之日30日内向主管税务机关报送协议副本，且在年度企业所得税申报时附送《企业年度关联业务往来报告表》。

2. 税务机关发现存在特别纳税调整风险，根据企业是否被确定为调查对象，分别提示风险或进行特别纳税调查调整。

3. 主管税务机关对企业执行成本分摊协议情况进行后续管理，根据企业成本分摊协议执行后的各种风险分别具体情形作出风险应对。

第三节　工 作 规 范

相关依据

1.《企业所得税法》第41条：

第四十一条　企业与其关联方之间的业务往来，不符合独立交易原则而减少企业或者其关联方应纳税收入或者所得额的，税务机关有权按照合理方法调整。

企业与其关联方共同开发、受让无形资产，或者共同提供、接受劳务发生的成本，在计算应纳税所得额时应当按照独立交易原则进行分摊。

2.《企业所得税法实施条例》第112条：

第一百一十二条　企业可以依照企业所得税法第四十一条第二款的规定，按照独立交易原则与其关联方分摊共同发生的成本，达成成本分摊协议。

企业与其关联方分摊成本时，应当按照成本与预期收益相配比的原则进行分摊，并在税务机关规定的期限内，按照税务机关的要求报送有关资料。

企业与其关联方分摊成本时违反本条第一款、第二款规定的，其自行分摊的成本不得在计算应纳税所得额时扣除。

3. 国家税务总局《特别纳税调整实施办法（试行）》第七章（其中第69条、第74条已废止）

第七章　成本分摊协议管理

第六十四条　根据所得税法第四十一条第二款及所得税法实施条例第一百一十二条的规定，企业与其关联方签署成本分摊协议，共同开发、受让无形资产，或者共同提供、接受劳务，应符合本章规定。

第六十五条　成本分摊协议的参与方对开发、受让的无形资产或参与的劳务活动享有受益权，并承担相应的活动成本。关联方承担的成本应与非关联方在可比条件下为获得上述受益权而支付的成本相一致。

参与方使用成本分摊协议所开发或受让的无形资产不需另支付特许权使用费。

第六十六条　企业对成本分摊协议所涉及无形资产或劳务的受益权应有合理的、可计量的预期收益，且以合理商业假设和营业常规为基础。

第六十七条　涉及劳务的成本分摊协议一般适用于集团采购和集团营销策划。

第六十八条　成本分摊协议主要包括以下内容：

（一）参与方的名称、所在国家（地区）、关联关系、在协议中的权利和义务；

（二）成本分摊协议所涉及的无形资产或劳务的内容、范围，协议涉及研发或劳务活动的具体承担者及其职责、任务；

（三）协议期限；

（四）参与方预期收益的计算方法和假设；

（五）参与方初始投入和后续成本支付的金额、形式、价值确认的方法以及符合独立交易原则的说明；

（六）参与方会计方法的运用及变更说明；

（七）参与方加入或退出协议的程序及处理规定；

（八）参与方之间补偿支付的条件及处理规定；

（九）协议变更或终止的条件及处理规定；

（十）非参与方使用协议成果的规定。

第七十条　已经执行并形成一定资产的成本分摊协议，参与方发生变更或协议终止执行，应根据独立交易原则做如下处理：

（一）加入支付，即新参与方为获得已有协议成果的受益权应做出合理的支付；

（二）退出补偿，即原参与方退出协议安排，将已有协议成果的受益权转让给其他参与方应获得合理的补偿；

（三）参与方变更后，应对各方受益和成本分摊情况做出相应调整；

（四）协议终止时，各参与方应对已有协议成果做出合理分配。

企业不按独立交易原则对上述情况做出处理而减少其应纳税所得额的，税务机关有权做出调整。

第七十一条　成本分摊协议执行期间，参与方实际分享的收益与分摊的成本不相配比的，应根据实际情况做出补偿调整。

第七十二条　对于符合独立交易原则的成本分摊协议，有关税务处理如下：

（一）企业按照协议分摊的成本，应在协议规定的各年度税前扣除；

（二）涉及补偿调整的，应在补偿调整的年度计入应纳税所得额；

（三）涉及无形资产的成本分摊协议，加入支付、退出补偿或终止协议时对协议成果分配的，应按资产购置或处置的有关规定处理。

第七十三条　企业可根据本办法第六章的规定采取预约定价安排的方式达成成本分摊协议。①

4. 国家税务总局《关于完善关联申报和同期资料管理有关事项的公告》（国家税务总局公告 2016 年第 42 号）第 15 条、第 16 条：

十五、特殊事项文档包括成本分摊协议特殊事项文档和资本弱化特殊事项文档。

企业签订或者执行成本分摊协议的，应当准备成本分摊协议特殊事项文档。

企业关联债资比例超过标准比例需要说明符合独立交易原则的，应当准备资本弱化特殊事项文档。

十六、成本分摊协议特殊事项文档包括以下内容：

（一）成本分摊协议副本。

（二）各参与方之间达成的为实施成本分摊协议的其他协议。

（三）非参与方使用协议成果的情况、支付的金额和形式，以及支付金额在参与方之间的分配方式。

（四）本年度成本分摊协议的参与方加入或者退出的情况，包括加入或者退出的参与方名称、所在国家和关联关系，加入支付或者退出补偿的金额及形式。

（五）成本分摊协议的变更或者终止情况，包括变更或者终止的原因、对已形成协议成果的处理或者分配。

---

① 注：第六章于 2016 年 12 月 1 日起废止，应根据国家税务总局《关于完善预约定价安排管理有关事项的公告》（国家税务总局公告 2016 年第 64 号）。

(六)本年度按照成本分摊协议发生的成本总额及构成情况。

(七)本年度各参与方成本分摊的情况,包括成本支付的金额、形式和对象,作出或者接受补偿支付的金额、形式和对象。

(八)本年度协议预期收益与实际收益的比较以及由此作出的调整。

(九)预期收益的计算,包括计量参数的选取、计算方法和改变理由。

5. 国家税务总局《特别纳税调整内部工作规程》第4条:

第四条　税务机关发现纳税人存在特别纳税调整风险的,应当采取集体研究讨论的方式确定调查对象;未确定为调查对象的,主管税务机关可以向纳税人提示其存在特别纳税调整风险,并送达《税务事项通知书》。

6. 国家税务总局《关于特别纳税调整监控管理有关问题的公告》(国家税务总局公告2014年第54号)第2条:

二、纳税人在特别纳税调整监控管理阶段自行调整补税的,税务机关仍可按照有关规定实施特别纳税调查及调整。

第四节　风险提示

一、实体性执法风险

1. 随着技术的进步和国际经济活动的日趋复杂,无形资产的形式和种类不断变化,如果还只是通过列举的方式间接地定义就难免不够全面,而且对无形资产这一概念定义的过于狭隘或过于宽泛,都会给转让定价分析调整带来困难,无形资产定义的缺陷是执法风险形成的重要原因。

2. 成本分摊协议通常在跨国集团企业内部成员中签署,由几家成员公司共同完成,税法就视同为关联交易。如何判定成本分摊协议是否按照独立交易的原则来进行,关联企业在中国列支的成本是多少,如何判断是否合理,目前暂时没有一个准确的标准,税务机关在判定上承担着一定的管理风险。

二、一般程序性执法风险

1. 无形资产转让定价税收管理不仅专业性强,而且复杂性和困难性更高。除了一般的税收管理知识外,还要求从业人员掌握财会审计、国际税收、国际法、资产评估、财务管理和计量经济等各方面的知识。对协议本身所涉及的无形资产转让定价等相关经济未经专业财务人员及相关专业人员以专业手段分析导致执法风险。

2. 执法手段的选择上，适用独立交易原则系对交易行为的事后调整，管理成本高、难度大，较易产生执法风险。

3. 税务机关未能有效核实企业提供信息的真实性和准确性，无法有效执行分摊成本与预期收益相配比的原则。首先，完备的信息是转让定价管理的基础。目前税务机关所使用的数据库主要有 BVD 公司和 OSIRIS 数据库、标准普尔数据库以及国内的企业行业数据库，这些数据为我国对转让定价规制提供了重要的参考依据，但仍然有很多欠缺，尚无法为成本分摊协议的管理提供全面准确而分析基础。由于缺乏第三方数据报告制度和法制保障，无法保证全社会、各部门构建协税、护税体系，向税务机关传递相关数据信息；其他部门出于自身利益考虑，提供反映纳税人涉税情况的外部数据的积极性和主动性普遍不高，不愿意将相关信息向税务机关传递、或是传递信息有所保留，客观上制约了信息掌握。其次，我国市场公开信息数据较少，相关的数据获取渠道较为匮乏。客观上导致税务机关信息数据采集的难度。最后，境外涉税信息获取难度大。这些因素导致了税务机关获取的信息不全面完整，形成了客观的执法风险。

三、特别程序性执法风险

（一）对企业执法程序是否准确规范

1. 调查实施执法风险。县（区）和市（州）两级税务机关调查实施过程中滥用权力，玩忽职守，违法调取账簿，未准确使用执法文书，或因未达两人以上或未出示相关执法证件等未按照规定的程序对已确定调查的对象进行调查，形成执法风险。

2. 协商审议执法风险。县（区）和市（州）两级税务机关在协商审议过程中未按规定程序进行，形成执法风险。

3. 保密义务执法风险。县（区）和市（州）两级税务机关对在转让定价管理过程中取得的纳税人信息资料以及案件调整相关资料，未按有关规定履行保密义务，形成执法风险。

4. 跟踪管理执法风险。县（区）和市（州）两级税务机关在转让定价纳税调整后，未按照规定实施跟踪管理，形成执法风险。

（二）内部程序是否准确规范

1. 调取账簿执法风险。县（区）级主管税务机关调取账簿时未严格执行内部审批程序，形成执法风险。

2. 收集资料执法风险。未严格执行程序。县（区）、市（州）和省级三级税务机关在收集资料过程中未严格执行税务机关内部规定，形成执法风险。

3. 案头审计执法风险。案头审计是筛选案源、确定企业存在避税嫌疑的重要环节，通过审计分析初步确定嫌疑企业转让定价避税的环节，然后再通过其他方式来进行佐证关联交易的不合理性，因此忽视案头审计环节或者审计不准确将导致日常征管工作出现严重疏忽，或导致此后的调查取证出现方向性错误。

4. 差异调整执法风险。首先，县（区）、市（州）和省级三级税务机关对企业与可比企业营运资本占用不同而对营业利润产生的差异进行调整时，未严格执行内部审批程序，形成执法风险。其次，作出纳税调整决定时，忽视纳税人的主张权利的程序，导致行政复议或行政诉讼。

第五节　风险防控策略

一、实体性执法风险防控措施

1. 在明确无形资产定义时，需要考虑无形资产不断发展变化的特性，无形资产的定义就应抓住其价值创造的本质，引入实质课税原则，明确当涉及无形资产的转让定价分析时，可比交易中独立交易方会达成的交易条件，不应局限于无形资产的财务或法律定义。对于涉及无形资产使用权和所有权转让的交易案例，进行功能分析和可比性分析，同时必须充分了解跨国公司的全球经营模式以及无形资产对跨国公司整个供应链价值创造或增加的方式。税务机关应当从跨国公司整体利益出发，通过研究跨国公司避税安排背后的税制机理来理解跨国公司的交易安排，重新界定其关联方交易的经济实质。

2. 税务人员必须深入分析成本分摊协议管理案件，广泛开展成本分摊协议管理的税收调研，借鉴国外成熟的案例实践，形成信息反馈机制，通过实践积累具有指导意义的典型案例，总结经验，进一步明确成本分摊协议的税务管理制度。

二、一般程序性执法风险防控措施

1. 建立顾问小组,邀请各个学科领域的专家人才的参与共同进行评估。

2. 积极开展预约定价谈签,加强事前协商。成本分摊涉税事项复杂,而预约定价为税企事前沟通搭建了平台。采用预约定价安排,可大幅减少征纳双方税收争端、降低税务机关征收成本、为纳税人提供可预期的税收后果。

3. 针对无形资产转让定价,建议进一步扩大信息网络,建立专门的无形资产信息数据库。(1)进一步加强与国内相关部门机构的合作,建立国内无形资产交易协议和交易案例数据库为各地税务机关提供关于无形资产可比信息的沟通查询平台。(2)主动参与国际合作,如充分利用我国作为国际联合反避税信息中心成员国的平台,发挥该组织在国际税收合作和交流的窗口和桥梁作用;提高我国税收情报交换工作的层次和水平,丰富税收情报交换形式,以扩大税收信息网络,减少征纳双方的信息不对称。(3)积极谋求与发展中国家的合作,建立适用于发展中国家的无形资产信息数据库,逐步实现发展中国家反避税信息的共享。

三、特别程序性执法风险防控策略

(一)对企业执法风险点的防控策略

1. 调查实施执法风险点防控策略

根据《特别纳税调整实施办法(试行)》第 32 条、第 34 条、第 35 条及《税收征收管理法实施细则》第 86 条的规定,转让定价办案人员在现场调查阶段须严格做到以下方面:

(1)2 名以上调查人员在岗,出示《税务检查证》,送达《税务检查通知书》。

(2)采取询问、调取账簿资料和实地核查等方式。

(3)告知当事人或证人不如实提供情况应承担的法律责任。

(4)做好《询问(调查)笔录》,应由 2 名以上调查人员签字,并交当事人或被调查企业核对确认。若当事人或被调查企业拒绝,可由 2 名以上调查人员签认备案。证人的证言材料应由本人签字或押印。

(5)需调取账簿及有关资料时,须填制《调取账簿资料通知书》和《调取账簿资料清单》,以前会计年度的账簿资料,在 3 个月内完整退还;当年账簿资料,在 30 日内退还。

(6)可以以记录、录音、录像、照相和复制的方式索取与案件有关的资料，但必须注明原件的保存方及出处，由原件保存或提供方核对签注“与原件核对无误”字样，并盖章或押印。

2. 保密义务执法风险点防控策略

《税收征收管理法》第8条第2款规定：“纳税人、扣缴义务人有权要求税务机关为纳税人、扣缴义务人的情况保密。税务机关应当依法为纳税人、扣缴义务人的情况保密。”

（二）内部程序风险点的防控策略

1. 调取账簿执法风险点防控策略

根据《税收征收管理法实施细则》第86条的规定，税务机关如将纳税人以前会计年度的账簿、记账凭证、报表和其他有关资料调回税务机关检查，须经县以上税务局（分局）局长批准；有特殊情况的，须经设区的市、自治州以上税务局局长批准。

2. 收集资料执法风险点防控策略

《特别纳税调整内部工作规程》第7条规定：“主管税务机关需要收集属于其他省（市）税务机关管辖的被调查纳税人关联方或可比对象相关资料的，须填写《特别纳税调整工作联系单（适用于协查）》，层报省级税务机关，由省级税务机关转发办理。主管税务机关需要获取中央各部委有关信息资料的，应当层报税务总局，由税务总局审核后按规定程序办理；需要通过境外税务主管当局获取境外有关信息资料的，应当层报税务总局，由税务总局根据税收协定、协议或者安排的有关规定与境外税务主管当局开展信息交换。”

第六节　典型案例

案例　美国苹果公司避税案①

一、案情简介

2016年9月初，欧盟委员会经过历时3年的调查发现，苹果公司在爱尔兰业务

① 参见熊凌云、陈晓雅：《跨国经营税收筹划探讨——以苹果公司为例》，载《商业会计》2017年第2期。

得到政府的税务优惠长达逾20年,爱尔兰标准公司税率为12.5%,但在2003年,苹果就其欧洲收入仅缴付1%的税,2014年仅付0.005%,远低于法定税率。由此认定苹果公司在爱尔兰获得的税收优惠违法,裁定苹果公司应向爱尔兰政府补缴过去10年高达税款130亿欧元(约合人民币969亿元)的税款,这也刷新了欧洲历来税务罚款数额的上限。此举引发了欧盟、爱尔兰、苹果公司、美国政府之间的多方博弈,也反映了全球化大背景下国际税制的问题以及国际税收治理的新挑战。

二、苹果公司税务筹划分析

(一)苹果公司架构

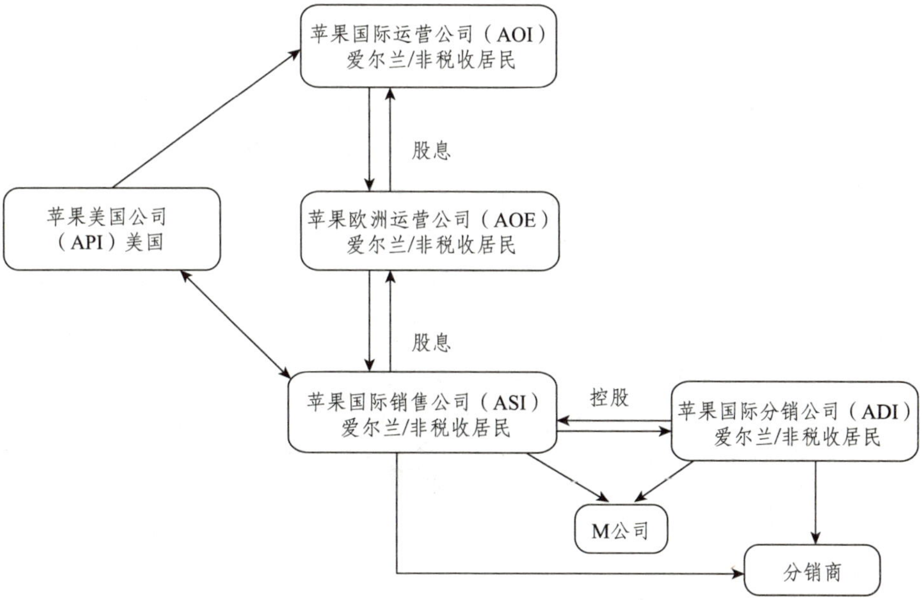

图3-2　苹果公司海外关联公司组织结构图

最上层是美国的控股公司API(Apple Inc.),注册地为美国加利福尼亚州的库比蒂诺市(Cupertino)。为规避加州较高的所得税,API在离加州只有200英里的内华达州(不征州所得税)设立了一个办事处(子公司),由该子公司管理API总部的全部营业收入和投资资金。API是苹果公司知识产权唯一的法律权利上的所有人,但对苹果公司架构至关重要的是,API仅仅是苹果公司知识产权在美洲销售产品之经济权利的所有人(约为整体收益的40%)。

AOI(Apple Operations International)、AOE(Apple Operations Europe)、ASI(Apple Sales International）、ADI（Apple Distribution International）等都是API在爱尔兰注册的子公司。其中，AOI是苹果公司在境外最高级别的子公司，也是控制境外其他分支机构及子公司的母公司，由API直接和间接持股达100%进行实质性控制。AOI本身基本没有雇员，也没有固定的办公场所，仅仅是一个空壳公司；AOI的董事会共三人，其中有两个人是美国人，它的董事会会议，根据至少到2013年的记录，33次董事会会议中的32次都是在美国开的；AOI有多家子公司，一些注册在爱尔兰，一些注册在其他国家，如新加坡，该公司主要负责海外利润的整体归并。同时，AOI的资产都是由苹果公司在美国的公司进行管理，银行账户也不在爱尔兰而在美国。

ASI是AOI子公司AOE的子公司，主要负责通过极其低廉的价格从中国等第三方合约制造商取得制成的苹果产品，再附以高价转销到欧洲、非洲、中东、亚太地区等地区的销售公司，由这些销售公司进行区域分销。ASI公司的利润非常高，其注册地在爱尔兰但非爱尔兰税务居民，只就爱尔兰销售部分申报纳税，董事会会议全部在美国召开，主要目的是将利润截留在低税率地区，减少纳税成本。

AOE主要负责转移和掌控苹果公司旗下、位于爱尔兰乃至欧盟地区子公司的利润，相对AOI公司来说，职能类似区域经理。由于ASI等子公司营业收入很高而实际纳税较低，明显的税基与缴税不符的情况，为了避免欧盟委员会及掌控税收政策权力的相关政府将此类子公司认定为规避缴税而设置的空壳公司，AOE公司会在当地适当投资并招聘员工，通过在当地投资设厂等方式，增加爱尔兰的就业机会。

（二）转移定价模式

1. 双重非税务居民

2015年1月1日前，爱尔兰在判断一个公司是不是爱尔兰的税务居民时，仅由其实际管理机构所在地来确定。苹果公司架构图中，AOI、AOE和ASI三个公司的注册地均在爱尔兰，但其实际管理机构所在地不在爱尔兰，所以，此三个公司在爱尔兰税法上均为非税务居民。而美国税法的税务居民规则刚好相反，一般由公司的注册地，而非实际管理机构所在地来判定。因此，爱尔兰的税务居民规则与美国的税务居民规则可以称为创造双重非税务居民的“完美搭档”。

2. 成本分摊协议

成本分摊协议在美国跨国高科技公司中的税务筹划架构中几乎随处可见，尤其在知识产权方面，其经济意义上的收益权往往是通过成本分摊协议来实现。大多数跨国公司一般只会在明确其知识产权的开发一定会成功的前提下，才会根据设定好的税收格局与内部关联企业签订类似的成本分摊协议，而且公司通常会根据当年负责开发的公司和关联企业销售产品的收入比例来分摊知识产权的开发成本。根据美国税法典 Section 367(d)的规定，运营公司在获得这些专利技术时，需要母公司的授权，母公司转移专利技术就相当于销售无形资产，这就需要运营公司支付一笔权利金，并按照20%课税，而母公司的这笔销售收入又要按照美国税法征收35%的公司所得税。而成本分摊协议的适用就可以解决此高税负问题。通过成本分摊协议，母公司和运营公司通过联合研发的方式实现专利转移授予的目的，运营公司需要支付给母公司一部分的专利对价来换取联合开发的权利，由于成本是分摊的，所以只需要缴纳较少的税收。苹果公司研发活动的成果，即苹果公司的知识产权，是苹果产品的核心竞争力和价值源泉所在。API 和 ASI 签署成本分摊协议，双方通过按比例出资，共同承担苹果公司全球研发活动的成本，分担研发活动的风险，共享研发活动的成果。根据成本分摊协议，虽然苹果公司的研发活动基本上都是 API 的工程师和专家在美国本土进行的，但由 API 和 ASI 按照各自负责的销售市场实现的销售收入所形成的比例，分担苹果公司全球研发活动的成本。同时，对苹果公司的知识产权做了特殊安排，把知识产权分为法律权利(Legal Rights)和经济权利(Economic Rights)，对于苹果公司知识产权中的法律权利，API 是唯一拥有者；对于知识产权中的经济权利，则由 API 和 ASI 共同拥有。API 有权收取苹果产品在美洲，包括在北美洲和南美洲进行产品销售所获得的收益，而 ASI 可以获得在美洲以外的世界其他地方销售美国产品所获得的收益。按照此规则，API 获得的收益不到苹果整个公司收益的40%，而 ASI 的收益占比则超过60%。这种对知识产权中的经济权利进行的拆分，既与 API 和 ASI 对苹果全球研发活动成本的分担相一致，也与苹果公司全球市场分为美洲市场和美洲以外市场相对应。当 API 和 ASI 根据《合约加工服务协议》以很低的价格从合约制造商购买加工好的苹果产品后，API 和 ASI 会附上很高的加价将产品出售，赚取利润。简言之，苹果公司的最终控股公司 API 虽然是知识产权唯一的法律权利上的所有人，但其仅获得40%的经济收益，爱尔兰公司 ASI 虽然不是法律所有人，但享有60%的收益。并且苹果公司几乎所有的研发人员都在美国，ASI 实际上并没有承担与其收益相一致的60%左右的开发风险。所以说，苹果公司成本分摊协议的真正功能是通过转让定价工具，在满足现有转让定价国际通用规则形式要件的基础上，采用安排苹果公司价值核心的知识产权中的经济权利在关联公司间的归属的筹划方法，把利润转移到爱尔兰进行避税，将美洲以外销售收入的税率从35%（美国所得税税率）降至12.5%（爱尔兰所得税税率）。

3. 倒三角的利润转移模式

根据爱尔兰与欧盟的税务法规相关规定，因爱尔兰是欧盟国家，其与欧盟其他成员国之间的交易免缴所得税，但爱尔兰本国内部进行的交易则要交税。所以AOE公司如果直接在ASI、ADI这两个爱尔兰公司内部转移销售收入，则需要向爱尔兰缴纳企业所得税，而ASI的利润占苹果公司总收入的60%左右，其应缴纳的税收会相当之多。所以，苹果公司采用倒三角的利润转移模式，使得销售收入在各国所缴的税额少之又少。具体做法是在荷兰设立一家M公司，将由ASI到ADI的直线模式，变为由ASI到M公司再到ADI之间的倒三角模式，因ASI与M公司之间的交易属于爱尔兰与欧盟其他成员国之间的交易，可免交爱尔兰所得税。而在规避缴纳爱尔兰企业所得税的同时，还可以通过M公司向ASI支付大量的特许权使用费获得无形资产许可，从而实现利润汇总或转移。根据美国"打钩"规则（该规则出现在1997年前后，因不同国家的税法制度和法律制度规定各异，美国的税务机关很多时候在判定一个境外公司或者一个合伙企业的纳税地位时，存在一定的困难。为了解决此问题，美国财政部引入了"打钩"规则，即允许美国公司对境外公司的纳税地位进行选择，由企业自行选择判定，是将某部分海外公司整体作为一个实体来对待，还是作为独立的子公司来对待），苹果公司选择在美国税法下M公司和ASI属于同一法律实体，所以，M公司和ASI之间支付特许权使用费的行为也就被视同为没有发生。换言之，ASI利用特许权使用费收入进行转移的利润也不必在美国纳税。同理，M公司和ADI同属欧盟国家企业，M公司再将无形资产出售给ADI并获得特许权使用费。这里特许权使用费在欧盟税制下免征所得税，同样根据"打钩"规则，将M公司与ADI视为一个实体，根据美国税务法规，该笔特许权使用费同样免征所得税。由此，M公司仅需就从ADI收取的和向ASI支付的特许权使用费金额之间的差价，在荷兰缴纳相应的企业所得税，而这一税收无疑非常之少。不仅如此，三角形中ASI到ADI的延长线上，ADI到各个分销商之间收取的广告费和特许权使用费也可因此而受益，由于ADI分销公司向荷兰M公司支付的大量特许权使用费可以在税前抵减，其在爱尔兰缴纳的所得税也相应减少。

4. CFC规则

一是积极所得例外。这一例外条款体现了美国鼓励科技创新的目的,对于高科技领域企业尤其重要,因为这类企业的大部分所得都表现为特许权使用费。积极所得例外多指来自积极营业公司的租金或特许权使用费的豁免。这一条款既能避免纳税人利用CFC进行避税活动,又不妨碍纳税人正常的生产经营活动。在积极所得例外下,ADI和ASI产生的特许权使用费等积极所得不会成为CFC所得,在美国可以豁免纳税。对于ASI直接销售到海外的各个分销商的收入来说,积极所得例外也可以使大部分收入不作为CFC所得,不用向美国缴税。

二是同一国家例外。即对设立在同一国家关联CFC企业之间进行交易而取得的所得,主要针对他们之间的消极所得(股息和利息),可以不按当期所得予以课税。AOI、AOE、ASI等公司都是在爱尔兰成立的苹果公司的子公司,根据这一例外条款,AOI所享受的消极所得(AOE、ASI等子公司交付的股息)均不必缴税。数据显示,至少从2009年到2012年,AOI获得的300亿美元的股息没有在任何地方缴纳税款。

5. 预约定价协议

1991~2007年,苹果公司和爱尔兰政府签订了预约定价协议,规定AOE在其运营费用达到或超过6000万~7000万美元时,将其运营费用的15%~20%作为净利润。2007年,苹果公司和爱尔兰政府重新修订预约定价协议,将AOE运营费用的10%~20%或者其利用知识产权获取的收入的8%~9%视为净利润,ASI则将其产生的运营费用的8%~18%作为净利润。但因AOE和ASI的运营费用基本只是一些雇员工资和办公成本等项目,且这些运营成本相对于科技公司来说微乎其微。

三、苹果公司税收筹划的启示

(一)为我国企业提供重要借鉴

跨国企业不仅要能提供拥有持久竞争力的产品和技术,还要具备相应的成本效益掌控能力,如税收筹划技能。因为税收管辖权的分割以及国际税收制度不完善的客观存在,造成参与全球化经济中的企业,如果没有实施专业的、系统的税收筹划战略,在跨国经营活动中就很可能被重复课税,或者出现不合理的税收负担,从而增加企业额外的成本费用支出,使得企业在商业竞争中丧失成本优势,难以获得对外经济的超额利润。跨国经营的最终目标是实现全球利益最大化,因此,合理避税方案的制订应以企业整体利益为导向，通过模拟不同方案下相关要素转移对流转税和所得税的整体影响，合理安排未来的经营活动和纳税事项，避免因局部利益而损害全局利益。

（二）为完善我国税制提供有益参考

构建、维护公平的国内（区域）税收竞争秩序，是完善国际税收制度的前提之一。欧盟委员会的裁定至少在表面上看，是出于维护市场秩序的目的。欧盟委员会的做法对中国是有借鉴意义的。目前，中国已经成为净资本输出国，随着"一带一路"战略的不断推进，中国"走出去"的企业还会越来越多。海外企业利润如何课税，是一个必须直面的难题。中国对外开放需要更多的海外资本"走进来"，但各地不能采取损害国家整体税收利益的措施，更不能因此破坏市场经济秩序。中国需要更多的企业"走出去"，但这不能成为企业降低税负的捷径或目的。税收制度的原则之一就是税负公平，如果外来企业普遍都采取有效的避税手段降低成本，一方面会造成我国民族企业在与外来跨国企业的不公平竞争，另一方面由于国际税收的损失也必然会减少我国财政收入。因此，我国应积极开展并参与到国际反避税的行动、研究与交流当中，在本国税收立法过程中树立防范国际避税的意识，逐渐弥补我国国际税收法制当中的漏洞与不足。

第四章

受控外国企业

第一节　受控外国企业概述

一、受控外国企业的概念

受控外国企业（Controlled foreign Corporation），从广义上讲，是指由本国居民企业或者居民直接或者间接控制的外国企业。从狭义上讲，可以理解为由本国居民企业或者居民直接或者间接控制的，一般设立在零税负的避税地或低税区用以实现一定避税目的的企业。受控外国企业立法最早起源于美国《1962 年收入法》，[①]其中 F 分部[②]的引入主要是基于以下两点：一是递延纳税可使美国居民股东取得源于其控制的外国企业所得，如不作股息分配不必申报纳税；二是美国居民利用避税地安排，通过与境外关联方的不合理定价、无形资产转让、分摊管理费用等手段，将境内外所得转移至避税地，且不作或少作分配。从原理来说，延迟纳税与税率差（未分配利润的递延纳税属性和税负倒置的避税方法）是避税地安排的驱动力，受控外国企业是实现避税安排的载体。[③]

---

① 参见美国《1962 年收入法》第 12 章（Revenue Act of 1962，§12）。F 分部的引入是美国国会对完全取消受控外国企业源于境外所得递延纳税与税收对美国企业海外竞争影响中性两种方案的折中，终结了美国居民股东控制的受控外国企业避税地安排的递延纳税待遇。

② 在引入 F 分部前，美国在 1937 年颁布了第一条反递延纳税条款，即外国个人控股公司条款（Foreign Personal Holding Company，FPHC），涵盖范围较窄，主要是针对取得利息、股息或红利、特许权使用费、租金、债券收益等经营行为。F 分部的引入实际上进一步扩展了由美国居民控制的外国企业源于境外的某些类型所得的征税范围，课税机制完全与 FPHC 条款一致。

③ 参见金戎：《完善受控外国企业税制　加强受控外国企业管理——〈特别纳税调整实施办法（试行）〉之“受控外国企业管理”》，载《涉外税务》2008 年第 8 期。

具体而言,未分配利润的递延纳税属性即公司利润的税收保护层,因为公司的独立法人原则,未分配利润虽然实际是属于股东的,但再未进行分配时是属于公司的,股东不用对公司未分配的利润缴纳所得税。由于一直递延而且没有期限的税款等于不纳税,这就使将公司一直不进行利润分配持续经营,从而使股东虽然财富在持续增长但是不必实际纳税。目前大多数国家都允许纳税人延迟纳税,只有当外国企业当年有盈余或者累积利润并且将其分配给股东时,股东才需就这一部分已实现的所得向居住国纳税;如果外国企业不进行分配而是将利润予以累积,那么对于这部分已实现但尚未支付的利润,股东居住国则无权征税。外国企业是否分配股息本是属于企业的内部经济决策,但如果股东将境外企业设立在避税港,并通过其控股股东地位无限制或者无合理理由的故意推迟分配,并在延迟纳税中获得巨大利益,就属于典型的利用受控外国企业进行避税的行为。

税负倒置(tax inversion),是指通过设立、股权交易、置换、重组把对境外子公司的持股公司设在避税地。由于很多避税地对于来源于境外的收入免税,使跨国企业的控股公司向其他国家子公司收取的资本收益类的股息红利、资产收益类的利息、特许权使用费、劳务类的咨询费、管理费、系统维护费等收入全部免税,从而使跨国企业从其他国家获取的收益不用在高税负的本国缴纳所得税。例如,美国的企业把总部设在香港,其在全球其他国家的子公司把利润、特许权、管理费汇聚到香港在当地是不缴税的,如果汇聚到美国可能会交最多高达40%的企业所得税,从而有巨大的避税空间,可以逃避大量税款。所以,企业将一些具有研发、销售、财务等具投资性或管理性业务职能的机构设立在可以提供一定税收减免政策的国家或地区,并通过转让定价的形式将利润聚集在这些税负较低的国家或地区,这样既能享受到当地的税收优惠,又能逃避一定居住国的纳税义务。

随着全球经济一体化的不断发展,各国对外投资明显增长,受控外国企业越来越成为投资人逃避国家税收的一种工具。为了规范此种避税行为,加拿大、德国、日本等国家也纷纷仿效美国,相继制定了各自受控外国企业税制,我国也和其他国家一样规定了受控外国企业特别征税制度。《企业所得税法》第45条首次对受控外国企业进行明确规定:“由居民企业,或者由居民企业和中国居民控制的设立在实际税负明显低于本法第四条第一款规定税率水平的国家(地区)的企业,并非由于合理的经营需要而对利润不作分配或者减少分配的,上述利润中应归属于该居民企业的部分,应当计入该居民企业的当期收入。”《企业所得税法实施条例》第116

条对中国居民进行了界定，是指根据《个人所得税法》的规定，就其从中国境内、境外取得的所得在中国缴纳个人所得税的个人。《特别纳税调整实施办法（试行）》第76条规定："受控外国企业是指根据所得税法第四十五条的规定，由居民企业，或者由居民企业和居民个人（以下统称中国居民股东，包括中国居民企业股东和中国居民个人股东）控制的设立在实际税负低于所得税法第四条第一款规定税率水平50%的国家（地区），并非出于合理经营需要对利润不作分配或减少分配的外国企业。"受控外国企业税制是对利用受控外国企业进行避税的反制，本质是强制在低税率地区没有实际经营的居民控股企业把未分配利润视同分配而在国内进行纳税。

受控外国企业管理，是指税务机关按照《企业所得税法》第45条的规定，对受控外国企业不作利润分配或减少分配进行审核评估和调查，并对归属于中国居民企业所得进行调整等工作的总称。

二、受控外国企业的税制的基本内容

考察各国受控外国企业税制，虽然在具体规定上存在差别，但大多都规定了受控外国企业的认定标准、受控外国企业适用的地域范围、受控外国企业适用的所得范围、重复征税的处理等内容。

（一）受控外国企业的认定标准

在各国对受控外国企业标准的认定上，目前主要有控制标准、实质利益标准和推定拥有标准等，具体而言：（1）控制标准，指以本国居民对外国公司享有控制权为标准，包括控股和通过有关安排而实际控制公司。其中，实际控制标准是指以能够实际支配公司的活动和事务为标准。（2）实质利益标准，即本国居民如果在某外国公司中拥有实质利益，那么该公司就属于受控外国企业，通常是根据本国居民直接或者间接拥有的股份比例来确定。（3）推定拥有标准，指将纳税人的关联方或者与纳税人不按照独立交易原则进行交易的当事方对该外国公司所拥有的利益与纳税人对该外国公司拥有的控制权或者重大利益结合在一起一并考虑。①

我国《企业所得税法实施条例》第117条明确了《企业所得税法》第45条所称控制的标准，具体包括：（1）居民企业或者中国居民直接或者间接单一持有外国企

① 参见周自吉：《转让定价基础理论与实务操作》，中国财政经济出版社2014年版，第211页。

业10%以上有表决权股份,且由其共同持有该外国企业50%以上股份;(2)居民企业,或者居民企业和中国居民持股比例没有达到第1项标准,但在股份、资金、经营、购销等方面对该外国企业构成实质控制。[①] 也就是说,如果满足第1项条件,说明该外国企业确实受中国居民企业或居民的实际控制。如果满足第2项条件,说明中国居民企业或居民对外国企业的经营、管理、决策都有较大的控制权,很有可能影响外国企业的股利分配政策。《特别纳税调整实施办法(试行)》第77条规定:"本办法第七十六条所称控制,是指在股份、资金、经营、购销等方面构成实质控制。其中,股份控制是指由中国居民股东在纳税年度任何一天单层直接或多层间接单一持有外国企业10%以上有表决权股份,且共同持有该外国企业50%以上股份。中国居民股东多层间接持有股份按各层持股比例相乘计算,中间层持有股份超过50%的,按100%计算。"说明我国在对受控外国企业的认定上,考虑到了所有可能操纵外国企业利润分配决策的中国居民企业或自然人居民,相对较为全面。

(二)受控外国企业税制适用的地域范围

各国在受控外国企业税制适用的地域范围上存在差异,但大多数国家规定受控外国企业规则适用于某些避税港和实行低税政策的国家和地区,也有少数国家规定受控外国企业规则适用于全球范围的受控外国企业,如美国和加拿大。而各国规定的界定避税港或低税区避税地的方法也不同,主要有以下四种:(1)实际税率考察法,是将外国税收的实际税率与股东居住国税收的实际税率进行对比,以外国税收的实际税率来确定;(2)名义税率考察法,是将外国税收的名义税率与股东居住国税收的名义税率进行对比来确定;(3)实缴税额对比法,是将受控外国企业的实缴外国税额与假定该公司为股东居住国居民时应缴的本国税额进行对比,以受控外国企业所实际缴纳的外国税额来确定;(4)列举法,是直接确定一份或者多份清单,载明低税区或者非低税区。OECD在2000年发布的《认定和消除有害税收行为的进程》报告中列出了35个国际避税地,大体分为四种类型:(1)不征收所得税和一般财产税的国家和地区,属于纯避税地,如开曼群岛、巴哈马、百慕大、格陵兰等;(2)虽然开征某些所得税和一般财产税,但税负远低于国际一般水平的国家和

---

① 在持股比例的计量时间上,各国规定存在差异:澳大利亚、加拿大、德国、日本等国家以外国企业所在国的纳税年度最后一日为计算期;美国、英国、新西兰等国家以纳税年度中的任何一日为计算期;瑞典则以日历年度的最后一日为计算期;我国规定持股比例的计量时间为纳税年度中的任何一天。

地区，大多对境外来源所得提供优惠的税收待遇，如巴林、英属维尔京群岛、直布罗陀、牙买加、我国澳门特区、摩纳哥、新加坡、瑞士等；(3)对境外所得免税，只对来源于境内的收入按较低税率征税的国家和地区，如阿根廷、埃塞俄比亚、我国香港特区等；(4)在制定和执行正常税制的同时，提供某些特殊税收优惠的国家和地区，如希腊、爱尔兰、加拿大、卢森堡、荷兰、菲律宾等。[①]

我国和大多数国家一样将受控外国企业税制适用于特定区域，主要是避税地或实行某类低税政策的国家和地区。在界定避税港或低税区避税地的方法中，我国主要采用的是“实际税率法”。《企业所得税法实施条例》第118条规定：“企业所得税法第四十五条所称实际税负明显低于企业所得税法第四条第一款规定税率水平，是指低于企业所得税法第四条第一款规定税率的50%。”可见，以构成受控关系的外国企业将其在居住国实际负担的所得税与其所得计算得出的实际税负与我国的法定税率进行比较，对于实际税负低于我国法定税率50%的，即实际税负低于12.5%的受控外国企业将按规定进行纳税调整。此外，根据国家税务总局《关于简化判定中国居民股东控制外国企业所在国实际税负的通知》(国税函〔2009〕37号)的规定，我国辅以“列举法”，以“白名单”的形式，指定设在美国、英国、法国、德国、日本、意大利、加拿大、澳大利亚、印度、南非、新西兰和挪威12国的中国居民控股的外国公司不纳入受控外国企业税制的管辖范围。

(三)受控外国企业收入的界定及归属

根据BEPS行动计划中第3项——制度有效受控外国公司规则，确定受控外国企业收入的方法有四种：(1)类别分析，按照不同类别划分收入并根据不同类别确认收入的归属，具体类别上是按最相关的因素或特征分为法定类别(股息、利息、保险收入、特许权使用费及知识产权收入、销售及服务收入)、各方的关联性和收入来源。(2)实质性分析法，旨在分析受控外国企业是否参与实质经营活动，以确认哪些收入属于受控外国企业收入，通常会应用包括人员、营业场所、资产和风险等多种指标以确定受控外国企业收入是否与内在实质相分离。(3)超额利润分析，可以将在低税率管辖区赚取的超过正常投资回报率的收入归类为受控外国企业收入。(4)交易法和实体法，无论采用何种分析方法来定义受控外国企业收入，都需要确

---

① 参见周金荣：《关于新〈企业所得税法〉受控外国公司规制的探讨》，载《税务研究》2008年第1期。

定是按实体还是按交易进行分析。实体法,即受控外国企业作为一个实体,如果符合适用受控外国企业税制的条件,那么其全部收入将受到该规则的约束;相反地,如果受控外国企业不符合适用受控外国企业规则的条件,则其全部所得均免予适用受控外国企业规则。与之相对,交易法则需要评估每一笔收入的属性以评估该收入是否属于可归属收入。两者的差别在于,在实体法下,要么全部要么没有收入会被视为受控外国企业收入,而在交易法下,即使大部分收入不符合受控外国企业收入的定义,部分收入仍可能属于受控外国企业收入,反之亦然。实体法可能在特定情况下减轻监管负担,因为税务机关一旦确认实体收入中属于归属收入的金额或实体参与特定经营活动,无须进行额外分析,就能确认受控外国企业规则是否适用。实体法也可以减少纳税人的合规成本并增加确定性。但实体法的主要缺点在于既可能涵盖范围过广又可能涵盖范围不足,只有部分受控外国企业收入的实体,可能会稀释受控外国企业收入从而避免被适用于受控外国企业规则。相对于实体法,交易法要求考虑每笔收入流,所以一般情况下在分配收入方面更加精确,能够更有效更好地针对特定类型的收入。但因税务机关需要对受控外国企业的各项交易活动进行逐一的审查,因此交易法会给税务机关带来较大的征管成本。

受控外国企业收入的归属主要是解决如何把受控外国企业未分配的利润全部或者部分地根据一定的比例划归给对该受控外国企业拥有利益的本国纳税人,主要涉及对归属时间、归属比例和归属性质的界定。在归属时间上,多数国家规定适用于在纳税年度末对受控外国企业拥有利益的本国纳税人;在归属比例上,一般认为分配给某特定纳税人的所得额相当于受控外国企业将其未分配利润以股息形式分配给股东时该纳税人可以得到的股息额;在归属的性质界定上,主要有股息推定法和直接获利法两种方式,前者为大部分国家所采用,即将受控外国企业收入归属视同股息分配,国内法或税收协定中给予股息所得的各种特别税收政策对于受控外国企业也同样适用。后者则只被少数国家所采用,即将受控外国企业的所得视为纳税人的相关业务所得。

我国是采用“实体法”的方式确定受控外国企业的应税所得,也就是说,如果被认定为是中国居民企业的受控外国企业,则该受控外国企业的全部经营所得均适用受控外国企业税制,税务机关可以按照规定对其征税。《特别纳税调整实施办法(试行)》第 80 条规定:“计入中国居民企业股东当期的视同受控外国企业股息分配的所得,应按以下公式计算:中国居民企业股东当期所得 = 视同股息分配额 × 实际

持股天数 ÷ 受控外国企业纳税年度天数 × 股东持股比例。”此外，中国居民股东多层间接持有股份的，股东持股比例按各层持股比例相乘计算。受控外国企业与中国居民企业股东纳税年度存在差异的，应将视同股息分配所得计入受控外国企业纳税年度终止日所属的中国居民企业股东的纳税年度。

（四）重复征税的处理

一般来讲，受控外国企业重复征税的情形有以下几种：（1）受控外国企业归属收入同样需要缴纳境外企业所得税。（2）相同的受控外国企业收入受制于不止一个管辖区的受控外国企业规则。（3）受控外国企业从根据受控外国企业规定已归属给居民股东的收入中派发股息，或居民股东处置受控外国企业股份。具体而言，因受控外国企业的全部所得或某类所得在未以股息分配给本国纳税人之前，就已划归本国纳税人的应税所得之内而在纳税人的居住国纳税，当受控外国企业实际从这些利润中分配给本国纳税人股息时，纳税人居住国可以再次对该股息征税；而当本国纳税人在已经就划归给它的受控外国企业所得在居住国纳税之后，将其在受控外国企业拥有的股份（利益）转让给他人而产生资本收益时，纳税人居住国也可以对该资本收益征税，但因该资本收益中已经体现了之前划归给纳税人的未分配利润，所以就会产生重复征税问题。（4）可能产生双重征税的其他情况。例如，当两个管辖区存在转让定价调整，而第三个管辖区要求收取受控外国企业费用的。因此，制定受控外国企业税制的国家一般都给予相应得减免税待遇，以有效避免重复征税问题。但各国在给予减免税待遇的方法上存在一定的差异。

根据我国《特别纳税调整实施办法（试行）》第 82 条和第 83 条的规定，对于计入中国居民企业股东当期所得已在境外缴纳的企业所得税税款，可根据间接抵免及税收协定的有关规定避免重复征税；对于受控外国企业实际分配的利润已根据《企业所得税法》第 45 条规定征税的，不再计入中国居民企业股东的当期所得。

（五）受控外国企业税制适用的例外

受控外国企业税制在适用时会存在一定的例外情形，考察各国受控外国企业税制的实践，主要有以下几种情形：（1）积极营业活动例外，从事工业、商业活动或者主要从事此类积极营业活动的受控外国企业例外；（2）行业例外，从事工业生产、制造、服务业、农业以及海运业的受控外国企业例外，不包括投资、租赁、银行和保险业；（3）小额例外，受控外国企业的所得额或取得的瑕疵所得额不超过一定数额时例外。

我国《特别纳税调整实施办法（试行）》第 84 条规定："中国居民企业股东能够提供资料证明其控制的外国企业满足以下条件之一的，可免于将外国企业不作分配或减少分配的利润视同股息分配额，计入中国居民企业股东的当期所得：（一）设立在国家税务总局指定的非低税率国家（地区）[1]；（二）主要取得积极经营活动所得；（三）年度利润总额低于 500 万元人民币。"

① 具体包括美国、英国、法国、德国、日本、意大利、加拿大、澳大利亚、印度、南非、新西兰和挪威。

第二节 业务流程

一、流程图

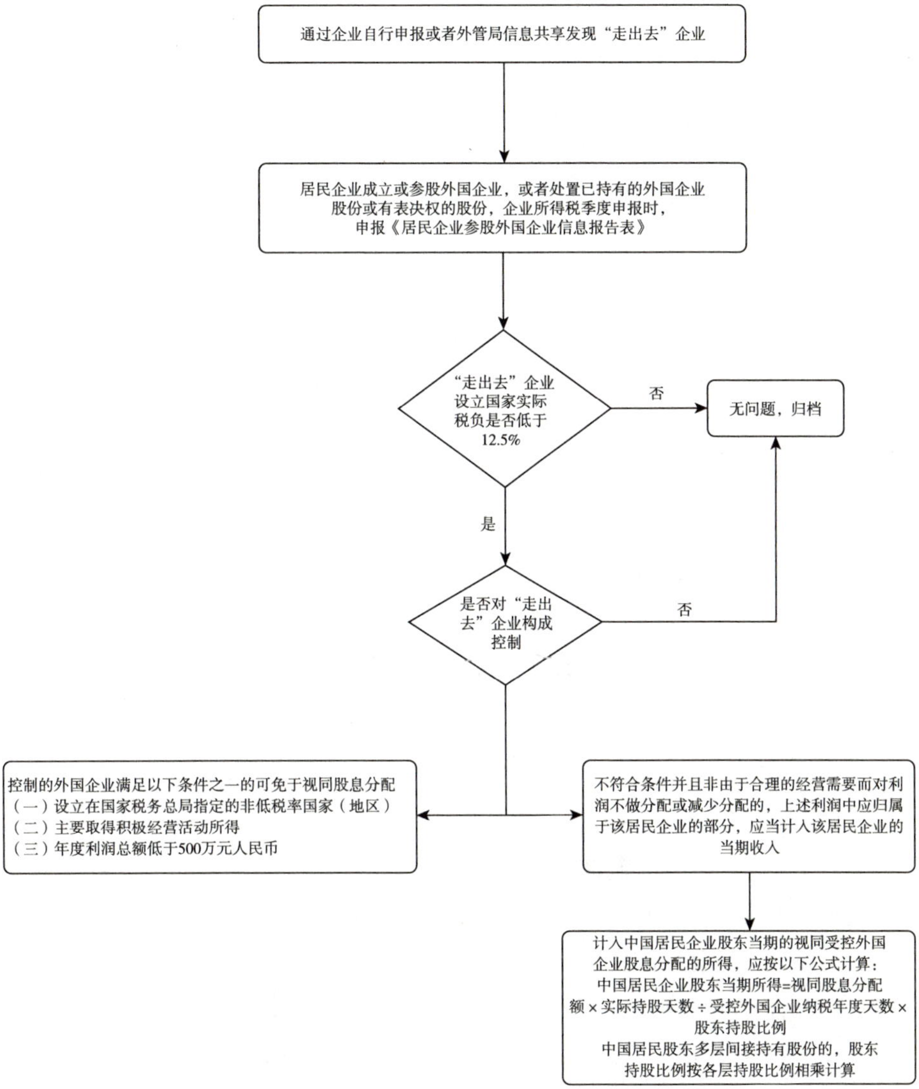

图4－1 受控外国企业管理流程图

二、流程描述

1. 主管税务机关通过企业自行申报或者通过其他部门信息共享获取“走出去”企业信息。

2. 居民企业成立或参股外国企业，或者处置已持有的外国企业股份或有表决权股份，企业所得税季度申报时申报《居民企业参股外国企业信息报告表》。

3. 比对“走出去”企业设立国家实际税负是否低于12.5%。

4. 分析企业的股权架构，看是否对“走出去”企业构成控制。

5. 对于低税率地区的被控制企业，税务局向企业下发《受控外国企业中国居民股东确认通知书》，企业应在年度汇算清缴时申报《受控外国企业信息报告表》。

6. 不符合条件并且非由于合理的经营需要而对利润不作分配或者减少分配的，上述利润中应归属于该居民企业的部分，应当计入该居民企业的当期收入。

7. 计入中国居民企业股东当期的视同受控外国企业股息分配的所得，应按以下公式计算：

中国居民企业股东当期所得 = 视同股息分配额 × 实际持股天数 ÷ 受控外国企业纳税年度天数 × 股东持股比例

中国居民股东多层间接持有股份的，股东持股比例按各层持股比例相乘计算。

第三节　工 作 规 范

相关依据

1.《企业所得税法》第45条：

第四十五条　由居民企业，或者由居民企业和中国居民控制的设立在实际税负明显低于本法第四条第一款规定税率水平的国家（地区）的企业，并非由于合理的经营需要而对利润不作分配或者减少分配的，上述利润中应归属于该居民企业的部分，应当计入该居民企业的当期收入。

2.《企业所得税法实施条例》第116条、第117条、第118条：

第一百一十六条　企业所得税法第四十五条所称中国居民，是指根据《中华人民共和国个人所得税法》的规定，就其从中国境内、境外取得的所得在中国缴纳个人所得税的个人。

第一百一十七条　企业所得税法第四十五条所称控制，包括：

（一）居民企业或者中国居民直接或者间接单一持有外国企业10%以上有表决权股份，且由其共同持有该外国企业50%以上股份；

（二）居民企业，或者居民企业和中国居民持股比例没有达到第（一）项规定的标准，但在股份、资金、经营、购销等方面对该外国企业构成实质控制。

第一百一十八条　企业所得税法第四十五条所称实际税负明显低于企业所得税法第四条第一款规定税率水平，是指低于企业所得税法第四条第一款规定税率的50%。

3. 国家税务总局印发的《特别纳税调整实施办法（试行）》第八章“受控外国企业”：

第七十六条　受控外国企业是指根据所得税法第四十五条的规定，由居民企业，或者由居民企业和居民个人（以下统称中国居民股东，包括中国居民企业股东和中国居民个人股东）控制的设立在实际税负低于所得税法第四条第一款规定税率水平50%的国家（地区），并非出于合理经营需要对利润不作分配或减少分配的外国企业。

《企业所得税法》第4条第1款规定：“企业所得税的税率为25%。”即境外公司所在地实际税负低于12.5%的没有合理理由不分配就要属于受控外国企业了。

第七十七条　本办法第七十六条所称控制，是指在股份、资金、经营、购销等方面构成实质控制。其中，股份控制是指由中国居民股东在纳税年度任何一天单层直接或多层间接单一持有外国企业10%以上有表决权股份，且共同持有该外国企业50%以上股份。

中国居民股东多层间接持有股份按各层持股比例相乘计算，中间层持有股份超过50%的，按100%计算。

即股份控制是指单个中国居民股东持股超过10%且中国居民股东总共持股超过50%的就是股份控制。如果中国居民有多层持股，中间层持股超过50%按100%计算。例如甲持有A公司30%的股份，其父亲乙持有A公司25%的股份，A公司持有B公司的50%股份，甲乙均为中国居民，A、B均为境外企业。这种情况下A、B均为受控外国企业。

第七十八条　中国居民企业股东应在年度企业所得税纳税申报时提供对外投

资信息，附送《对外投资情况表》。①

第七十九条　税务机关应汇总、审核中国居民企业股东申报的对外投资信息，向受控外国企业的中国居民企业股东送达《受控外国企业中国居民股东确认通知书》。中国居民企业股东符合所得税法第四十五条征税条件的，按照有关规定征税。【注：该通知书已在金三系统中被取消】

依据国家税务总局《关于居民企业报告境外投资和所得信息有关问题的公告》（国家税务总局2014年第38号公告），符合条件的企业需在所得税年度申报时报送《受控外国企业信息报告表》。

第八十条　计入中国居民企业股东当期的视同受控外国企业股息分配的所得，应按以下公式计算：

中国居民企业股东当期所得＝视同股息分配额×实际持股天数÷受控外国企业纳税年度天数×股东持股比例

中国居民股东多层间接持有股份的，股东持股比例按各层持股比例相乘计算。

接上例，如果A公司在2014年持有B公司股权200天，B公司税后利润1000万元，纳税年度为365天，那么中国居民企业股东当期所得＝1000×200÷365×50%＝273.97万元。

第八十一条　受控外国企业与中国居民企业股东纳税年度存在差异的，应将视同股息分配所得计入受控外国企业纳税年度终止日所属的中国居民企业股东的纳税年度。

即国外纳税年度不是固定的，如香港纳税年度为每年4月1日至次年3月31日，美国纳税年度起止可以企业自行选择，汇算清缴在1.1～3.15或者10.1～12.15两者之一选择。例如一避税地纳税年度为每年4月1日至次年3月31日，2015年4月以后产生的利润，在我国2016年度汇算清缴（2017年1～5月）时进行分配申报。

第八十二条　计入中国居民企业股东当期所得已在境外缴纳的企业所得税税款，可按照所得税法或税收协定的有关规定抵免。

即抵免限额应当分国（地区）不分项。

---

① 该表已在国家税务总局《关于居民企业报告境外投资和所得信息有关问题的公告》（国家税务总局2014年第38号公告）文中，被《居民企业参股外国企业信息报告表》替换。

抵免限额=中国境内、境外所得依照企业所得税法和本条例的规定计算的应纳税总额×来源于某国(地区)的应纳税所得额÷中国境内、境外应纳税所得总额

国外纳税抵免限额的据实扣除,超过抵免限额的部分,可以在以后五个年度内,用每年度抵免限额抵免当年应抵税额后的余额进行抵补。

详见《财政部、国家税务总局关于企业境外所得税收抵免有关问题的通知》(财税〔2009〕125号)及所得税申报表附表:A108000,A108010 A108020,A108030。

第八十三条　受控外国企业实际分配的利润已根据所得税法第四十五条规定征税的,不再计入中国居民企业股东的当期所得。

即已经视同分配进行纳税后,实际分配时就不再计入收入进行纳税。

第八十四条　中国居民企业股东能够提供资料证明其控制的外国企业满足以下条件之一的,可免于将外国企业不作分配或减少分配的利润视同股息分配额,计入中国居民企业股东的当期所得:

(一)设立在国家税务总局指定的非低税率国家(地区);

(二)主要取得积极经营活动所得;

(三)年度利润总额低于500万元人民币。

目前的非低税率国家(地区)为:美国、英国、法国、德国、日本、意大利、加拿大、澳大利亚、印度、南非、新西兰和挪威。见国家税务总局《关于简化判定中国居民股东控制外国企业所在国实际税负的通知》(国税函〔2009〕37号)

第四节　关　注　点

一、企业设立地区实际税负

《特别纳税调整实施办法(试行)》第76条规定:"受控外国企业是指根据所得税法第四十五条的规定,由居民企业,或者由居民企业和居民个人(以下统称中国居民股东,包括中国居民企业股东和中国居民个人股东)控制的设立在实际税负低于所得税法第四条第一款规定税率水平50%的国家(地区),并非出于合理经营需要对利润不作分配或减少分配的外国企业。"《企业所得税法》第4条第1款规定:"企业所得税的税率为25%。"即境外公司所在地实际税负低于12.5%的没有合理理由不分配就要属于受控外国企业了。

二、构成控制

《特别纳税调整实施办法(试行)》第77条规定:“本办法第七十六条所称控制,是指在股份、资金、经营、购销等方面构成实质控制。”其中,股份控制是指由中国居民股东在纳税年度任何一天单层直接或多层间接单一持有外国企业10%以上有表决权股份,且共同持有该外国企业50%以上股份。中国居民股东多层间接持有股份按各层持股比例相乘计算,中间层持有股份超过50%的,按100%计算。”即股份控制是指单个中国居民股东持股超过10%且中国居民股东总共持股超过50%的就是股份控制。如果中国居民有多层持股,中间层持股超过50%按100%计算。例如,甲持有A公司30%的股份,他的父亲乙持有A公司25%的股份,A公司持有B公司的50%股份,甲乙均为中国居民,A、B均为境外企业。这种情况下A、B均为受控外国企业。

三、非低税率国家

目前的非低税率国家(地区)为:美国、英国、法国、德国、日本、意大利、加拿大、澳大利亚、印度、南非、新西兰和挪威。国家税务总局《关于简化判定中国居民股东控制外国企业所在国实际税负的通知》(国税函〔2009〕37号)明确指出,根据《中华人民共和国企业所得税法》第四十五条的规定,为了简化判定由中国居民企业,或者由中国居民企业和居民个人控制的外国企业的实际税负,确定居民企业或居民个人能够提供资料证明其控制的外国企业设立在美国、英国、法国、德国、日本、意大利、加拿大、澳大利亚、印度、南非、新西兰和挪威的,可免于将该外国企业不作分配或者减分配的利润视同股息分配额,计入中国居民企业的当期所得。

四、积极经营活动所得

目前尚无关于积极或消极经营活动的定义,最近《非居民金融账户涉税信息尽职调查管理办法(征求意见稿)》中提到类似概念。该征求意见稿第11条规定:“本办法所称消极非金融机构是指符合下列条件之一的机构:(一)上一公历年度内,股息、利息、租金、特许权使用费收入等不属于积极经营活动的收入,以及据以产生前述收入的金融资产的转让收入占总收入比重50%以上的非金融机构;(二)上一公历年度末,拥有可以产生前述收入的金融资产占总资产比重50%以上的非金融机构;……”

第五节　风 险 提 示

一、实体性执法风险

"受控外国企业"(CFC)规则适用尚存在若干问题,导致执法中容易产生税企争议。

(一)"实质控制"概念界定不清晰,容易产生执法争议

由于缺乏细化规定,居民股东对外国公司的"股份、资金、经营、购销等方面构成实质控制"在实践中如何判断尚存疑问。由于"实质控制"概念不清,税务机关执法容易引发税企争议;另外,缺乏"实质控制"具体标准,实践中更多只能用"股份控制"捕捉"受控外国企业"课税对象,容易造成遗漏。

(二)受控外国企业所得界定缺乏具体标准,税企易形成较大分歧

我国关于受控外国企业所得定义比较简单,存在的问题一是"并非出于合理的经营需要"内涵未予明确。二是豁免规则对"积极经营活动所得"的内涵、范围、判定条件等均未有任何解释,帘外"主要所得"对应的比重是多大也没有说明。以上各点税企理解不同,容易形成分歧。

(三)所得归属计算有待细化

受控外国企业所得金额计算出来后需要归属到相应的控制股东名下进行课税。所得归属计算包括:确定哪些股东有归属所得、确定应该归属多少所得、确定什么时候计入股东的纳税申报表、确定所得税收待遇、确定所得适用的税率。对此,我国税法的相应规定比较粗略。

二、程序性执法风险

税务机关在管理过程中面临潜在的"对企业执法程序是否准确规范"和"内部程序是否准确规范"两方面风险。

(一)对企业执法程序是否准确规范

1. 调查实施过程中滥用权力,玩忽职守,违法调取账簿,未准确使用执法文书,或因未达 2 人以上或未出示相关执法证件等未按照规定的程序对已确定调查的对象进行调查,形成执法风险。

2. 协商审议过程中未按规定程序进行,形成执法风险。

3. 对在受控外国企业管理过程中取得的纳税人信息资料以及案件调整相关资料,未按有关规定履行保密义务,形成执法风险。

(二)内部程序是否准确规范

1. 调取账簿时未严格执行内部审批程序,形成执法风险。

2. 收集资料过程中未严格执行税务机关内部规定,形成执法风险。

第六节　风险防控策略

一、实体性风险防控策略

(一)执法实践中完善"实质控制"

通过执法实践进一步界定和明确实质控制的内容。在税法尚未对概念界定清楚之前,仍以法律和经济控制测试为主,不宜大范围使用实质测试,只有在一定条件下才启动实质测试,比如可以设定一些门槛,规定适用实质测试的情形,以降低控制测试的遵从和管理成本。

(二)执法实践中完善受控外国企业所得定义,有效防止本国税基流失

1. 执法实践中,对于"并非出于合理的经营需要"的内涵界定需要充分考虑我国经济竞争力等实际情况,在对境外所得征税(防止 BEPS 问题)和保持我国企业竞争力之间寻求平衡。采取各国通行做法,即限定受控外国企业规则的适用范围,防止任意扩大化伤及真实的经营活动和企业竞争力,即使企业可能存在减少、免除或者推迟缴纳税款的税收动机,甚至是其主要目的,但只要不是唯一目的,受控外国企业税制就不能适用。

2. 我国税法对受控外国企业所得定义比较笼统,建议采取目前大多数国家实行的部分包含法,即只归属由受控企业赚取的某些性质或类型的所得。同时引入所得分类规则对积极所得和消极所得加以区分,以提高受控外国企业税制打击逃避税的精确性。建议采用国际通行的分类法,首先将所得分为积极所得和消极所得两大类,然后再列举其下各明细项。积极所得是受控外国公司通过经营活动所赚取的所得,不属于可归属的所得,而消极所得并非源自实际经营活动,通常是一些源自母公司所在国或其他国家的高流动性所得,应归属于受控外国企业所得。

（三）归属所得以实体法为主，辅以交易法

实体法是针对实体确定受控外国企业所得的归属，实体法下要么全部所得要么没有任何所得会被归属，取决于受控外国企业所得在全部所得中是否占有重要地位。目前我国采取实体法归属所得，如《特别纳税调整实施办法（试行）》规定，当受控外国公司“主要取得积极经营活动所得”，则全部所得可以豁免，但是积极所得究竟占多大比例才是“主要取得”没有明确。建议在未正式引入立法之前，谨慎采用交易法为辅助，即根据单笔交易所得的性质确认所得的归属。

二、程序性执法风险防控策略

（一）对企业执法风险点的防控策略

1. 调查实施执法风险点防控策略

根据《特别纳税调整实施办法（试行）》第 32 条、第 34 条、第 35 条及《税收征收管理法实施细则》第 86 条的规定，转让定价办案人员在现场调查阶段须严格做到以下方面：

（1）2 名以上调查人员在岗，出示《税务检查证》，送达《税务检查通知书》。

（2）采取询问、调取账簿资料和实地核查等方式。

（3）告知当事人或证人不如实提供情况应承担的法律责任。

（4）做好《询问（调查）笔录》，应由 2 名以上调查人员签字，并交当事人或被调查企业核对确认。若当事人或被调查企业拒绝，可由 2 名以上调查人员签认备案。证人的证言材料应由本人签字或押印。

（5）需调取账簿及有关资料时，须填制《调取账簿资料通知书》和《调取账簿资料清单》，以前会计年度的账簿资料，在 3 个月内完整退还；当年账簿资料，在 30 日内退还。

（6）可以以记录、录音、录像、照相和复制的方式索取与案件有关的资料，但必须注明原件的保存方及出处，由原件保存或提供方核对签注“与原件核对无误”字样，并盖章或押印。

2. 保密义务执法风险点防控策略

《税收征收管理法》第 8 条第 2 款规定：“纳税人、扣缴义务人有权要求税务机关为纳税人、扣缴义务人的情况保密。税务机关应当依法为纳税人、扣缴义务人的情况保密。”

（二）内部程序风险点的防控策略

1. 调取账簿执法风险点防控策略

根据《税收征收管理法实施细则》第 86 条的规定，税务机关如将纳税人以前会计年度的账簿、记账凭证、报表和其他有关资料调回税务机关检查，须经县以上税务局（分局）局长批准；有特殊情况的，须经设区的市、自治州以上税务局局长批准。

2. 收集资料执法风险点防控策略

《特别纳税调整内部工作规程》第 7 条规定："主管税务机关需要收集属于其他省（市）税务机关管辖的被调查纳税人关联方或可比对象相关资料的，须填写《特别纳税调整工作联系单（适用于协查）》，层报省级税务机关，由省级税务机关转发办理。主管税务机关需要获取中央各部委有关信息资料的，应当层报税务总局，由税务总局审核后按规定程序办理；需要通过境外税务主管当局获取境外有关信息资料的，应当层报税务总局，由税务总局根据税收协定、协议或者安排的有关规定与境外税务主管当局开展信息交换。"

第七节　典型案例

案例一　A 公司诉 H 市某区国税局税务征收案[①]

本案是 Z 省最早发现的一起非居民间接股权转让案件，经过行政复议、一审、二审和再审程序，历时近 6 年，涉案的境外非居民企业先后两次共入库税款 4.42 亿元。

一、案情简介

1997 年 12 月 5 日，B 公司在香港特区注册成立。2003 年 11 月 4 日，原告 A 公司在开曼群岛注册成立。2004 年 3 月 31 日，B 公司与 C 公司（中国）签订合同设立 D 公司（中国），B 公司持有 D 公司 95% 的股份。2005 年 10 月 12 日，E 公司在开曼群岛注册成立。E 公司持有 B 公司 100% 股权。2005 年 11 月 10 日，原告通过股权转让和认购新股的方式取得了 E 公司 26.32% 的股权。2011 年 9 月 9 日，原告将其

---

① 参见《儿童投资主基金与中华人民共和国杭州市西湖区国家税务局再审行政裁定书》，载中国裁判文书网：https://www.wenshu.court.gov.cn，最后访问日期：2017 年 7 月 7 日。

持有的 E 公司 26.32% 的股权转让给某发展有限公司的附属公司 F 公司，转让价格为2.8亿美元，原告同时向 F 公司收取利息约合 380 万美元（利息按照自 2011 年 7 月 1 日起至 8 月 31 日止购买价的年利率 8% 计算）。

2011 年 9 月 30 日，原告根据国家税务总局《关于加强非居民企业股权转让所得企业所得税管理的通知》（国税函〔2009〕698 号，以下简称 698 号文）的要求告知了被告 H 市某区国税局本次交易的情况，并提供了部分相关资料。被告收到原告信函后，多次与原告沟通，要求原告提供相关资料，同时进行了调查，并依照 698 号文的要求，层报中华人民共和国国家税务总局（以下简称国家税务总局）审核。2013 年 7 月，国家税务总局明确批复："在 A 公司（开曼群岛）、W 公司（英属维尔京群岛）和 K 公司（英属维尔京群岛）间接转让 D 公司股权的交易中，存在以下事实：一是境外被转让的 E 公司（开曼）和 B 公司（香港）仅在避税地或低税率地区注册，不从事制造、经销、管理等实质性经营活动；二是股权转让价主要取决于对中国居民企业 D 公司的估值；三是股权受让方对外披露收购的实际标的为 D 公司股权。基于上述事实，税务机关有较充分的理由认定 A 公司等境外转让方转让 E 公司和 B 公司，从而间接转让 D 公司股权的交易不具有合理商业目的，属于以减少我国企业所得税为主要目的的安排。"国家税务总局同意对该交易重新定性，否定被用作税收安排的 E 公司和 B 公司的存在，认可对原告等取得的股权转让所得征收企业所得税。

2013 年 11 月 12 日，被告经与原告方充分沟通后，作出 X 号《税务事项通知书》，主要内容是："根据《中华人民共和国企业所得税法》第四十七条，《中华人民共和国企业所得税法实施条例》第七条、第一百二十条、《国家税务总局关于印发〈非居民企业所得税源泉扣缴管理暂行办法〉的通知》（国税发〔2009〕3 号）以及《国家税务总局关于加强非居民企业股权转让所得税管理的通知》（国税函〔2009〕698 号）的相关规定，你公司间接转让 D 公司股权所取得的股权转让所得，应申报缴纳企业所得税。你公司取得转让所得为 173,228,521.91 美元，应按照缴纳（扣缴）当日国家公布的人民币汇率中间价，折合成人民币，并按 10% 的税率计算缴纳企业所得税。你公司应自收到本通知之日起十五日内按照本通知书要求，到我局申报缴纳企业所得税。"该《税务事项通知书》于作出当日送达原告。2013 年 11 月 19 日，原告按照上述《税务事项通知书》的要求缴纳了人民币 105,310,815.32 元的税款。2014 年 1 月 17 日，原告向 H 市国税局就 X 号《税务事项通知书》提起行政复议。2014 年 4 月 10 日，H 市国税局作出《行政复议决定书》，维持了被告作出的 X 号《税务事项通知书》。原告仍不服,以H市某区国税局为被告提起行政诉讼,请求法院撤销被告作出的上述《税务事项通知书》。

(一)一审审理过程及判决结果

1. 原告A公司的观点及证据

原告起诉称:E公司是一家在开曼群岛设立的公司,其间接持有在中国注册成立的D公司95%的股权。原告是一家在开曼群岛设立的公司,于2005年11月分别从L公司购买以及从E公司新发行的股票认购取得E公司的股份,占E公司总股本的26.32%。2011年9月9日原告向F公司转让了其所持有的E公司26.32%股权。基于本次交易,原告根据698号文的要求,于2011年10月9日起向被告报告了本次交易并提交了股权转让协议等资料,并根据被告的要求多次补充资料。被告经审查认为,B公司持有D公司95%的股权,而B公司由E公司100%控股,原告作为E公司股东持有该公司26.32%的股权,原告将该等股权转让给F公司,该次股权转让交易符合698号文所规定的"境外投资方(实际控制方)通过滥用组织形式等安排间接转让中国居民企业股权,且不具有合理商业目的,规避企业所得税纳税义务的,主管税务机关层报税务总局审核后可以按照经济实质对该股权转让交易重新定性,否定被用作税收安排的境外控股公司的存在"情形。被告据此规定否定了E公司和B公司的存在,视为原告直接转让D公司的股权,认为应当对原告取得的股权转让所得征收企业所得税。2013年11月12日,被告作出征税决定并向原告送达了X号《税务事项通知书》,要求原告缴纳税款人民币105,310,815.32元。原告于2013年11月19日缴纳了税款,其后向H市国税局提出行政复议申请,请求撤销X号《税务事项通知书》,H市国税局于2014年4月10日作出行政复议决定,维持了X号《税务事项通知书》。

原告认为:第一,被告认定事实不清,证据不足。(1)原告于2005年12月与其他股东共同对E公司进行出资,使E公司实收资本达1.07亿美元,占收购项目公司资本总额的1/3。E公司具有自己的经营管理活动,发行了2.25亿美元的债券,实施了债券发行、维持债券上市、债券评级、审计、抵押品托管、支付债息等管理活动,除发行债务外一直致力于境外首次公开股票发行、寻找投资项目、降低运营成本等工作,且配备了相应的人员、办公场所、设备。同时,E公司对外签署了很多境外合同,对合同的相对方承担了相应的义务,E公司每年均出具审计报告,并非是一家空壳公司。因此,被告认为E公司不从事制造、经销及管理等经营活动,并进而认定E公司是一家空壳公司的判断与事实不符且没有证据支持。(2)B公司也是配备了相应人员、办公场所、设备,行使管理职能的公司。B公司持股D公司的架构是当时的国内政策法律决定的,国家发改委、交通部、商务部的批复均由B公司作为收购主体,且不得转让。(3)由于E公司在新加坡证券交易所发行了2.25亿美元的债券,每年需要支付2700万美元的利息,故原告作为E公司的股东所持股权的价值并不仅仅取决于项目公司的收益。(4)B公司、E公司的设立早于2004年,原告对E公司的出资到位是2005年,而698号文颁布于2009年,原告设立时不可能预见698号文的颁布和适用,因而不存在故意避税的意图。第二,被告适用法律错误。被告认定本次交易不具有合理的商业目的,属于以减少我国企业所得税为主要目的的安排,所依据的事实是:(1)境外被转让的公司仅在避税地或低税率地区注册,不从事制造经销、管理等实质性经营活动;(2)股权转让价主要取决于对项目公司的估值;(3)股权受让方对外披露收购的实际标的为D公司。根据《企业所得税法》及其实施条例以及698号文,均未允许税务机关以交易的主要资产估值所在地作为纳税调整的条件。被告以本次股权交易的估值对象主要资产为某绕城项目为由,认为本次股权交易应视同直接转让D公司的股权没有任何法律依据。第三,对于一项交易安排是否具有合理的商业目的应考虑多种因素综合判断,被告作出的《税务事项通知书》回避了对原告有利的事实和判断:E公司发行、管理债券、支付债息都是实质性经营活动,没有任何法律规定只有制造、经销才是经营活动;转让价格的估值是多因素的;收购方作为上市公司披露收购的最终标的是对股东正常及适当的行为,收购境外股权与避税没有直接的关联性且不存在法律上的因果关系。同时,根据698号文第5条第5款的要求提供的文件为"境外投资方设立被转让的境外控股公司具有合理商业目的的说明",故被转让的境外控股公司合理商业目的的审查应当限于"设立"时点,而非设立后的其他时间段,被告对本案的审查时间违反了上述规定。综上,原告认为其转让E公司股权的本次交易不存在滥用组织形式规避中国税收的意图或手段,不能也不应该被征收中国企业所得税。请求撤销被告作出的X号《税务事项通知书》,并在法定期限内提交了以下证据:

第一组:(1)X号《税务事项通知书》,证明被告作出X号《税务事项通知书》;(2)税款缴纳凭证,证明原告已经根据被告要求缴纳了税款人民币105,310,815.32元;(3)《行政复议申请书》,证明原告于2014年1月17日向H市国税局申请行政复议;(4)《行政复议决定》,证明Z省国税局维持了被告所作出的《税务事项通知书》。

第二组:公司构架图,证明本次交易涉及的公司架构。

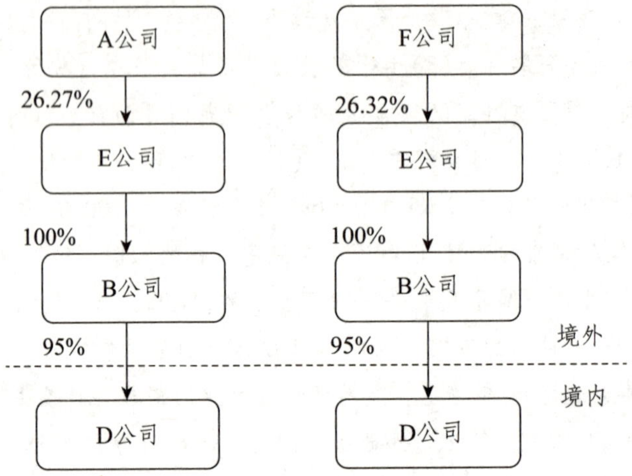

图 4-2 A 公司股权转让前后股权架构

第三组:(1)B 公司商业登记证及出资证明书;(2)B 公司董事名册;(3)B 公司审计报告,证明 B 公司是依法存续的主体,并具有相应的公司治理结构及财务制度;(4)签订于 2003 年 5 月 12 日的《甲公司与 B 公司关于买卖乙公司全部股权合同》;(5)签订于 2005 年 4 月 22 日的《B 公司与丙公司买卖协议》;(6)签订于 2005 年 10 月 12 日的《租赁合同》;(7)租赁合同、业主同意函、B 公司给业主的承诺函(2007 年 9 月);(8)租赁合同、业主同意函、B 公司给业主的承诺函(2010 年 6 月);(9)签订于 2006 年 1 月 31 日的《丁公司、B 公司经营场地与服务共享协议》;(10)薪金支付样本及强基金支付样本,证明 B 公司具有实际的经营活动。

第四组:(1)E 公司注册登记书,证明 E 公司成立于 2005 年 11 月 12 日,早于本案交易时间,原告不可能滥用组织形式;(2)E 公司董事名册,证明 E 公司共 12 名董事;(3)E 公司 2006~2010 年的合并财务报告(经审计),证明 E 公司实收资本 107,699,926 美元,不是空壳公司;(4)汇丰银行交易通知书/付款申请书,证明 E 公司具有实际工作人员,定期支付工资。

第五组:(1)E 公司招债书;(2)穆迪评级文件;(3)新交所公告;(4)债息支付凭证,证明 E 公司发行了 2.25 亿美元的债券,并支付了相应的债息;(5)《E 公司及 B 公司作为子公司担保人及法律债券信托公司作为受托人协议》,证明 E 公司及其子公司B公司股权均已经质押,并限制转让;(6)《股份抵押协议》,证明E公司将其持有的B公司股权抵押,该等股权不得再行办理抵押亦不得再行转让;(7)《账户安全、控制和支付协议》,证明E公司因发行2.25亿债券而提供了账户的监管等;(8)《E公司与法律债券信托公司转让协议》,证明E公司因发行2.25亿债券而将其对B公司的权利转让给受托人;(9)《修正及重述的股东协议》,证明原告及E公司的另一股东签署了股东协议,其中约定了限制原告转让E公司的股权;(10)《D公司章程》,证明转让B公司所持有的D公司股权需要经过中国境内的小股东同意;(11)中华人民共和国交通部《关于Z省交通厅申请转让某绕城高速公路收费权益有关问题的复函》;(12)国家发展和改革委员会《关于某绕城高速公路西线经营权益转让项目的批复》;(13)国家发展和改革委员会《关于某绕城高速公路北、东、南线经营权益转让项目的批复》;(14)中华人民共和国商务部《关于同意D公司增资、变更经营范围的批复》;(15)Z省人民政府办公厅《关于某绕城高速公路收费权益转让的复函》,证明持有D公司95%股权的是B公司,且B公司不得再行转让D公司,原告转让其所持有的股权具有合理的商业目的。

第六组:(1)公证认证文件,证明原告提交的证据经公证认证;(2)翻译机构资质证明,证明原告提交的证据经有资质的翻译机构翻译。

2. 被告H市某区国税局的观点及证据

被告答辩称:B公司于2004年4月出资设立D公司,持有D公司95%的股权,而B公司由E公司100%控股,E公司的股东即为原告(持股26.32%)和W公司(持股73.68%)。2011年9月9日,原告将所持有的E公司26.32%的股份转让给某发展有限公司旗下的F公司,转让价格为2.8亿美元,同时收取利息约合380万美元。原告系通过“原告—E公司—B公司—D公司”的股权层级安排,转让了E公司的股权,从而间接转让了D公司的股权,转让所得为173,228,521.91美元。在行政程序中,被告采纳了原告提出的关于利息免除以及汇率计算方式等合理意见,确定原告应按转让所得的10%依法申报缴纳企业所得税,原告代理人在会议约谈记录中予以签字认可。原告系非居民企业,其间接转让D公司股权事项,应适用《国家税务总局关于印发〈非居民企业所得税源泉扣缴管理暂行办法〉的通知》、698号文、《中华人民共和国企业所得税法》《中华人民共和国企业所得税法实施条例》等规定。被告根据698号文规定要求原告提供股权转让合同等资料,依法进行约谈、核实,层报国家税务总局审核是否按照经济实质对原告股权转让交易重新定性并征收企业所得税。2013年7月,国家税务总局批复同意对原告股权转让交易重新定性并征收企业所得税,并对事实认定和法律适用进行了充分的说明。被告基于国家税务总局的批复,依法核算原告税额,经原告代理人签字确认后制作X号《税务事项通知书》,要求原告应自收到本通知之日起15日内申报缴纳企业所得税,并告知逾期未缴纳税款的法律责任,同时告知其有权自税款缴清或者所提供的担保被税务机关确认之日起60日内,向H市国税局申请行政复议。

综上,被告请求维持被诉具体行政行为,并在法定期限内提供了相关证据:(1)某集团、某发展有限公司在香港联合交易所网站上披露的通函、联合公告等,证明某集团、某发展有限公司收购E公司实质就是收购D公司,对应的估值报告也是基于对D公司营运能力的估价,且明确B公司的唯一收入就是股息收入;(2)原告出具的2011年9月30日《关于间接转让D公司的股权的情况》、2012年6月28日《关于间接转让D公司的股权的情况》、2012年8月14日《关于间接转让D公司的股权的进一步说明》,证明B公司于2004年4月出资设立D公司,持有D公司95%的股权,而B公司由E公司100%控股,E公司的股东为原告(26.32%)和W公司(73.68%),原告设立地开曼群岛系国际避税地,原告知悉并按照698号文的申报备案要求向被告提供信息与材料,原告自认E公司是一家控股公司,并没有永久性经营设施或人员配备,至目前为止E公司只在D公司有实质性投资,设立E公司的目的是在中国境外筹集资金来为D公司成立和经营提供资金,原告自认不能提供本次交易合同的原件或加盖印章的复印件;(3)B公司2010年审计报告,证明B公司唯一收入是来自D公司的股息收入;(4)E公司2005年发债说明书及概述部分的中文翻译件,证明E公司除了控股B公司并通过其控股D公司之外没有其他实质性的经营;(5)原告购买E公司的26316股普通股的股份购买协议及主要条款中文翻译件;(6)原告认购E公司的236842股普通股的股份认购协议及主要条款中文翻译件,证明原告购入股权的成本,计算应纳税额的依据;(7)原告与F公司、某集团有限公司签订的买卖协议、部分条款中文翻译件及协议附件,证明2011年9月9日,原告将所持有的CFC 26.32%的股份转让给某发展有限公司旗下的F公司,转让价格为2.8亿美元,同时收取利息约合380万美元;在股权转让协议中第7条根据698号文设置了税务条款,规定了通知保证、纳税保证、赔偿保证及赔偿保证的时效等,明确了原告根据698号文通知税务机关、承担纳税金额1800万美元上限的保证义务,说明合同各方当事人都明知698号文的适用并在交易当中充分考虑交易价格的事实;(8)授权委托书及中文翻译件,及关于被授权人的说明,证明代理人参与了本案行政程序,相关文件的签收具有法律效力;(9)《H市某区国税局关于D公司股权涉及间接转让股权是否征税的请示》;(10)《H市国税局关于A公司等境外投资者间接转让D公司股权征收企业所得税的批复》及其附件;(11)原告关于股权转让成本的相关说明;(12)经原告确认的会谈记录,证明根据代理人签的会谈纪要缴纳了税款实际履行了该会议纪要及代理人有权代理的事实;(13)《税务事项通知书》和送达回证;(14)其他程序证据,包括《税务文书送达回证》《税收通用缴款书》等,证明被告具体行政行为程序合法、认定事实清楚,原告已缴付全部税款的事实。

其中,证据(1)至(7)证明根据《中华人民共和国企业所得税法》及其实施条例和698号文规定,原告通过"原告—E公司—B公司—D公司"的股权层级安排,转让了E公司的股权,从而间接转让了D公司的股权,属于其他不具有其他合理商业目的的安排而减少其应纳税的收入或者所得额,税务机关有权按照合理方法调整的事实;证据(9)和(10)证明按照《中华人民共和国企业所得税法》以及698号文规定的层报程序认定原告行为应当征收企业所得税的事实;证据(11)至(13)证明原告确认转让所得为173,228,521.91美元,并确认了计算方法,即应当按照缴纳当日国家公布的人民币汇率中间价,折合成人民币,并按照10%的税率缴纳企业所得税的事实。

3. 一审法院对证据的认证结论

经庭审举证、质证和辩论,一审法院对证据认证如下:原告提供的证据中,第二组证据系原告自行制作的公司架构图,不属于诉讼证据;第三组证据中的(4)至(9)、第四组证据(3)中2006~2009年的材料、第五组证据中的(4)至(9)为外文书证,原告未提供完整的中文翻译文本,证据形式不符合最高人民法院《关于行政诉讼证据若干问题的规定》第17条的规定,不予采信;第三组证据中的(10),不能单独证明B公司具有实际经营活动,不予采信;第四组证据中的(4),不能单独证明E公司具有实际经营活动,不予采信;第五组证据中的(3),原告未能说明该证据与其证明对象的关联,不予采信;第五组证据中的(10)至(15)不能用以证明B公司直接转让D公司股份受到限制,不予采信;原告提供的第六组证据,系用以证明其外文证据及中文翻译文本的来源及形式的合法性,予以采信;原告提供的其他证据,因被告对其真实性无异议,且来源与形式合法,与本案具有关联性,予以采信,但予以采信的证据仅对案涉事实经过具有证明效力。被告提供的证据,原告对其真实性均无异议，且证据的来源与形式合法，与本案具有关联性，均予以采信。

4. 一审判决结果

一审法院经审理认为：《中华人民共和国企业所得税法》第 2 条第 3 款规定："本法所称非居民企业，是指依照外国（地区）法律成立且实际管理机构不在中国境内，但在中国境内设立机构、场所的，或者在中国境内未设立机构、场所，但有来源于中国境内所得的企业。"第 3 条第 3 款规定："非居民企业在中国境内未设立机构、场所的，或者虽设立机构、场所但取得的所得与其所设机构、场所没有实际联系的，应当就其来源于中国境内的所得缴纳企业所得税。"《中华人民共和国企业所得税法实施条例》第 7 条规定："企业所得税法第三条所称来源于中国境内、境外的所得，按照以下原则确定……（三）转让财产所得，不动产转让所得按照不动产所在地确定，动产转让所得按照转让动产的企业或者机构、场所所在地确定，权益性投资资产转让所得按照被投资企业所在地确定……"法律法规已规定非居民企业须就其来源于中国境内的所得缴纳企业所得税，并规定了确定所得发生地的规则。《中华人民共和国企业所得税法》第 47 条规定："企业实施其他不具有合理商业目的的安排而减少其应纳税收入或者所得额的，税务机关有权按照合理方法调整。"《中华人民共和国企业所得税法实施条例》第 120 条规定："企业所得税法第四十七条所称不具有合理商业目的，是指以减少、免除或者推迟缴纳税款为主要目的。"据此，法律法规已授权税务机关对企业的避税行为作出判断并予以合理调整。698 号文第 6 条规定："境外投资方（实际控制方）通过滥用组织形式等安排间接转让中国居民企业股权，且不具有合理的商业目的，规避企业所得税纳税义务的，主管税务机关层报税务总局审核后可以按照经济实质对该股权转让交易重新定性，否定被用作税收安排的境外控股公司的存在。"该条系国家税务总局为执行《中华人民共和国企业所得税法》及其实施条例而对税务机关如何认定"不具有合理商业目的"及如何"按照合理方法调整"作出的技术性、程序性规定。税务机关在适用《中华人民共和国企业所得税法》第 47 条和《中华人民共和国企业所得税法实施条例》第 120 条的同时适用 698 号文第 6 条，具有正当性和必要性。

本案税务机关认定了三项事实：(1)境外被转让的 E 公司和 B 公司仅在避税地或低税率地区注册，不从事制造、经销、管理等实质性经营活动；(2)股权转让价主要取决于对中国居民企业 D 公司的估值；(3)股权受让方对外披露收购的实际标的为 D 公司股权。此三项事实有充分的证据予以证明。税务机关根据此三项事实，认定原告等境外转让方转让E公司和B公司,从而间接转让D公司股权的交易不具有合理商业目的,属于以减少我国企业所得税为主要目的的安排,这一认定符合《中华人民共和国企业所得税法》第47条、《中华人民共和国企业所得税法实施条例》第120条、698号文第6条的规定。税务机关对原告间接转让D公司股权的交易重新定性,否定被用作税收安排的E公司和B公司的存在,对原告取得的股权转让所得征收企业所得税,符合698号文第6条的规定。X号《税务事项通知书》对股权转让所得数额的计算、税率的确定等事项符合法律法规的规定。综上,被告作出X号《税务事项通知书》,其职权、管辖、事实认定、法律适用、行政程序均符合法律法规、规范性文件的规定。原告的诉讼理由不能成立,对其诉讼请求不予支持。判决驳回原告A公司的诉讼请求。

A公司不服,提起上诉。

(二)二审审理过程及判决结果

1. 上诉人A公司上诉请求及理由

A公司上诉称:第一,一审认定的事实存在疑点:(1)上诉人无法直接投资于D公司,B公司的存在具有实质意义;(2)E公司的设立以发债筹资为目的,同样具有实质经济意义。第二,一审判决认定事实不清。一审查明的事实不完整、不清晰,忽略了有利于上诉人且有充分证据证明的以下事实:(1)B公司和E公司不是由上诉人或其附属公司设立;(2)B公司2004年以前主要从事房地产投资业务,其设立不以避税为主要目的;(3)E公司的设立的主要目的是在海外发行债券进行融资;(4)B公司和E公司从事的投资股权、发行债权、管理股权、债权的业务活动,属于实质性的经营活动;(5)上诉人只拥有E公司的法律股权,而不拥有D公司的法律股权;(6)B公司转让D公司的股份,需要取得小股东C公司的同意,且需经交通部等部门的审批,因此,由B公司直接转让D公司股权,需要额外付出巨大的商业成本,不具商业合理性;(7)E公司以下的全部资产已质押给债权人,在法律上未经债权人同意不得转让。如果由E公司对债权人全部清偿后再由B公司转让D公司股权,将付出额外巨大的商业成本,也不具有商业合理性等。第三,一审判决证据不足。一审判决依据税务机关认定的三项事实,从而直接同意税务机关的认定——上诉人转让E公司股权从而间接转让D公司股权的交易不具有合理商业目的,属于以减少我国企业所得税为主要目的的安排。一审判决的上述认定证据不足:首先,B公司从事了股权投资、管理股权、收取股息的经营活动。且1997年至2004年间从事了房地产投资业务;E公司也从事了发行债券、管理债券、支付利息等经营活动。其次,某创建集团及某发展有限公司披露的公告没有任何地方明确说明股权转让价主要取决于对中国居民企业D公司的估值,只是将此作为估值其中之一的估值因素,且被上诉人未能提供估值报告的原件。最后,股权受让方披露的收购标的D公司的股权,表述不准确。其正文一直表述收购的是E公司的股权,而不是D公司股权。即使国家税务机关的三项认定属于有充分证据证明的事实,据此也不能充分证明上诉人实施了不具有合理商业目的的安排,以减少我国企业所得税为主要目的。第四,一审判决适用法律法规错误。根据《中华人民共和国企业所得税法》第47条、《中华人民共和国企业所得税法实施条例》第120条、698号文的相关规定,只有同时符合以下三个条件,税务机关才可以对上诉人转让E公司股权的行为重新定性,否定被用作税收安排的E公司和B公司的存在,对上诉人取得的股权转让所得征收企业所得税:(1)上诉人规划了滥用组织形式等安排间接转让了D公司的股权;(2)上诉人从该等安排中获得了税收利益;(3)上诉人获取税收利益是该等安排的主要目的。一审法院没有对上述三项条件进行任何分析,适用法律、法规错误:首先,上诉人没有规划任何滥用组织形式等安排从而间接转让D公司股权。间接转让股权交易不是一个法律交易行为,而是一个事实后果。其次,上诉人尽管客观上通过转让股权获得了税收利益,但转让的目的不是获取税收利益,而是实现股权转让收益作出的其法律上唯一允许且商业合理的行为。换言之,即使不存在无须缴纳我国企业所得税的税收利益,上诉人为了实现股权转让收益,也会选择转让E公司股权。综上,上诉人间接转让D公司股权的安排,不以减少、免除或者推迟缴纳税款为主要目的,不应该根据《中华人民共和国企业所得税法》第47条和698号文对其股权交易重新定性。根据《中华人民共和国企业所得税法》第7条第3款的规定,上诉人转让E公司股权所得属于来源于境外所得,不负有申报缴纳我国企业所得税的义务。请求撤销一审判决,依法改判,判令撤销X号《税务事项通知书》。

2. 被上诉人H市某区国税局观点及理由

H市某区国税局答辩称:(1)一审判决证据认定正确。因答辩人质证意见认为上诉人提供的第三组证据、第四组证据及第五组等证据在行政程序中均未提交,不能在诉讼程序中作为证据采信。上诉人确未提供完整的中文翻译文本,一审法院不予采信是正确的。答辩人在一审并未如上诉人所说对其提供的证据“真实性无异议”,答辩人的质证意见为对形式上的真实性无异议,对关联性均有异议,不能证明上诉人的证明对象,一审法院依法采信了答辩人的质证意见。答辩人所提供的证据,上诉人对真实性均无异议,且大部分证据由上诉人提供,一审法院采信并无不当。因并无法律明确规定行政诉讼案件被告证明标准为“排除合理怀疑”,况且答辩人所提供的证据已经达到充分的证明标准,一审法院认定并无不当。(2)一审法院认定事实清楚。答辩人已提供充分的证据证明上诉人及其他股东间接转让股权行为系利用既存公司的法律人格达到规避我国纳税义务的目的,不具有合理商业目的。(3)一审判决适用法律正确。上诉人系非居民企业,其间接转让D公司股权事项,应适用《中华人民共和国企业所得税法》、《中华人民共和国企业所得税法实施条例》、698号文、《国家税务总局关于印发〈非居民企业所得税源泉扣缴管理暂行办法〉的通知》等规定。答辩人根据698号文规定要求上诉人提供股权转让合同等资料,依法进行约谈、核实,层报国家税务总局审核是否按照经济实质对上诉人股权转让交易重新定性并征收企业所得税;2013年7月,国家税务总局批复同意对上诉人股权转让交易重新定性并征收企业所得税,并对事实认定和法律适用进行了充分的说明。答辩人遂基于总局批复,依法核算上诉人税额,经上诉人代理人签字确认后制作X号税务事项通知书,要求上诉人应自收到本通知之日起15日内申报缴纳企业所得税,并告知逾期未缴纳税款的法律责任,同时告知其有权自税款缴清或者所提供的担保被税务机关确认之日起60日内,向H市国税局申请行政复议。上诉人认为一审法院未对答辩人适用的法律依据进行分析的观点是错误的。一审法院根据《中华人民共和国企业所得税法》第47条、《中华人民共和国企业所得税法实施条例》第120条的规定,得出法律法规已授权税务机关对企业的避税行为作出判断并予以合理调整;本案税务机关的认定符合《中华人民共和国企业所得税法》、《中华人民共和国企业所得税法实施条例》及698号文第6条的规定,故一审法院对法律规定的适用已进行了详尽、正确的分析。(4)上诉人诉请与国家税收主权能否维护直接相关。随着经济全球化,跨国企业全球一体化经营模式的日益增加,因各国税收制度之间的差异,加上避税地、低税率地的存在,跨国企业将利润转移至避税地区,侵蚀他国税基的现象被称为“税基侵蚀和利润转移(BEPS)”,G20公报中确立了BEPS项目总原则:“利润应在经济活动发生地和价值创造地征税”,即税收要与实质经济活动相匹配。本案中,E公司股东实际出资仅五千余万美元(扣除E公司债券融资),上诉人通过“上诉人—E公司—B公司—D公司”的股权层级安排间接转让了D公司的股权，而D公司拥有某绕城高速长达25年的特许经营权，利润巨大，即上诉人经济活动发生地和价值创造地均为中国，我国理应对该部分股权转让所得享有征税权。若E公司股东间接转让股权不根据698号文申报缴纳企业所得税，将严重损害我国的税收主权。综上，一审判决认定事实清楚，适用法律正确，请求依法予以维持。

3. 二审审判结果

二审法院围绕被上诉人H市某区国税局X号《税务事项通知书》认定事实是否清楚、适用法律是否正确的审理重点进行审查。经审理，对一审判决认定的事实予以确认。另查明：D公司成立后，于2005年10月被批准受让某绕城高速公路收费经营权。涉案E公司的股权原由上诉人A公司持有26.32%，W公司（英属维尔京群岛）持有73.68%。K公司（英属维尔京群岛）持有W公司100%的股权。W公司后也已将其持有的E公司73.68%股权中转让给F公司22.68%，另51%的股权，由K公司通过转让W公司100%股权的方式间接转让给F公司。

二审法院认为，《中华人民共和国企业所得税法》第3条第3款规定："非居民企业在中国境内未设立机构、场所的，或者虽设立机构、场所但取得的所得与其所设机构、场所没有实际联系的，应当就其来源于中国境内的所得缴纳企业所得税。"本案中，中国居民企业D公司系B公司与中国C公司投资设立。其中，B公司占95%的股权，C公司占5%股权。此后在开曼群岛注册设立的E公司持有B公司100%股权。上诉人A公司系非居民企业，其于2011年9月9日将所持有的E公司26.32%股权转让给某集团有限公司的附属公司F公司，转让价格为2.8亿美元，连同自2011年7月1日起至8月31日止按购买价年利率8%计算之利息（约合380万美元）。E公司的其余股权也已被直接或间接转让给F公司。E公司和B公司除了对D公司投资控股之外，并不从事其他实质性的经营活动，涉案股权转让价主要取决于对D公司的估值，股权受让方对外披露收购的实际标的亦为D公司股权。因此，涉案股权转让的所得实际来源于中国境内的事实清楚。被上诉人H市某区国税局经层报国家税务总局审核后作出X号《税务事项通知书》，通知上诉人就其涉案股权转让所得依法申报缴纳企业所得税，符合法律规定。原审判决认定事实清楚，适用法律正确。上诉人诉称其"转让E公司股权所得属于来源于境外所得，不负有申报缴纳我国企业所得税的义务"等理由均不能成立，不予采纳。判决驳回上诉，维持原判。

A公司不服二审判决，向最高人民法院提起再审。

（三）再审审理过程及裁决结果

A公司申请再审称：第一，原审判决认定B公司、E公司不从事实际经营活动，以及涉案股权转让的所得实际来源于中国境内，无充分证据支持。B公司2004年以前从事房地产投资业务，E公司一直从事投资股权、发行债券、管理股权、债权的业务活动，从事上述经营行为均属于实质性经营活动。第二，原审判决对再审申请人实施了"不具有合理商业目的，以减少我国企业所得税为目的"的行为的认定，无相关证据支持。第三，再审申请人既未实施滥用组织形式的安排，也不是为了获取税收利益而转让E公司股权。从698号文的规定来看，滥用组织形式是适用698号文的充分条件，而非必要条件，但原审判决是从既有的事实状态，反推出再审申请人实施了滥用组织形式的安排，这是明显违反法律逻辑和698号文相关规定的。因此，根据《中华人民共和国企业所得税法实施条例》第7条第3款的规定，再审申请人转让E公司股权所得属于来源于境外所得，不负有申报缴纳中华人民共和国企业所得税的义务。故请求依法撤销一、二审判决。

再审法院经审理认为：首先，再审申请人A公司在本案中提交的再审申请材料不足以推翻税务机关和原审法院认定的事实。根据国家税务总局于2013年7月针对再审被申请人H市某区国税局经调查后层报所作的批复等证据，原审法院充分肯定了税务机关认定的以下事实，即"（1）境外被转让的E公司和B公司仅在避税地或低税率地区注册，不从事制造、经销、管理等实质性经营活动；（2）股权转让价主要取决于对中国居民企业D公司的估值；（3）股权受让方对外披露收购的实际标的为D公司股权"。上述事实来源于税务机关通过调查所得出的结论，围绕涉案公司的注册地点、股权转让的具体数额与方式、股权收购的实际标的、转让所得的实际来源、转让价格的决定因素以及股权交易的动机与目的等要素，税务机关均有充分证据予以证明。这些事实既是再审被申请人作出本案被诉《税务事项通知书》综合考量的基础，也是H市国税局作出复议决定和原审法院作出生效裁判的基础。从行政诉讼证据的客观性、关联性、合法性角度来看，税务机关在原审中所提供的证据的证明力更强，具备相对优势，法院对上述事实予以认可。再审申请人有关B公司2004年以前从事房地产投资业务，E公司一直从事投资股权、发行债券、管理股权、债权的业务活动等主张，不足以否定上述事实基础，其所提交的证据证明力不足，法院不予支持。

其次，针对股权转让所得数额的计算、税率的确定等事项，再审被申请人作出的被诉行政行为符合相关法律法规的规定。从原审法院的判决依据来看,《中华人民共和国企业所得税法》第3条第3款规定了"非居民企业在中国境内未设立机构、场所的,或者虽设立机构、场所但取得的所得与其所设机构、场所没有实际联系的,应当就其来源于中国境内的所得缴纳企业所得税",第47条规定了"企业实施其他不具有合理商业目的的安排而减少其应纳税收入或者所得额的,税务机关有权按照合理方法调整",结合法律法规的其他规定,原审法院据此强调中华人民共和国的税务机关有权依法确定涉案情形下的征税对象和征税标准,对相关企业的避税行为作出判断并予以合理调整,本案再审被申请人作出的被诉《税务事项通知书》,其职权、管辖、事实认定、法律适用、行政程序均符合上述规定精神,且该《税务事项通知书》作出之前,再审被申请人还与再审申请人进行了充分沟通。因此,法院认为,再审被申请人在本案中履行职责到位,法律适用正确,被诉行政行为程序合法,原审法院的判决理由和结果于法有据,并无不当。再审申请人有关其转让E公司股权所得属于来源于境外所得,依照有关法律规定不负有申报缴纳中华人民共和国企业所得税义务的申请再审理由,法院不予支持。

最后,再审被申请人作出的被诉行政行为符合中华人民共和国税收政策的具体要求。国家税务总局发布的698号文第6条明确指出:"境外投资方(实际控制方)通过滥用组织形式等安排间接转让中国居民企业股权,且不具有合理的商业目的,规避企业所得税纳税义务的,主管税务机关层报税务总局审核后可以按照经济实质对该股权转让交易重新定性,否定被用作税收安排的境外控股公司的存在。"本案中,再审被申请人层报国家税务总局后,国家税务总局经审核后作出批复,认定再审申请人与其他涉案公司之间间接转让D公司股份的交易不具有合理的商业目的,属于以减少我国企业所得税为主要目的安排;国家税务总局因此同意对再审申请人的间接转让交易重新定性,否定用作税收安排的E公司和B公司的存在,主张对再审申请人取得的股权转让所得应征收企业所得税。法院认为,被诉行政行为即是对国家税务总局698号文规定精神和上述批复内容的具体贯彻落实。再审被申请人的涉案操作流程与对股权转让交易的定性,符合中华人民共和国税收管理政策,具有正当性和必要性。再审申请人有关再审被申请人违反法律逻辑和698号文相关规定的主张与理由难以成立。

综上,本案事关税收法律法规和政策的把握,事关如何看待中华人民共和国税务机关处理类似问题的基本规则和标准,事关中国政府涉外经贸管理声誉和外国公司与中国公司合法权益的平等保护，在经过人民法院严格的司法审查且再审申请人缺乏充分证据证明被诉行政行为违法的情形下，原审生效裁判效力应予维持。故A公司的再审申请不符合《中华人民共和国行政诉讼法》第91条规定的情形。依照《中华人民共和国行政诉讼法》第101条、《中华人民共和国民事诉讼法》第204条第1款之规定，裁定驳回再审申请人A公司的再审申请。

二、评析

随着经济全球化的发展，一些跨国企业利用各国税制差异和征管漏洞，通过在低税地或免税地注册成立多个公司等安排，对我国居民企业直接或间接投资控股，然后间接转让居民企业的股权，获取暴利后逃避纳税义务。这类案件往往涉税金额巨大，案情较复杂，且事关我国的税收主权。在查处时，应当着重审查其实际所得是否来源于中国境内。

本案争议的焦点是A公司转让涉案股权的所得是否来源于中国境内的所得。企业所得税是指对中华人民共和国境内的企业（居民企业及非居民企业）和其他取得收入的组织以其生产经营所得为课税对象所征收的一种所得税。《企业所得税法》第3条第3款规定："非居民企业在中国境内未设立机构、场所的，或者虽设立机构、场所但取得的所得与其所设机构、场所没有实际联系的，应当就其来源于中国境内的所得缴纳企业所得税。"因此，来源于中国境内的所得，是非居民企业缴纳企业所得税的实质性条件。

本案的核心裁判要旨即非居民企业（国外或境外注册成立）间接转让中国居民企业的股权，该股权转让的所得，属于来源于中国境内所得，依法应当缴纳企业所得税。中国居民企业D公司由B公司和C公司投资成立，其中B公司占95%股权。E公司持有B公司100%股权。由于E公司和B公司除了对D公司投资控股之外，并不从事其他实质性的经营活动。作为非居民企业，原告将其持有的E公司26.32%股权转让给F公司，该股权转让价主要取决于对D公司的估值，股权受让方对外披露收购的实际标的亦为D公司股权。因此，本案原告转让E公司的上述股权，也即间接转让了D公司的相应股权，该股权转让的所得形式上似乎来源于中国境外，而实质上来源于中国境内D公司对某绕城高速公路的收费经营所得。涉案股权转让无论是否具有合理的商业目的，均不影响该事实的认定。被告H市某区国税局报请国家税务总局审核后作出X号《税务事项通知书》，通知原告就涉案股权转让的所得依法申报缴纳企业所得税，符合法律规定。

值得注意的是，在漫长的行政诉讼过程中，另两个纳税人K公司（英属维尔京群岛）和W公司（英属维尔京群岛）一直持观望态度，表示会根据法院判决结果执行。而当全部司法程序走完、法院判决H市某区国税局胜诉、确定了征税行为的合法性后，身处境外的两个纳税人仍以各种理由拖延，不愿意履行纳税义务。对此，H市国税局向纳税人所在的英属维尔京群岛发送了税收专项情报，没有收到回复。同时，纳税人在中国单线投资，无法找到纳税人在中国境内的其他收入。另外，阻止出境、税收保全和强制执行等常规手段又难以应用在境外纳税人身上。于是，H市国税局转变思维，认为股权受让方F公司是D公司现在的股东，更易配合税务机关。通过认真研究相关法律规定，认为支付人为扣缴义务人，不应只限于境内支付人，于是H市国税局制订了向扣缴义务人追缴税款的方案，要求F公司作为扣缴义务人，履行税款扣缴义务。自2016年4月起，Z省国税局、H市国税局和H市某区国税局三级联动，与扣缴义务人开展了7轮谈判，与纳税人和扣缴义务人电话沟通50余次，最终F公司代扣代缴了税款3.37亿元。

明确对各类市场主体股权转让、融资等行为的征税准则，与国家重大经济安全和经贸利益息息相关，具有迫切的现实意义和长远的战略意义。本案H市某区国税局对于有关公司借在中国境外的低税率（或免税）国家与地区注册并转让股权事项，如何认定是否存在逃避中国税收问题，经请示国家税务总局并与再审申请人充分沟通后，作出了涉案《税务事项通知书》，一、二审法院和最高人民法院充分肯定了被诉征税行为的合法性，明确了相关法律适用规则和政策把握标准，对于遏制类似避税、逃税情形，具有鲜明的示范和警示作用。

案例二 受控外国企业反避税案①

本案是全国首个利用受控外国企业对企业境外利润进行特别纳税调整的反避税案例。

一、案情简介

2012年，设立在香港的B公司向S省某市某县地税局提起居民企业身份认定

① 参见郦杰等：《利润应该归属谁？——国内首例运用受控外国企业反避税案的启示》，载《国际税收》2015年第6期。

申请，主管税务机关在掌握该公司股权结构的基础上，对其是否及时向母公司A公司分配利润的问题展开了深入调查。

A公司于1999年批准设立，由5个自然人每人持股20%来控制，注册地址在S省某市某县工业园，法人代表是胡某，注册资本为6000万元，主要从事化工产品（不含危险品）销售。2011年6月，经S省商务厅批准，A公司在香港全资注册成立了B公司，注册资本为310万美元，主要从事国际贸易、信息咨询、投资等业务。董事会成员胡某等5人均由A公司委派。之后，B公司在香港注册成立了C公司，投资比例为100%。C公司分别持有注册地位于S省某市的D公司、E公司、F公司各90%的股份，剩余各10%的股权由A公司持有。A公司的股权投资机构如图4－3所示：

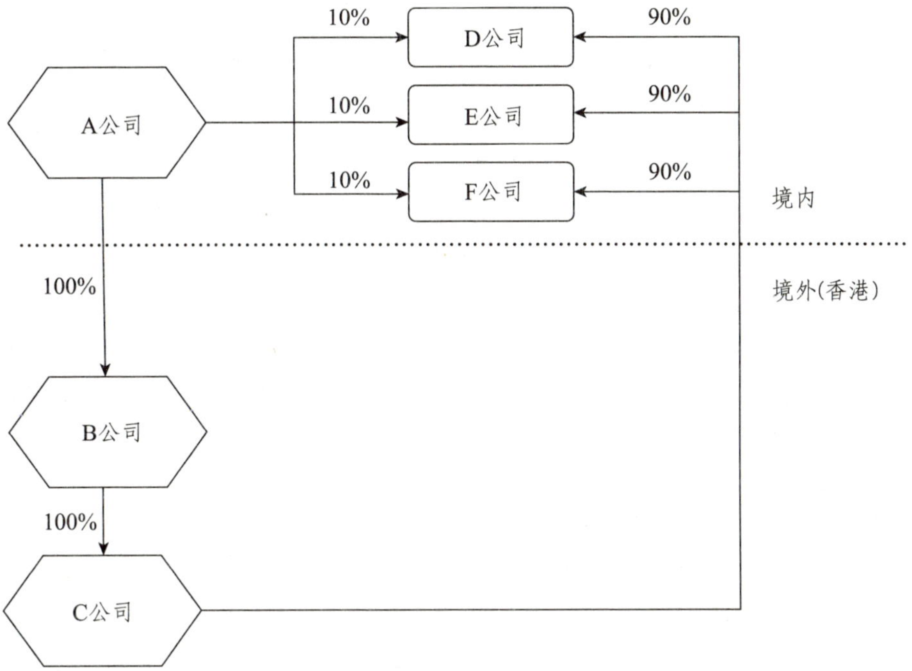

图4－3　A公司股权投资机构

2011年7月26日，B公司与荷兰G公司签订了股权转让协议，将C公司的全部股权以4.5亿元的价格转让给G公司。G公司实际取得D公司、E公司、F公司90%的股份。扣除相关股权成本，B公司最终取得股权转让收益3亿元。C公司股权被全部转让后 A 公司的股权投资结构如图 4－4 所示：

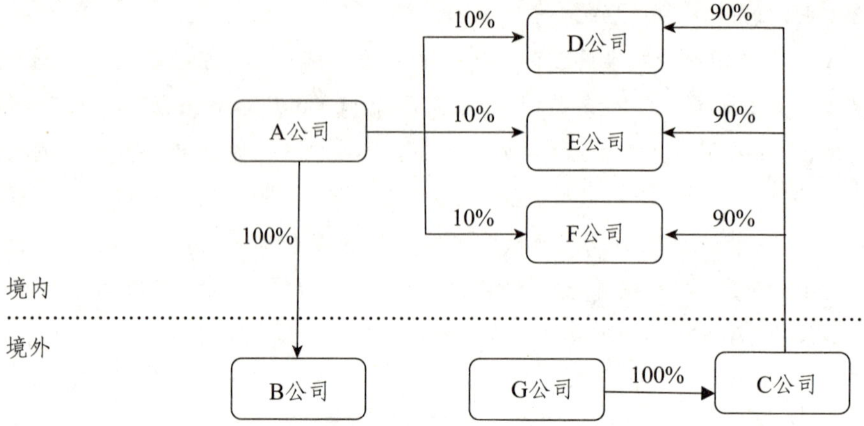

图 4－4 C 公司股权被全部转让后 A 公司的股权投资结构

2012 年，B 公司准备把对 C 公司股权转让的收益向 A 公司进行利润分配，同时，为享受《中华人民共和国企业所得税法》第 26 条规定的“符合条件的居民企业之间的股息、红利等权益性投资收益”免税待遇，B 公司委托 A 公司依据《国家税务总局关于境外注册中资控股企业依据实际管理机构标准认定为居民企业有关问题的通知》（国税发〔2009〕82 号）和《境外注册中资控股居民企业所得税管理办法（试行）》（国家税务总局公告 2011 年第 45 号）的规定，向 S 省某市某县地税局提出居民企业身份认定申请，申请认定 B 公司为中国居民企业。但是，由于 A 公司与 B 公司不能提供申请居民企业认定所需材料，无法证明 B 公司的实际管理机构在境内，最终未能获得中国居民企业身份。这就意味着，A 公司取得 B 公司分配的股息、红利收入将无法获得免税待遇，所以 B 公司暂停了对 A 公司的利润分配计划。

S 省某市某县地税局在为 B 公司办理境外注册中资控股企业依据实际管理机构标准认定是否为居民企业的过程中，掌握了 A 公司的上述整个股权投资架构和 B 公司对外转让 C 公司股权的交易信息，并且发现 B 公司自成立以来虽获取了巨额收益，但从未向其母公司 A 公司进行过任何的利润分配。据此，S 省某市某县地税局认为 A 公司存在利用受控外国企业和非居民企业间接转让中国居民企业股权实施避税的嫌疑。

二、调查过程及结果

S 省某市某县地税局进驻 A 公司进行深入调查，在调查取证过程中，起初 A 公司抵触情绪很大，以G公司不提供对账单使香港会计师无法完成B公司财务审计报告为由，拒不提供相关资料。税务人员因势利导，一方面对A公司的总经理和财务主管加强政策宣传力度，详细讲解境外投资涉税政策及不按规定分红、不按时申报境外股息红利所得的税收风险等事项，争取其主动提供相关资料；另一方面积极联系国税、商务、外汇等部门，几经周折，取得了B公司转让C公司全部股权的相关信息。最终，在税务人员的强大攻势下，A公司终于拿出了B公司与G公司的股权转让协议、企业章程、2011年度审计报告等资料。至此，B公司未向其母公司A公司进行利润分配的事实完全露出水面。

（一）关联关系认定

B公司作为A公司在香港设立的全资子公司，根据《中华人民共和国企业所得税法实施条例》第109条和《中华人民共和国税收征收管理法实施细则》第51条的规定，A公司与B公司之间构成关联关系。

（二）关联交易

2011年7月26日，B公司将C公司的全部股权以4.5亿元的价格转让给G公司，扣除相关股权成本，B公司取得股权转让收益3亿元。G公司实际取得D公司、E公司、F公司90%的股份。由于B公司实际从事的业务仅有对C公司的投资业务，其国际贸易、信息咨询业务均未实际开展，所以，B公司的经营利润就全部表现为对C公司的股权转让收益。但是，B公司对应归属于其母公司A公司的利润（股权转让收益），一直未作分配处理。

根据《中华人民共和国企业所得税法》第45条以及《特别纳税调整实施办法（试行）》第76条规定，受控外国企业是指根据《企业所得税法》第45条的规定，由居民企业或者由居民企业和居民个人控制的设立在实际税负低于《企业所得税法》第4条第1款规定税率水平50%的国家（地区），并非出于合理经营需要对利润不作分配或减少分配的外国企业。因此，S省某市某县地税局对股权转让取得的所得视为受控外国企业进行所得税的处理，对其利润中应归属于A公司的部分，应该计入居民企业的当期收入，据以计算缴纳企业所得税。根据A公司与B公司之间的关联关系及业务处理，结合上述规定，S省某市某县地税局认定：(1)B公司实际上由中国居民企业A公司控制；(2)B公司虽然设立在香港，香港的企业所得税是16%，但是香港对来源于香港以外的所得不征收所得税，这样取得转让中国内地公司股权转让所得实际税率为0；(3)B公司的所得为消极所得，且非出于合理经营需要对利润不作分配。基于以上事实,S省某市某县地税局认为B公司完全符合受控外国企业特别纳税调整事项管理的条件,归属其母公司A公司的利润3亿元,需要进行特别纳税调整。

(三)纳税约谈

S省某市某县地税局根据调查情况,向A公司下达约谈通知。起初,A公司仍然再三强调由于G公司拒绝提供对账单,导致香港会计师无法完成B公司财务审计报告,所以导致一直未进行利润的申报。后A公司又提出,B公司董事会一直未对公司利润作出分配的决议,相关利润留在香港公司是合理的。S省某市某县地税局认为,根据《中华人民共和国企业所得税法》第45条、《特别纳税调整实施办法(试行)》第76条规定,对视为受控外国企业进行所得税处理的,其利润中应归属于居民企业的部分,应当计入居民企业的当期收入,据以计算缴纳企业所得税,与B公司是否作出利润分配的董事会决议无关。并且,税务人员已经取得了相关应分配利润的确切数据和证据。S省某市某县地税局不断加大工作力度,前后经过15轮约谈,在多方共同努力下,A公司终于认可了S省某市某县地税局的调整建议和意见,同意按照要求申报缴纳税款。由于国家外汇管制十分严格,A公司没有足够资金缴纳税款,在税务部门的积极协调帮助下,B公司分5次将资金汇回中国内地,用于A公司缴纳税款,共计入库税款近亿元。同时,B公司接受了S省某市某县国税局对其的补税处理结果,依据中国和香港地区的税收安排以及国内企业所得税法的规定,针对3亿元的转让收益补缴了3000万元的预提所得税款。

三、评析

本案不仅涉及企业运用受控外国企业实施避税的行为,还涉及非居民企业间接转让中国居民企业股权的行为。

(一)受控外国企业

受控外国企业管理是指中国税务机关针对受中国居民企业或个人控制的外国企业不作利润分配或者减少利润分配而对中国居民企业实施企业所得税纳税调整的税收制度。根据2008年1月1日起实施的《企业所得税法》第45条的规定,需接受反避税调查的受控外国企业,是指由居民企业或者由居民企业和居民个人(统称中国居民股东)控制的、设立在实际税负低于12.5%的国家(地区),且非出于合理经营需要而对利润不作分配或减少分配的外国企业。这里的“控制”,并不单指股份控制,也包括在资金、经营、购销等方面对外国企业构成的实质控制。其中,股份控制是指由中国居民股东在纳税年度内任何一天，单层直接或多层间接单一持有外国企业10%以上有表决权的股份，且由其共同持有该外国企业50%以上股份。

一旦非居民企业被认定为受控外国企业，则该企业并非由于合理的经营需要而对利润不作分配或者减少分配的，上述利润中应归属于该居民企业股东的部分，应当计入该居民企业的当期收入。但是，根据《特别纳税调整实施办法(试行)》第84条的规定，如果中国居民企业股东能够提供资料证明其控制的外国企业满足以下条件之一的，可免于将外国企业不做分配或减少分配的利润视同股息分配额，计入中国居民企业股东的当期所得：(1)设立在国家税务总局指定的非低税率国家(地区)；(2)主要所得为积极经营活动产生；(3)年度利润总额低于500万元人民币。为了获取中国居民股东对外投资的信息并加强税收征管，国家税务总局还要求符合条件的中国居民企业股东报告其海外投资信息。根据《关于居民企业报告境外投资和所得信息有关问题的公告》(国家税务总局公告2014年第38号)，自2014年9月1日起，居民企业成立或参股外国企业，或者处置已持有的外国企业股份或有表决权股份达到或超过10%的，或由10%以上变为不足10%的状态时，应在办理企业所得税预缴申报时向主管税务机关填报《居民企业参股外国企业信息报告表》。

本案A公司持有B公司100%的股权比例，对B公司拥有股权控制。B公司所在地香港政府对香港企业的股权转让收入免税，因此B公司转让C公司股权的实际税负为零。尽管B公司的登记经营范围是国际贸易、信息咨询、投资，但自成立以来仅有2011年7月的一笔股权转让收入，全部经营所得以消极所得为主。而且，B公司对不作利润分配的安排无法提出合理的商业目的。所以，S省某市某县地税局将B公司认定为受控外国企业，并对A公司实施了特别纳税调整。

(二)居民企业和非居民企业

《企业所得税法》引入了“居民企业”和“非居民企业”的概念，以对纳税人的纳税义务进行区分。根据《企业所得税法》的规定，居民企业既包括依中国国内法在中国境内成立的“境内注册居民企业”，也包括依境外法律成立但实际管理机构在中国境内的“境外注册居民企业”。“境外注册居民企业”，一般指由中国内地企业或者企业集团作为主要控股投资者，在中国内地以外国家或地区(含香港、澳门、台湾)注册成立的企业。该类企业由于实际管理机构在中国，在通过一定程序认定为中国居民企业后，构成“境外注册居民企业”。“境外注册居民企业”的身份可以由纳税人自行申请,也可以由税务机关依职权判定。一旦在境外注册的企业被认定为“境外注册居民企业”,则该企业须比照在境内注册的居民企业接受中国税务机关的管辖,并就其来源于全球范围内的所得向中国的主管机关申报纳税。同时,居民企业从“境外注册居民企业”取得的股息红利收入按规定属于免税收入。如果境外企业的主要收入是来自其持有的其他居民企业股权的股息收入,则主动申请将其认定为“境外注册居民企业”,对企业集团整体而言是最优的选择。因为,这不仅可以免除该境外企业从中国获得的股息红利潜在的10%(或税收协定规定的优惠税率)的预提所得税,而且“境外注册居民企业”的居民企业股东从该企业获得的股息红利还可以享受免税待遇。所以,“境外注册中资居民企业”是与“受控外国企业”紧密相关的税务范畴。“受控外国企业”与“境外注册中资居民企业”在企业所得税法中分属不同的制度,虽然两者的认定存在一定的重合且都可能用于反避税目的,但立法取向不同。因此,“走出去”企业必须谨慎评估和分析“受控外国企业”和“境外注册居民企业”不同身份认定对税务安排的潜在影响,并采取有效的风险防范措施。

本案案发时,《国家税务总局关于非居民企业间接转让财产企业所得税若干问题的公告》(国家税务总局公告2015年第7号)尚未出台,S省某市某县地税局依据《国家税务总局关于加强非居民企业股权转让所得企业所得税管理的通知》(国税函〔2009〕698号)的规定,判定C公司没有商业实质,将B公司转让C公司股权的行为重新定性为B公司直接对外转让境内D公司、E公司及F公司的股权。

(三)对企业和税务机关的启示

对企业而言,税收政策是境外投资决策因素的重要组成部分之一,会直接影响其经营成本和运营效益,也在很大程度上关乎其投资项目的成败。所以,构建有效的税务投资架构并防范潜在的税收风险,对希望拓展海外市场的企业尤为重要。目前,企业在海外投资实践中,大多会选择借道低税率的中间控股公司间接向投资目的地国或地区进行投资,以期达到优化整体税负、信息保密、融资或上市便利、方便对不同国家或地区的投资分别管理、未来海外进一步扩展便利性等方面的需要。对于采用中间控股架构投资的“走出去”企业而言,应当合理进行税务安排,谨慎防范潜在的税收风险。一方面,应当深入了解或调研与投资架构相关的境内外税制和监管环境,包括投资目的地、拟选择的中间控股公司所在地以及我国的相关税法对投资架构和未来持续经营的潜在影响,尤其是应当深入了解相关国家(如投资目的地国或中间控股公司所在国等)的转让定价税制。另一方面,应当明确在低税负地区设立的中间控股公司是否有“合理的商业目的”或“实质性经营活动”,或是否有足够的证据来说明其“合理商业目的”或“实质性经营互动”的存在,因为对于中间控股公司而言,“实质性经营活动”的存在既是享受与投资目的地国之间的税收协定某类优惠的前提条件,也是避免税收风险的有效保障。中国居民企业应当在企业所得税年度申报时如实反映海外投资情况,依照相关规定提交同期资料,向税务机关说明海外投资及再投资安排的合理商业目的。转让定价反避税调整的核心在于要求企业的功能和分析相匹配,不具有合理商业目的的税收安排或关联交易的结果导致不同企业之间的经营结果与其功能风险不匹配的交易安排,都可能引发反避税调查。所以,合理的设置和分配集团内不同企业之间的功能和承担的风险,规范公司治理,强化商业实质,在一定程度上可以降低转移定价调整的风险。

对于税务机关而言,虽然2008年开始实施的《企业所得税法》已经规定了对“受控外国企业”的反避税调查,但一直以来,我国税务机关的反避税调查更多关注的是境内外资企业通过关联交易将境内利润转移到海外的避税行为,而较少关注“走出去”企业将利润不合理地累积境外税负地区的避税行为。通过加强对受控外国企业的管理,对“走出去”企业实施反避税,引导企业将境外取得的利润及时汇回境内,能够有效震慑并遏制企业利用低税区或避税地规避我国税收的行为,有助于提高“走出去”企业获得利润回国纳税的遵从度,更好地维护我国的税收权益。同时,开拓了反避税的新领域,为税务系统实施“走出去”企业的反避税创造了经验和方法。

第五章

资本弱化

第一节　资本弱化基础理论

一、资本弱化的概念

资本弱化(Thin Capitalization)这一概念最早出现在加拿大1966年颁布的《加拿大皇家税收委员会报告》(第四卷)中,后经1969年《税收改革建议的白皮书》认可并写入1972年的《加拿大所得税法》,该法规定如果特定的非居民股东对于其投资的居民公司的债权超过其投资股权的3倍,那么居民公司的资本就被弱化了,对于超过3倍股权的那部分债权投入所获取的利息将不允许税前扣除。① OECD于1987年在其资本弱化报告(Thin Capitalization Report)中指出,合理的债权性投资和权益性投资的比率应该为1∶1,而存在资本弱化的公司的借款比例远高于权益投资比例,并且超出了一个合理的范围。资本在某种程度上可以说是被"隐藏"了,当权益资本小于债务资本时即为资本弱化,又称资本隐藏或收益抽取。② 在欧洲共同体委员会编写的税务词典中,对资本弱化的解释是,基于在一般情况下利息支出可以在税前扣除而股息红利不能扣除的事实,在企业的资本结构中,股本资本的比例通常小于借贷资本,这常常被作为避税的一种手段。③ 我国相关财税人员和学者对资

---

① See Tim Edgar, "The Thin Capitalization Rules: Role and Reform", *Canadian Tax Journal*, 1999 (2), pp. 1 – 54.

② See Tim Edgar, "The Thin Capitalization Rules: Role and Reform". *Canadian Tax Journal*, 1999 (2), pp. 1 – 54.

③ 参见邓先宏主编、国家外汇管理局资本流动脆弱性分析和预警体系课题组编:《跨境资本流动与或有负债关系分析》,中国商务出版社2007年版,第152页。

本弱化的定义也不尽一致,如“跨国投资人因税收原因,往往尽量多利用银行借贷融资,而较少利用本身的股份资金,或者把本来是股东的资本转成银行贷款,从而逃避或减轻了其本来应该承担的税负。这类避税安排在国际税法上称为隐蔽的股份投资或资本弱化。”①“资本弱化,又称资本隐藏、股份隐藏或收益抽取,是指跨国企业为了减少税额,最大化自身利益或其他目的,在融资和投资方式的选择上,降低股本的比重,提高贷款的比重而造成的企业负债与所有者权益的比率超过一定限额的现象。”②国家税务总局在其官网上对于资本弱化的定义为:资本弱化是指企业通过加大借贷款(债权性投资)而减少股份资本(权益性投资)比例的方式增加税前扣除,以降低企业税负的一种行为。可见,资本弱化的“资本”是指权益资本,“弱”是相对企业债务资本过高而言,其权益资本就显得较弱,而在资本弱化的表征下,企业过多地使用负债融资的目的是获取税收上的利益。

权益性投资,是指企业接受的不需要偿还本金和支付利息,投资人对企业净资产拥有所有权的投资。债权性投资,是指企业直接或者间接从关联方获得的,需要偿还本金和支付利息或者需要以其他具有支付利息性质的方式予以补偿的融资。例如,借出款甲企业所得税率15%,借入款乙企业所得税率25%,甲对乙100%控,乙企业有100万元利润。

正常分红:乙缴纳25万元企业所得税,甲股息红利不纳税,合计纳税25万元。

资本弱化:乙支付一百万元利息不缴纳企业所得税,甲收取增值税6万元,企业所得税15万元。合计纳税21万元,避税4万元。

---

① 刘剑文主编:《国际税法学》,北京大学出版社2004年版,第219页。

② 陈少英主编:《国际税法学》,格致出版社、上海人民出版社2009年版,第148页。

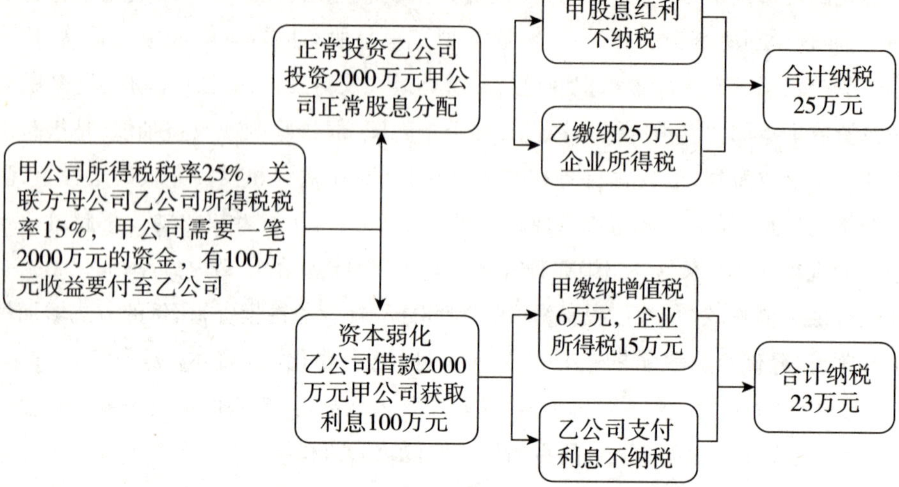

图5－1　资本弱化例示

二、资本弱化的主要规制方法

为应对资本弱化对本国税收权益的侵害，大多数国家都结合各自国情先后制定了相应的规制措施。美国是最先制定资本弱化规定的国家，1976年《国内收入法》第385条明确规定规制资本弱化避税行为。此后，OECD以及英国、德国、日本等国家纷纷建立起相应的资本弱化税制。目前，资本弱化税制已经成为各国反国际避税制度中极为重要的一部分，结合各国情况，在规制资本弱化方面主要有以下几种方法：

（一）正常交易法

正常交易法实际上是正常交易原则或独立交易原则（The Arm's Length Principle）在资本弱化税制中的一种适用，通过正常交易原则界定企业资本结构的合理性。[①] 运用正常交易法，主要是通过对比关联方和独立企业之间的贷款条件来对关联方的贷款融资是否属于资本弱化予以界定。如果两个关联方间的贷款合同条件与非关联方独立企业间的贷款合同条件相同，则该贷款视为债务资本，其利息支出允许在应税收入中全额扣除。否则，该贷款即被认定为股权，发生的利息费用视为

① 梁淑红：《资本弱化研究》，经济管理出版社2011年版，第41页。

股息缴纳所得税。

(二)固定比例法

固定比例法是当前资本弱化税制中最常使用的方法。所谓固定比例,是指从企业的资本结构出发,预先将企业融资中债务资本和股权资本的比例设置在一定合理的数值范围内。即规定一个固定的扣除比例标准,如果企业的债权比小于该比例,则说明企业没有资本弱化避税行为,其相关的利息费用可以在税前全额扣除,如果企业的债权比大于该比例,则说明企业有资本弱化行为,其超过比例部分的利息支出或者不能在税前扣除,或者视为股息缴纳所得税。因为预先设置了明确的比例,比例之内为法律所豁免,因此也被称为"安全港",所以固定比例法也被称为"安全港模式"。最常见的固定比例是负债/权益比率,其计算公式为:负债/权益比率 = 权益 ÷ 负债 × 100%。当前设立资本弱化税制的国家大多采用了固定比例,但具体比例并不一致:如美国和德国规定为1.5:1;荷兰和新西兰则是3:1。

(三)利用一般反避税原则

利用一般反避税原则规制资本弱化,被认为是源于国际避税的"脱法性"(指国际避税的法律性质属于民法中的"脱法性",即形式上的合法性、实质上的违法性)特征。[①] 因国际避税实质是利用税收法律的漏洞借由表面上合法的避税形式达到避税的非法目的,而资本弱化实质也是通过改变企业资本中的债权融资和股权融资结构这一表面上合法的模式借以达到避税的非法目的。不同法系在利用一般反避税原则规制资本弱化时,差异较大。普通法系国家主要适用"商业目的"原则和"实质重于形式"原则,前者主张一项交易必须存在商业上的正当理由,具有诚实信用的商业目的,而后者则强调一项交易是否具有诚实信用的经济和商业实质。[②] 大陆法系国家则普遍适用"禁止权利滥用"、"禁止滥用法律形式"原则以及"实质课税"原则,强调从立法意图和法律精神上对纳税人的交易进行评判。一方面肯定纳税人有权采取合法的形式以减轻自身承担的纳税义务;另一方面又明确若该项交易仅仅具有避税的目的,则该交易将被认定为滥用权利,其相关的交易形式将被否定。实践中,如果股东向企业提供的贷款具备以下情形:没有规定偿还期限;根据企

① 参见肖太寿:《中国国际避税治理问题研究》,中国市场出版社2012年版,第126页。

② 参见[美]罗梅·罗哈吉:《国际税收基础》,林海宁、范文祥译,北京大学出版社2006年版,第373页。

业利润来确定利息；可以转换为企业股权；企业资本显著低于行业平均水平；企业经营风险显著与其资本不相称；在相同的条件下，企业不可能从非关联方取得此项贷款，那么根据上述一项或几项一般反避税规则，此项贷款就可以被认定为“资本弱化”而受到资本弱化税制的规制。①

上述三类规制方法各有优缺点，实践中更多的做法是规定几种方法同时适用。如我国和韩国的做法是以固定比例法为主，辅之以正常交易法，即在明确固定比例的同时，容许纳税人在超过该固定比例时，如能举证证明其贷款融资交易符合正常交易原则或者是因其他合理的商业理由时可以被接受。

三、我国资本弱化特别纳税调整制度沿革

我国关于资本弱化规制的历史沿革，2008 年是分界点。2008 年之前，因缺乏对于资本弱化统一、清晰的认识，并未形成系统的针对资本弱化的特别纳税调整制度。2008 年以后，随着《企业所得税法》的颁布实施，对于资本弱化的规制开始逐步建立并日趋完善。

《企业所得税法》第 46 条对资本弱化的基本原则进行了阐述：“企业从其关联方接受的债权性投资与权益性投资的比例超过规定标准而发生的利息支出，不得在计算应纳税所得额时扣除。”为确保《企业所得税法》顺利实施，进一步细化相关问题，提高税法在实务中的可操作性，国家税务总局在同一时间又施行颁布了《企业所得税法实施条例》。《企业所得税法实施条例》中与资本弱化相关的条文主要是第 27 条、第 38 条和第 119 条。其中，第 27 条针对《企业所得税法》第 8 条中的支出进行了详细解释，指出以与收入的直接相关性作为判定的标准。第 38 条则是对企业间借款利息的税前扣除以金融企业同期贷款利率为限作了一定的限制，对于超出部分不允许税前扣除。第 119 条主要对《企业所得税法》对债权性投资、股权性投资的判定进行了详细规定：“企业所得税法第四十六条所称债权性投资，是指企业直接或者间接从关联方获得的，需要偿还本金和支付利息或者需要以其他具有支付利息性质的方式予以补偿的融资。企业间接从关联方获得的债权性投资，包括：（一）关联方通过无关联第三方提供的债权性投资；（二）无关联第三方提供的、由关联方担保且负有连带责任的债权性投资；（三）其他间接从关联方获得的具

① 参见廖益新主编：《国际税法学》，高等教育出版社 2008 年版，第 259 页。

有负债实质的债权性投资。企业所得税法第四十六条所称权益性投资，是指企业接受的不需要偿还本金和支付利息，投资人对企业净资产拥有所有权的投资。企业所得税法第四十六条所称标准，由国务院财政、税务主管部门另行规定。”

《企业所得税法》和《企业所得税法实施条例》都是采用固定比例法来规制资本弱化，但都只作出了原则性的规定，并没有具体的标准和实施方法。2008 年 9 月，财政部、国家税务总局联合颁布《关于企业关联方利息支出税前扣除标准有关税收政策问题的通知》(财税〔2008〕121 号)，主要规定了两方面内容：一是确定了我国采用固定比率法防范资本弱化，并首次明文规定了债权性投资与权益性投资比例，关联企业是金融企业的，其债权性投资与权益性投资比以 5∶1 为限，其他企业则为 2∶1；二是采用独立交易原则作为固定比率法的补充，明确了纳税人的举证的权利和义务，如纳税人能够按照要求提交相关资料并证明相关交易符合独立交易原则，或是纳税人税负不高于境内关联方的，纳税人支付给境内关联方的利息允许在税前扣除。

2009 年国家税务总局发布的《特别纳税调整实施办法(试行)》设置“资本弱化管理”专章共七条予以调整，并在“关联申报”一章当中规定了关联方的认定标准(与之前的认定标准相比新增了接受或提供劳务的控制标准)。其中，第 85 条规定了《企业所得税法》第 46 条规定的不得税前扣除的利息支出的计算公式，同时引用了《企业所得税法实施条例》和财政部、国家税务总局《关于企业关联方利息支出税前扣除标准有关税收政策问题的通知》中关于标准比例和关联债资比例的规定；第 86 条规定了关联债资比例在实际操作中的计算方法；第 87 条对《企业所得税法》第 46 条的利息作了更加宽泛明确的解释，将具有利息性质的费用如担保费、抵押费等纳入其中；第 88 条对于境内税负不低于企业的关联方获得的利息和支付给境外关联方的利息作了不同的规定；第 89 条规定了企业为证明交易的独立性应当提供的其他报备资料(已废止)；第 90 条明确了对于未能遵守第 89 条的纳税人所应承担的不利后果；第 91 条对“实际支付利息”进行准确界定，并指出对于关联方支付利息涉及转移定价问题的，应先由转移定价调整机制进行调整。总体而言，《特别纳税调整实施办法(试行)》为税务机关在办理资本弱化案件时提供了明确具体的操作方法和标准，具有很强的实践性和现实意义。

2016 年，国家税务总局发布了《关于完善关联申报和同期资料管理有关事项的公告》(国家税务总局公告 2016 年第 42 号)，在第 15 项和第 17 项规定了资本弱化的相关内容,指出企业关联债资比例超过标准比例需要说明符合独立交易原则的,应当准备资本弱化特殊事项文档。并且明确规定了资本弱化特殊事项文档应当包括的11项具体内容。同时,废止了《特别纳税调整实施办法(试行)》第89条关于资本弱化的规定。

2017年3月,国家税务总局发布了关于《特别纳税调查调整及相互协商程序管理办法》的公告(国家税务总局公告2017年第6号),立足于当前国际税收新形势,根据G20倡导的"利润在经济活动发生地和价值创造地征税"总原则,充分借鉴了新的国际税收规则和G20税改成果,对《特别纳税调整实施办法(试行)》中特别纳税调查调整的相关内容进行了补充修改和细化,进一步明晰税务机关的调查调整程序、调整方法等相关工作内容,其规定的特别纳税调查程序也适用于对企业资本弱化的特别纳税调查。

第二节 业务流程

一、流程图

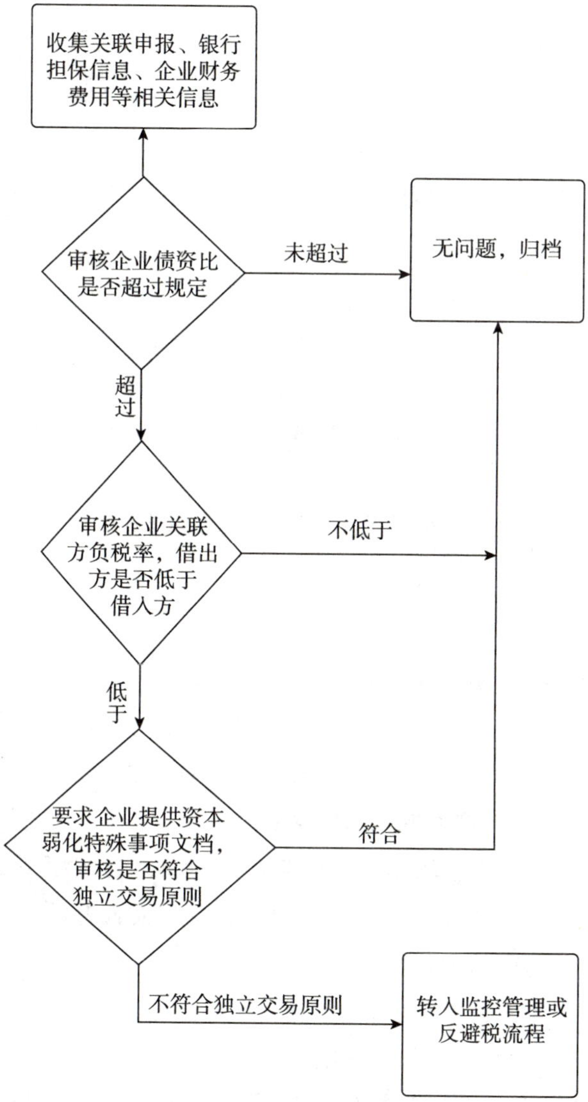

图5-2 资本弱化管理流程图

二、流程描述

1. 主管税务机关通过企业报送的《中华人民共和国企业年度关联业务往来报告表》中的《中华人民共和国企业年度关联业务往来汇总表》(G100000)、《资金融通表》(G107000)中的信息以及对企业日常巡查、与人行信息交换获取的相关信息获取企业与关联方的借贷信息。

2. 审核企业关联债资比是否超过规定比例:(1)金融企业,为5:1;(2)其他企业,为2:1。

3. 调查关联借贷中境内关联方之间的实际税负率,比对借入方的实际税负率是否高于借出方。

4. 要求超过规定债资比同时借入方的实际税负率高于借出方的境内关联借贷或者跨境关联借贷企业提供《资本弱化特殊事项文档》,审核关联交易双方符合独立交易原则。

5. 对于不符合独立交易原则的关联借贷转入监控管理或反避税流程。

第三节 工 作 规 范

相关依据

1.《企业所得税法》第46条:

第四十六条　企业从其关联方接受的债权性投资与权益性投资的比例超过规定标准而发生的利息支出,不得在计算应纳税所得额时扣除。

2.《企业所得税法实施条例》第119条:

第一百一十九条　企业所得税法第四十六条所称债权性投资,是指企业直接或者间接从关联方获得的,需要偿还本金和支付利息或者需要以其他具有支付利息性质的方式予以补偿的融资。

企业间接从关联方获得的债权性投资,包括:

(一)关联方通过无关联第三方提供的债权性投资;

(二)无关联第三方提供的、由关联方担保且负有连带责任的债权性投资;

即只考虑连带责任担保,非连带责任担保不在资本弱化计算范围。

（三）其他间接从关联方获得的具有负债实质的债权性投资。

企业所得税法第四十六条所称权益性投资，是指企业接受的不需要偿还本金和支付利息，投资人对企业净资产拥有所有权的投资。

企业所得税法第四十六条所称标准，由国务院财政、税务主管部门另行规定。

3. 财政部、国家税务总局《关于企业关联方利息支出税前扣除标准有关税收政策问题的通知》（财税〔2008〕121 号）：

为规范企业利息支出税前扣除，加强企业所得税管理，根据《中华人民共和国企业所得税法》（以下简称税法）第四十六条和《中华人民共和国企业所得税法实施条例》（国务院令第 512 号，以下简称实施条例）第一百一十九条的规定，现将企业接受关联方债权性投资利息支出税前扣除问题通知如下：

一、在计算应纳税所得额时，企业实际支付给关联方的利息支出，不超过以下规定比例和税法及其实施条例有关规定计算的部分，准予扣除，超过的部分不得在发生当期和以后年度扣除。

企业实际支付给关联方的利息支出，除符合本通知第二条规定外，其接受关联方债权性投资与其权益性投资比例为：

（一）金融企业，为 5∶1；

（二）其他企业，为 2∶1。

即金融企业关联借款或连带担保为权益的 5 倍，其他企业关联借款或连带担保为权益的 2 倍。

二、企业如果能够按照税法及其实施条例的有关规定提供相关资料，并证明相关交易活动符合独立交易原则的；或者该企业的实际税负不高于境内关联方的，其实际支付给境内关联方的利息支出，在计算应纳税所得额时准予扣除。

《特别纳税调整实施办法（试行）》第 88 条规定："……其中，分配给实际税负高于企业的境内关联方的利息准予扣除"，在关联方税负相同的情况下两文件规定有冲突。

三、企业同时从事金融业务和非金融业务，其实际支付给关联方的利息支出，应按照合理方法分开计算；没有按照合理方法分开计算的，一律按本通知第一条有关其他企业的比例计算准予税前扣除的利息支出。

即兼营金融与非金融业务的利息支出必须划分，否则一律视为非金融企业，按照 2∶1 的比例计算扣除限额，但是合理方法具体为什么方法没有举例明确。

四、企业自关联方取得的不符合规定的利息收入应按照有关规定缴纳企业所得税。

4.《特别纳税调整实施办法(试行)》第九章“资本弱化管理”:

第八十五条　所得税法第四十六条所称不得在计算应纳税所得额时扣除的利息支出应按以下公式计算:不得扣除利息支出 = 年度实际支付的全部关联方利息 ×(1 - 标准比例/关联债资比例)。

其中:

标准比例是指《财政部国家税务总局关于企业关联方利息支出税前扣除标准有关税收政策问题的通知》(财税〔2008〕121 号)规定的比例。

关联债资比例是指根据所得税法第四十六条及所得税法实施条例第一百一十九的规定,企业从其全部关联方接受的债权性投资(以下简称关联债权投资)占企业接受的权益性投资(以下简称权益投资)的比例,关联债权投资包括关联方以各种形式提供担保的债权性投资。

即法条与《企业所得税法实施条例》第 119 条之“无关联第三方提供的、由关联方担保且负有连带责任的债权性投资”有冲突,按照上位法优于下位法的原则,非连带责任担保应该不计入债资比。

在国家税务总局《关于完善关联申报和同期资料管理有关事项的公告》(国家税务总局公告 2016 年第 42 号)附件《中华人民共和国企业年度关联业务往来报告表》(G107000)中的关联交易内容指根据企业实际情况选填“信用贷款”、“担保贷款”(包括保证贷款、抵押贷款、质押贷款)、“票据贴现”、“融资租赁”、“应计息预付款”、“应计息延期收付款”、“集团资金池”、“其他融通资金”。

第八十六条　关联债资比例的具体计算方法如下:

关联债资比例 = 年度各月平均关联债权投资之和/年度各月平均权益投资之和。其中:

各月平均关联债权投资 =(关联债权投资月初账面余额 + 月末账面余额)/2

各月平均权益投资 =(权益投资月初账面余额 + 月末账面余额)/2

权益投资为企业资产负债表所列示的所有者权益金额。如果所有者权益小于实收资本(股本)与资本公积之和,则权益投资为实收资本(股本)与资本公积之和;如果实收资本(股本)与资本公积之和小于实收资本(股本)金额,则权益投资为实收资本(股本)金额。

举例说明:(1) 权益投资为企业资产负债表所列示的所有者权益金额。如公司正常经营,每年都有利润计入未分配利润,则权益投资就是所有者权益的金额。(2)如果所有者权益小于实收资本(股本)与资本公积之和,则权益投资为实收资本(股本)与资本公积之和;如公司以前年度盈利近几年亏损,以前盈利的时候计提资本公积但未分配利润为负数。此时实收资本(股本)与资本公积之和大于所有者权益了,权益投资为实收资本(股本)与资本公积之和而不是所有者权益。(3)如果实收资本(股本)与资本公积之和小于实收资本(股本)金额,则权益投资为实收资本(股本)金额。2015 年以前金融资产损益、汇兑损益计入资本公积,可能出现资本公积为负数的情况。2015 年以后金融资产损益、汇兑损益计入所有者权益中其他综合收益科目,以后不会再出现实收资本(股本)与资本公积之和小于实收资本(股本)金额(资本公积为负数)的情况了。

第八十七条　所得税法第四十六条所称的利息支出包括直接或间接关联债权投资实际支付的利息、担保费、抵押费和其他具有利息性质的费用。

即与贷款相关的利息性质费用也应视为贷款,增值税也有类似的条款:财政部、国家税务总局《关于全面推开营业税改征增值税试点的通知》(财税〔2016〕36 号)附件 2《营业税改征增值税试点有关事项的规定》第 1 条第 4 项第 3 点:“纳税人接受贷款服务向贷款方支付的与该笔贷款直接相关的投融资顾问费、手续费、咨询费等费用,其进项税额不得从销项税额中抵扣。”

第八十八条　所得税法第四十六条规定不得在计算应纳税所得额时扣除的利息支出,不得结转到以后纳税年度;应按照实际支付给各关联方利息占关联方利息总额的比例,在各关联方之间进行分配,其中,分配给实际税负高于企业的境内关联方的利息准予扣除;直接或间接实际支付给境外关联方的利息应视同分配的股息,按照股息和利息分别适用的所得税税率差补征企业所得税,如已扣缴的所得税税款多于按股息计算应征所得税税款,多出的部分不予退税。

即当年超过比例不得抵扣的部分以后年度也不得结转。从多个关联方借款的按照利息金额比例划分不可抵扣的部分。其中,给境内关联方支付利息,境内关联方税负高于(等于)利息支付方的,借款利息全额可以扣除,境内关联方税负低于利息支付方的,划分的超过比例部分利息不得扣除。境外已支付的超过比例部分利息视同股息征收预提所得税,但是例如香港协定税率利息 7%,股息 5%,可能会导致企业多支付了预提所得税,多支付部分是不予退税的。

第九十条　企业未按规定准备、保存和提供同期资料证明关联债权投资金额、利率、期限、融资条件以及债资比例等符合独立交易原则的，其超过标准比例的关联方利息支出，不得在计算应纳税所得额时扣除。

即如果在超过规定比例的情况下，企业境内关联方税负低于利息支付方或者境外关联方如果提供符合独立交易原则的资本弱化特殊事项文档证明该笔利息符合独立交易原则，就可以在税前进行扣除。

第九十一条　本章所称"实际支付利息"是指企业按照权责发生制原则计入相关成本、费用的利息。

企业实际支付关联方利息存在转让定价问题的，税务机关应首先按照本办法第五章的有关规定实施转让定价调查调整。

即不仅是财务费用中的利息，资本化的利息也要符合资本弱化的比例。如果关联方利息存在转让定价问题，例如关联方间无息、低息或者利息明显偏高的借款可以适用转让定价调查调整。但是对于利率明显偏高应该参照国家税务总局《关于企业所得税若干问题的公告》(国家税务总局公告 2011 年第 34 号)第 1 条：一、关于金融企业同期同类贷款利率确定问题："根据《实施条例》第三十八条规定，非金融企业向非金融企业借款的利息支出，不超过按照金融企业同期同类贷款利率计算的数额的部分，准予税前扣除。鉴于目前我国对金融企业利率要求的具体情况，企业在按照合同要求首次支付利息并进行税前扣除时，应提供'金融企业的同期同类贷款利率情况说明'，以证明其利息支出的合理性。'金融企业的同期同类贷款利率情况说明'中，应包括在签订该借款合同当时，本省任何一家金融企业提供同期同类贷款利率情况。该金融企业应为经政府有关部门批准成立的可以从事贷款业务的企业，包括银行、财务公司、信托公司等金融机构。'同期同类贷款利率'是指在贷款期限、贷款金额、贷款担保以及企业信誉等条件基本相同下，金融企业提供贷款的利率。既可以是金融企业公布的同期同类平均利率，也可以是金融企业对某些企业提供的实际贷款利率。"即金融企业包括小额贷款公司，其利率的上限是基准利率的 4 倍。企业如果能找到贷款期限、贷款金额、贷款担保以及企业信誉等条件基本相同的贷款合同，所得税就可以税前扣除。

5. 国家税务总局《关于完善关联申报和同期资料管理有关事项的公告》(国家税务总局公告 2016 年第 42 号)第 15 条、第 17 条：

十五、特殊事项文档包括成本分摊协议特殊事项文档和资本弱化特殊事项文档。

企业签订或者执行成本分摊协议的,应当准备成本分摊协议特殊事项文档。

企业关联债资比例超过标准比例需要说明符合独立交易原则的,应当准备资本弱化特殊事项文档。

十七、资本弱化特殊事项文档包括以下内容:

(一)企业偿债能力和举债能力分析。

(二)企业集团举债能力及融资结构情况分析。

(三)企业注册资本等权益投资的变动情况说明。

(四)关联债权投资的性质、目的及取得时的市场状况。

(五)关联债权投资的货币种类、金额、利率、期限及融资条件。

(六)非关联方是否能够并且愿意接受上述融资条件、融资金额及利率。

(七)企业为取得债权性投资而提供的抵押品情况及条件。

(八)担保人状况及担保条件。

(九)同类同期贷款的利率情况及融资条件。

(十)可转换公司债券的转换条件。

(十一)其他能够证明符合独立交易原则的资料。

这是对《特别纳税调整实施办法(试行)》第89条的替换文件,罗列了资本弱化特殊事项文档的内容主要要求。

第四节　关　注　点

一、债资比

债权性投资,是指企业直接或者间接从关联方获得的,需要偿还本金和支付利息或者需要以其他具有支付利息性质的方式予以补偿的融资。

企业间接从关联方获得的债权性投资,包括:

(1)关联方通过无关联第三方提供的债权性投资。

(2)无关联第三方提供的、由关联方担保且负有连带责任的债权性投资;即只考虑连带责任担保,非连带责任担保不在资本弱化计算范围。

(3)其他间接从关联方获得的具有负债实质的债权性投资。

权益性投资为企业资产负债表所列示的所有者权益金额。如果所有者权益小于实收资本(股本)与资本公积之和,则权益投资为实收资本(股本)与资本公积之和;如果实收资本(股本)与资本公积之和小于实收资本(股本)金额,则权益投资为实收资本(股本)金额。

举例说明:

1. 权益投资为企业资产负债表所列示的所有者权益金额。如公司正常经营,每年都有利润计入未分配利润,则权益投资就是所有者权益的金额。

2. 如果所有者权益小于实收资本(股本)与资本公积之和,则权益投资为实收资本(股本)与资本公积之和;如公司以前年度盈利近几年亏损,以前盈利的时候计提资本公积但未分配利润为负数。此时实收资本(股本)与资本公积之和大于所有者权益了,权益投资为实收资本(股本)与资本公积之和而不是所有者权益。

3. 如果实收资本(股本)与资本公积之和小于实收资本(股本)金额,则权益投资为实收资本(股本)金额。

2015 年以前金融资产损益、汇兑损益计入资本公积,可能出现资本公积为负数的情况。2015 年以后金融资产损益、汇兑损益计入所有者权益中其他综合收益科目,以后不会在出现实收资本(股本)与资本公积之和小于实收资本(股本)金额(资本公积为负数)的情况了。

关联债资比例是指根据《企业所得税法》第 46 条及《企业所得税法实施条例》第 119 条的规定,企业从其全部关联方接受的债权性投资(以下简称关联债权投资)占企业接受的权益性投资(以下简称权益投资)的比例,关联债权投资包括关联方以各种形式提供担保的债权性投资。

关联债资比例的具体计算方法如下:

关联债资比例 = 年度各月平均关联债权投资之和/年度各月平均权益投资之和。其中:

各月平均关联债权投资 =(关联债权投资月初账面余额 + 月末账面余额)/2

各月平均权益投资 =(权益投资月初账面余额 + 月末账面余额)/2

允许扣除的债资比:(1)金融企业,为 5:1;(2)其他企业,为 2:1。

二、借贷双方税负差

税负率指纳税人实际交纳税额与其实际收益的比例。

企业所得税的税负率即应纳税所得额与缴纳所得税的比例。

如果企业亏损或者有当期无法弥补完的亏损,那么该企业的税负率应为零;如果企业有当期可以弥补完的亏损,那么该企业的税负率应低于其实际税率。

借贷双方税负差是指借贷双方企业所得税的税负率有差异。一般来说,如果借出方税负率低于借入方的税负率,会导致借入方增加成本降低利润,借出方增加收入提高利润,就有转移利润进行避税的操作空间。

三、独立交易原则

《企业所得税法实施条例》第 111 条规定:“企业所得税法第四十一条所称独立交易原则,是指没有关联关系的交易各方,按照公平成交价格和营业常规进行业务往来遵循的原则。”

第五节 风险提示

一、对企业执法程序是否准确规范

1. 调查实施过程中滥用权力,玩忽职守,违法调取账簿,未准确使用执法文书,或因未达 2 人以上或未出示相关执法证件等未按照规定的程序对已确定调查的对象进行调查,形成执法风险。

2. 协商审议过程中未按规定程序进行,形成执法风险。

3. 对资本弱化取证过程中的纳税人信息资料以及案件调整相关资料,未按有关规定履行保密义务,形成执法风险。

4. 在资本弱化调整后,未按照规定实施跟踪管理,形成执法风险。

二、内部程序是否准确规范

1. 调取账簿时未严格执行内部审批程序,形成执法风险。

2. 收集资料过程中未严格执行税务机关内部规定,形成执法风险。

第六节 风险防控策略

一、对企业执法风险点的防控策略

（一）调查实施执法风险点防控策略

根据《特别纳税调整实施办法（试行）》第32条、第34条、第35条及《税收征收管理法实施细则》第86条的规定，转让定价办案人员在现场调查阶段须严格做到以下方面：

1. 2名以上调查人员在岗，出示《税务检查证》，送达《税务检查通知书》。

2. 采取询问、调取账簿资料和实地核查等方式。

3. 告知当事人或证人不如实提供情况应承担的法律责任。

4. 做好《询问（调查）笔录》，应由2名以上调查人员签字，并交当事人或被调查企业核对确认。若当事人或被调查企业拒绝，可由2名以上调查人员签认备案。证人的证言材料应由本人签字或押印。

5. 需调取账簿及有关资料时，须填制《调取账簿资料通知书》和《调取账簿资料清单》，以前会计年度的账簿资料，在3个月内完整退还；当年账簿资料，在30日内退还。

6. 可以以记录、录音、录像、照相和复制的方式索取与案件有关的资料，但必须注明原件的保存方及出处，由原件保存或提供方核对签注“与原件核对无误”字样，并盖章或押印。

（二）协商审议执法风险点防控策略

根据《特别纳税调整实施办法（试行）》第43条的规定，转让定价办案人员根据特别纳税调查初步调整方案在与企业进行协商谈判过程中，税企双方均应指定主谈人，调查人员应做好《协商内容记录》，并由双方主谈人签字确认，若企业拒签，可由2名以上调查人员签认备案。

税务机关在与企业协商谈判、作出审议决定过程中，须首先向企业送达《特别纳税调查初步调整通知书》，确定最终调整方案后，再向企业送达《特别纳税调查调整通知书》。

（三）保密义务执法风险点防控策略

《税收征收管理法》第8条第2款规定：“纳税人、扣缴义务人有权要求税务机关为纳税人、扣缴义务人的情况保密。税务机关应当依法为纳税人、扣缴义务人的情况保密。”

《特别纳税调整内部工作规程》第 14 条规定:“ 主管税务机关应当在对纳税人实施特别纳税调整工作结束后,将工作过程中形成的文书、工作底稿、证据等资料,按有关规定集中归档。税务机关内部需要调阅的,应当严格执行档案转出、接收和调阅手续。”

(四)跟踪管理执法风险点防控策略

根据《特别纳税调整实施办法(试行)》第 45 条的规定,税务机关对企业实施资本弱化纳税调整后,须自企业被调整的最后年度的下一年度起 5 年内以要求企业在跟踪年度的次年 6 月 20 日之前向税务机关提供同期资料的方式实施跟踪管理。税务机关通过对资料的分析、评估,如发现企业转让定价出现异常,或要求企业自行调整,或开展转让定价调查。

二、内部程序风险点的防控策略

(一)调取账簿执法风险点防控策略

根据《税收征收管理法实施细则》第 86 条的规定,税务机关如将纳税人以前会计年度的账簿、记账凭证、报表和其他有关资料调回税务机关检查,须经县以上税务局(分局)局长批准;有特殊情况的,须经设区的市、自治州以上税务局局长批准。

(二)收集资料执法风险点防控策略

《特别纳税调整内部工作规程》第 7 条规定:“主管税务机关需要收集属于其他省(市)税务机关管辖的被调查纳税人关联方或可比对象相关资料的,应当填写《特别纳税调整工作联系单(适用于协查)》,层报省级税务机关,由省级税务机关转发办理。主管税务机关需要获取中央各部委有关信息资料的,应当层报税务总局,由税务总局审核后按规定程序办理;需要通过境外税务主管当局获取境外有关信息资料的,应当层报税务总局,由税务总局根据税收协定、协议或者安排的有关规定与境外税务主管当局开展信息交换。”

第七节　典型案例

案例　A公司与S省国税局行政征收纠纷案[①]

一、案情简介

上诉人(原审原告):意大利A公司(以下简称A公司)。

被上诉人(原审被告):S省国税局。

原审法院查明:原告A公司和B公司均为意大利的法人公司,A公司是B公司的母公司,B公司是A公司的全资子公司。2005年9月29日,B公司经S省对外贸易经济合作厅批准,以人民币481,424,260元的对价取得位于S省的中国C公司33%的股权。2012年7月17日,A公司与B公司分别通过股东大会决议,决定由A公司对B公司实施吸收合并,A公司接收B公司的全部资产与负债,其中包括C公司33%的股权。在合并吸收之后,B公司于2012年11月21日依法注销了公司登记,由A公司直接持有C公司33%的股权。2012年7月17日,A公司将其与B公司的合并吸收情况致函告知了C公司。

对于A公司与B公司的上述吸收合并行为,被告S省国税局认为应当按照中华人民共和国的现行税收法律规定予以征税。2013年9月9日,被告向原告下达了国税外通〔2013〕002号税务事项通知书(以下简称《通知书》),认定A公司于2012年7月17日通过股东大会决议吸收合并了B公司,致使C公司的股东由B公司变更为A公司。依据国家税务总局《关于加强非居民企业股权转让所得企业所得税管理的通知》(国税函〔2009〕698号)(以下简称698号文)第7条"非居民企业向其关联方转让中国居民企业股权,其转让价格不符合独立交易原则而减少应纳税所得额的,税务机关有权按照合理方法进行调整"之规定,应对该合并事宜进行纳税调整,以C公司2012年6月30日账面净资产数额2,863,169,524.88元为基准,A公司应缴纳企业所得税46,342,168.32元,通知A公司于2013年9月25日前到S省国税局进行纳税申报。

---

① 参见《意大利意迩瓦萨隆诺控股股份公司与山东省烟台市芝罘国家税务局二审行政判决书》,载中国裁判文书网:https://www.wenshu.court.gov.cn,最后访问日期:2017年10月31日。

2013年9月22日，A公司实际缴纳了上述税款。但对于《通知书》，A公司不服，于2013年11月20日向S省国税局提起了行政复议，要求撤销《通知书》。A公司认为，其与B公司均为非居民企业，两者之间的吸收合并符合财政部、国家税务总局《关于企业重组业务企业所得税处理若干问题的通知》（财税〔2009〕59号，以下简称59号文）关于企业合并特殊税务处理的规定，可以按原持有股权的计税成本确认股权价格，股权转让无所得，不应缴税。S省国税局则认为，根据59号文，外方关联公司之间转让境内公司股权，除了要符合该规章第5条的规定，还要同时适用第7条第1款的规定，而原告对B公司的吸收合并行为，并不符合该规定，仍应适用698号文的规定，所以作出维持《通知书》的决定。

A公司对S省国税局的行政复议决定不服，于2014年4月24日向一审法院提起行政诉讼，请求撤销S省国税局作出的该征税决定，并返还原告已缴纳的税款46,342,168.32元。庭审中，原、被告双方对原告和B公司此次重组交易的性质是合并还是股权转让，以及此次重组交易符合59号文第5条之规定是否就应享受免税待遇充分进行了诉辩质证。其中，被告在引用698号文和59号文的基础上，又继续提供了2013年12月12日国家税务总局《关于非居民企业股权转让适用特殊性税务处理有关问题的公告》（国家税务总局公告2013年第72号，以下简称72号文）的规定。72号文对59号文第7条第1项规定的情形作了具体解释，即第1条规定"本公告所称股权转让是指非居民企业发生《通知》（59号文）第七条第（一）、（二）项规定的情形；其中《通知》第七条第（一）项规定的情形包括因境外企业分立、合并并导致中国居民企业股权被转让的情形。"原告认为，该72号文发布于原告申请行政复议期间，不能适用于原告在此之前的企业合并行为。被告则认为该72号文只是对已有59号文如何适用的进一步解释。

A公司认为本次交易应适用59号文有关合并的特殊税务处理的规定。59号文第7条有关限定不适用于本次交易。2012年7月本次交易发生时，中国没有任何税务法律法规明确规定59号文第7条的执行范围扩大为"包含合并、分立等其他与其并列的重组形式"。2013年12月12日国家税务总局72号文不适用本案，《通知书》违反法不溯及既往原则。同时，提出根据中意税收协定第24条，A公司应与中国居民企业享受同样的59号文规定的特殊税收待遇；根据中意税收协定第23条第1款，被告对本次交易征税决定也明显违背中国和意大利不应当双重征税的规定；根据中意投资协定第3条第1款，中意两国政府给予对方国民或公司不能低于任何第三国的投资待遇,而同时根据中芬投资协定第3条第2款,中国、芬兰两国政府已给予了对方国民或公司国民待遇,故被告对原告也应给予同样的国民待遇,即原告应与中国居民企业享受59号文规定的同样特殊税收待遇。

S省国税局则认为,72号文第1条是对59号文第7条第1项的进一步明确,而不是对它的修订,不存在"溯及既往"的问题。A公司不能根据中意双方协定的某一原则性条款,就来反对中国税务机关根据具体明确的税法所作出的行政行为;假如按照中华人民共和国的税法将导致对原告双重征税,那么这涉及两国之间哪一方作出调整的问题,应按照中意税收协定议定书的规定,启动政府间协商机制,由两国政府通过协商程序解决。

二、法院判决

一审法院经审理认为:根据《中华人民共和国企业所得税法》第3条第3款,非居民企业在中国境内未设立机构、场所的,应当就来源于中国境内的所得缴纳企业所得税,而被告是负责本行政区域内企业所得税的主管税务机关,故被告作为本案行政诉讼的主体适格。根据72号文关于境外企业合并导致中国居民企业股权被转让属于非居民企业股权转让的规定,原告与B公司的合并行为可以认定为股权转让行为。而根据59号文第5条和第7条的规定,原告与B公司"子转母公司"的股权转让不符合免税待遇要求。同时,适用于非居民企业的税务规则并不存在歧视,原告对纳税决定有疑义的,可以启动中意税收协定中的税收协商程序寻求救济。据此,判决驳回原告A公司的诉讼请求。

A公司不服原审判决,提起上诉,请求二审法院撤销原审判决,撤销《通知书》。

二审法院经审理认为:《中华人民共和国行政诉讼法》第98条规定:"外国人、无国籍人、外国组织在中华人民共和国进行行政诉讼,适用本法。法律另有规定的除外。"根据上述法律规定,本案应适用《中华人民共和国行政诉讼法》。本案原审判决查明事实清楚,被上诉人作出《通知书》程序合法,上诉人与被上诉人双方主要是对于《通知书》的法律适用产生争议。698号文第7条规定"非居民企业向其关联方转让中国居民企业股权,其转让价格不符合独立交易原则而减少应纳税所得额的,税务机关有权按照合理方法进行调整。"59号文第5条规定:"企业重组同时符合下列条件的,适用特殊性税务处理规定:(一)具有合理的商业目的,且不以减少、免除或者推迟缴纳税款为主要目的。(二)被收购、合并或分立部分的资产或股权比例符合本通知规定的比例。(三)企业重组后的连续12个月内不改变重组资产原来的实质性经营活动。(四)重组交易对价中涉及股权支付金额符合本通知规定比例。(五)企业重组中取得股权支付的原主要股东,在重组后连续12个月内,不得转让所取得的股权。"59号文第7条规定:"企业发生涉及中国境内与境外之间(包括港澳台地区)的股权和资产收购交易,除应符合本通知第五条规定的条件外,还应同时符合下列条件,才可选择适用特殊性税务处理规定:(一)非居民企业向其100%直接控股的另一非居民企业转让其拥有的居民企业股权,没有因此造成以后该项股权转让所得预提税负担变化,且转让方非居民企业向主管税务机关书面承诺在3年(含3年)内不转让其拥有受让方非居民企业的股权;(二)非居民企业向与其具有100%直接控股关系的居民企业转让其拥有的另一居民企业股权;(三)居民企业以其拥有的资产或股权向其100%直接控股的非居民企业进行投资;(四)财政部、国家税务总局核准的其他情形。"698号文是规范非居民企业股权转让所得企业所得税的专门文件,规定了股权转让的定义、所得的计算方法和相关反避税规定。上诉人与B公司的吸收合并,直接导致C公司股东的变化,其实质就是B公司将其持有的C公司的股权转让给了A公司,被上诉人对其认定为股权转让,对其作出的《通知书》,符合698号文和59号文的相关规定。B公司将其持有的C公司的股权转让给了上诉人,是"子公司"将股权转让给了"母公司",不符合59号文第7条第1项规定,也即不符合59号文规定的特殊性税务处理规定应当适用的条件。《通知书》并不违反中意税收协定、中意投资协定、中芬投资协定的相关规定,上诉人主张《通知书》存在选择性执法问题亦无事实依据。原审判决引用72号文佐证《通知书》并无不当。据此,判决驳回上诉,维持原判。

三、评析

本案一审、二审法院均判定因A公司和B公司的境外合并引起的中国企业C公司股权转让不得适用特殊性税务处理,主要涉及以下问题:

一是A公司与B公司的重组交易是合并还是股权转让。因A公司的子公司B公司仅持有C公司一家的股份,其主要资产就是对C公司的股权投资,此次吸收合并直接导致了C公司的股东由B公司变更为A公司,实现了A公司对C公司的直接控制。同时,72号文所载明的境外企业合并导致中国居民企业股权被转让属于非居民企业股权转让的规定,所以S省国税局将A公司与B公司的重组交易认定为股权转让并无不当。

二是特殊性税务处理的适用。根据59号文的规定,重组业务的企业所得税处理可以分为普通性税务处理和特殊性税务处理。适用普通性税务处理的，相关股权或资产在收购交易当时即确认其转让所得或损失，计入转让方的应纳税所得。如若符合一定条件适用特殊性税务处理的，在收购交易当时则不予确认相关股权或资产的转让所得或损失，经过计税基础延续的方式完成纳税递延的效果。需要注意的是，对于跨境重组业务，适用特殊性税务处理还需要符合其他条件。59号文第5条规定了重组业务适用特殊性税务处理需要满足的五个条件，第7条还规定企业发生涉及中国境内与境外之间的股权和资产收购交易，除应符合第5条规定的条件外，还应同时符合相应条件才可选择适用特殊性税务处理规定，即非居民企业向其100%直接控股的另一非居民企业转让其拥有的居民企业股权的，也就是"母转子公司"的情形。同时，72号文明确指出，59号文第7条第1项情形包括了因境外企业分立、合并导致中国居民企业股权被转让的情形。本案A公司和B公司的境外股权交易虽然符合59号文第5条的适用特殊性税务处理规定，但A公司与B公司的交易是"子转母公司"的情形，因此无法适用特殊性税务处理，即A公司不应当享受59号文规定的免税待遇。

三是A公司是否应当根据中意税收协定、中意投资协定、中芬投资协定的最惠国待遇规定在本次交易中享受免税待遇。根据《企业所得税法》、《企业所得税法实施条例》以及698号文的规定，对于股权转让行为的征税，境内居民企业和境外非居民企业的适用，以及境外各国非居民企业之间的适用都是一致的，并不存在任何歧视。在我国企业所得税法的制度体系中，对境外非居民企业制定专门的征收管理规定，不能认为这就是对作为非居民企业的原告的歧视。尤其根据中意税收协定第25条以及中意税收协定议定书第7条的规定，原告对中国税务机关的征税决定有疑义，在进行国内诉讼程序后，可以启动中意两国的税收协商程序，仍有可能的救济途径。

第六章

一般反避税管理

第一节 一般反避税基础理论

一、避税和反避税的概念

避税，是指纳税人通过对个人或企业事务的人为安排，利用税法的漏洞、特例和缺陷，规避或减轻其纳税义务的行为。国际避税（International Tax Avoidance），是指跨国纳税人（Transnational Taxpayers）利用各国间税法的差别、漏洞、不完善或特例，规避或减少其纳税义务及应缴税款的行为。[①] 国际避税对国际经济交往和有关国家的税收利益影响重大，所以有关国家针对跨国纳税人的国际避税行为都采取了相应的措施予以规制。针对国际避税行为进行管理与治理的活动称为国际反避税（International Anti Tax Avoidance），主要对象是跨国企业，主要措施包括防止通过纳税主体国际转移、征税对象国际转移、利用避税地等方式进行避税的一般措施以及加强征收管理等措施。

根据我国《特别纳税调整实施办法（试行）》第 8 条的规定，一般反避税管理是指税务机关按照《企业所得税法》第 47 条的规定，对企业实施其他不具有合理商业目的的安排而减少其应纳税收入或所得额进行审核评估和调查调整等工作的总称。

二、我国一般反避税管理与其他特别纳税调整的关系

在经济全球化和税收国际化的大背景下，世界各国加大了对跨国企业避税行

① 参见高华：《国际避税与反避税法律问题研究》，载《华中科技大学学报（社会科学版）》2003 年第 5 期。

为的打击力度。我国在《企业所得税法》、《企业所得税法实施条例》以及《特别纳税调整实施办法(试行)》中对一般反避税的相关概念、调整范围、处理方法等进行了规定,2014年国家税务总局发布的《一般反避税管理办法(试行)》,进一步规范和明确税务机关采取一般反避税措施的适用范围、判断标准、调整方法、工作程序、争议处理等相关问题,对每个阶段不同层级的税务机关承担的职能和权限作出了详细且具有可操作性的规定,成为我国落实BEPS成果的第一项行动,能够更加有效地对企业不符合商业意图的避税筹划行为进行规制。总体来看,一般反避税管理与转让定价、预约定价安排、成本分摊、受控外国企业、资本弱化等其他特别纳税调整相比较,在以下几个方面存在差异:①

(一)适用范围

《一般反避税管理办法(试行)》第6条第1款规定:"企业的安排属于转让定价、成本分摊、受控外国企业、资本弱化等其他特别纳税调整范围的,应当首先适用其他特别纳税调整相关规定。"也就是说,对企业为获取税收利益,实施的不具有合理商业目的的避税安排在无法适用任何一项具体反避税条款时,税务机关才能实施一般反避税管理。所以,一般反避税管理并不是一个普遍适用的规则,而是穷尽所有其他的反避税措施后的最后手段。需要注意的是,一般反避税管理在适用时存在两种例外情形:一是与跨境交易或者支付无关的安排不适用一般反避税管理,因跨境的避税安排会造成我国税款的流失,而境内交易的调整有可能会造成两地之间重复征税,因此现阶段一般反避税管理只针对跨境交易或支付;二是涉嫌逃避缴纳税款、逃避追缴欠税、骗税、抗税以及虚开发票等税收违法行为不适用一般反避税管理,而是根据《税收征收管理法》的相关规定进行处理。

(二)适用原则

一般反避税管理主要按照"实质重于形式"的原则,重点审核企业安排的形式和实质、订立的时间和执行期间、实现的方式、各个步骤或组成部分之间的联系、涉及各方财务状况的变化、税收结果等内容,判断是否以获取税收利益为唯一目的或者主要目的;是否以形式符合税法规定、但与其经济实质不符的方式获取税收利益。具体而言,根据《企业所得税法》第47条及《企业所得税法实施条例》第120条的规定,一般反避税管理是针对企业实施的不具有合理商业目的而获取税收利益

---

① 参见关涟:《一般反避税管理与其他特别纳税调整比较》,载《中国税务》2015年第3期。

的安排。这里有两个要素：一个是不具有合理商业目的，在评估一项安排的合理商业目的时，需要根据个案的具体情况，综合考虑各方面因素，重点判断该安排的经济实质；另一个是获取税收利益，税收利益包括减少、免除或者推迟缴纳企业所得税应纳税额。当然，不能仅仅因为一项安排获取了税收利益，就认定其为一般反避税安排，因为《企业所得税法》为企业提供了法定的税收优惠，如果企业经济实质符合《企业所得税法》规定的相关条件而享受税收优惠政策的，不属于一般反避税的范畴。为便于基层税务机关判定及纳税人自我评估，《一般反避税管理办法（试行）》明确了避税安排的主要特征，即一是以获取税收利益为唯一目的或主要目的；二是以形式符合税法规定但与其经济实质不符的方式获取税收利益。而税务机关进行其他特别纳税调整主要按照独立交易原则，参照没有关联关系的交易各方，判断企业的关联交易是否按照公平成交价格和营业常规进行，是否存在利用不合理的关联交易实施避税。

（三）调整对象

税务机关开展其他特别纳税调整的对象为企业与其关联方的业务往来，而一般反避税管理的调整对象则主要是与企业关联交易无直接联系的避税安排，包括滥用税收优惠、滥用税收协定、滥用公司组织形式、利用避税港避税以及其他不具有合理商业目的的安排。

（四）调整方法

税务机关实施一般反避税管理时的调整方法包括对安排的全部或者部分交易重新定性；在税收上否定交易方的存在，或者将该交易方与其他交易方视为同一实体；对相关所得、扣除、税收优惠、境外税收抵免等重新定性或者在交易各方间重新分配以及其他合理方法。而其他特别纳税调整主要是通过功能风险分析和可比性分析，对企业的关联交易进行调整，调整方法主要有可比非受控价格法、再销售价格法、成本加成法、交易净利润法、利润分割法以及其他符合独立交易原则的方法。

（五）举证责任

主管税务机关实施一般反避税调查时，应当向被调查企业送达《税务检查通知书》，被调查企业认为其安排不属于《一般反避税管理办法（试行）》所称避税安排的，应自收到《税务检查通知书》之日起60日内提供资料证明其安排具有合理的商业目的。如果企业未在规定期限内提供资料，或提供资料不能证明安排具有合理商业目的的，税务机关可根据已掌握的信息实施纳税调整。这就意味着，企业在收到《税务检查通知书》时，主要举证责任即从税务机关转移至企业。税务机关在开展其他特别纳税调整时，送达《税务检查通知书》只是代表税务人员实施调查的开始，主要举证责任仍然在税务机关，并没有转移到企业，企业可以只是提供账簿或接受询问，不需要自我举证。此外，主管税务机关实施一般反避税调查时，可以要求为企业筹划安排的单位或者个人提供有关资料及证明材料。而税务机关进行其他特别纳税调整时，要求提供资料的对象只包括被调查企业、其关联方以及可比企业，不包括避税安排的筹划方。

（六）调查处理

一是结案时限要求不同。在一般反避税管理中，主管税务机关根据调查过程中获得的相关资料，自国家税务总局同意立案之日起 9 个月内进行审核，综合判断企业是否存在避税安排，形成案件不予调整或者初步调整方案的意见和理由，层报省税务机关复核同意后，报国家税务总局申请结案。而税务部门进行其他特别纳税调整时，没有调查结案时限的要求。

二是在是否须经国家税务总局批准上不同。考虑到一般反避税案件的复杂性，一般反避税的立案调查和最终结案都需要经过国家税务总局的批准，主管税务机关的立案申请，以及不予调整或初步、最终调整方案都需要分别层报省级税务机关复核同意后，报国家税务总局审核决定。

三是对于企业拒绝提供资料的处理不同。主管税务机关实施一般反避税调查时，可以按照《税收征收管理法》第 35 条的规定进行核定，实施其他特别纳税调整时，按照《企业所得税法》第 44 条的规定进行核定，两者的法律依据不同，具体核定方法也有区别。

第二节 业务流程

一、流程图

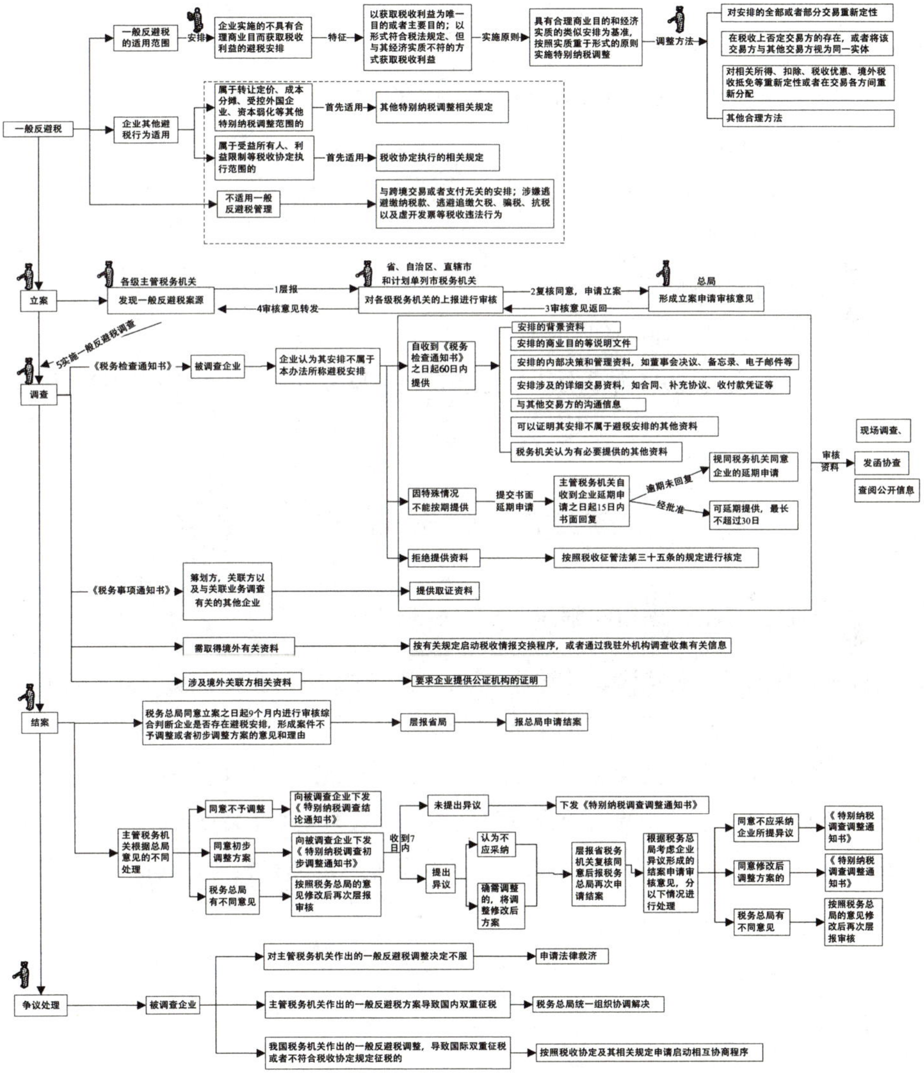

图6-1 一般反避税管理流程图

二、流程描述

1. 税收利益是指减少、免除或者推迟缴纳企业所得税应纳税额。

2. 一般反避税案源获取途径:结合工作实际,应用各种数据资源,如企业所得税汇算清缴、纳税评估、同期资料管理、对外支付税务管理、股权转让交易管理、税收协定执行等。

3. 启动一般反避税调查程序可以适用存在以下避税安排的企业:

(1)滥用税收优惠;

(2)滥用税收协定;

(3)滥用公司组织形式;

(4)利用避税港避税;

(5)其他不具有合理商业目的的安排。

4. 本流程适用于2015年2月1日之后及之前税务机关尚未结案处理的避税安排。

第三节　工 作 规 范

一、一般反避税管理审核程序

1. 主管税务机关确定调查对象后,应当填制《特别纳税调整立案审核表》,并附立案报告以及有关资料,通过案件管理系统层报省级税务机关进行审核。

2. 省级税务机关审核后,应当及时通过案件管理系统呈报国家税务总局审核,税务总局审核同意后,将《特别纳税调整立案审核表》以及有关资料转发给主管税务机关;国家税务总局审核后不同意立案或者需进一步补充相关资料的,应当及时通过案件管理系统将意见转发给主管税务机关。

二、相关依据

1.《税收征收管理法》

2.《税收征收管理法实施细则》

3.《企业所得税法》

4.《企业所得税法实施条例》

5.《特别纳税调整实施办法(试行)》

6.《一般反避税管理办法(试行)》(国家税务总局令第32号)

7.《特别纳税调整内部工作规程》

第四节　关　注　点

1. 对于一般反避税安排,税务部门按照经济实质对其重新定性,取消企业从安排中获得的税收利益。对于设在避税地设有经济实质、且导致关联方避税的企业,可在税收上否定其存在。

2. 对于企业实施不具有合理商业目的的安排而减少纳税的,税务部门可在10年内进行纳税调整,并加收利息。

3. 企业实施商业安排时,应该具有合理商业目的,承担实际功能,并不以减少税收为目的,否则将存在税收风险。

4. 在一般反避税中,审核企业是否存在避税安排应综合考虑以下内容:(1)安排的形式和实质;(2)安排订立的时间和执行期间;(3)安排实现的方式;(4)安排各个步骤或组成部分之间的联系;(5)安排涉及各方财务状况的变化;(6)安排的税收结果。

第五节　风 险 提 示

一、一般反避税执法实体性风险

税务机关适用一般反避税条款具有极大的自由裁量权,大量的税务争议即由此产生。合理商业目的与经济实质为并存要件。纳税人只需证明其具有合理的商业目的或法律形式与经济实质之间的一致性,即可免予被认定为避税交易。

二、一般反避税执法程序性风险

1. 忽视对各种数据资源的应用,导致一般反避税案源获取途径窄,税收遭受损失。

2. 执法过程中缺乏对企业商业秘密的保护，形成风险。一般反避税信息公开和商业秘密保护存在冲突。税法规定，对纳税人所提供的谈签资料，税企双方都具有保密的义务。但并未指明哪些相关条款对该保密行为进行保护，也未明确违反保密要求后的相应处罚。规定不明确容易造成税企纠纷，形成执法风险。

3. 纳税人可以对税务机关认定其私法上的安排属于避税安排的决定或特别纳税调整决定提出行政复议或行政诉讼，审查特别纳税调整决定的合理性。《税收征收管理法》第88条第1款规定："纳税人、义务人、纳税担保人同税务机关在纳税上发生争议时必须先依照税务机关的纳税决定缴纳或者解缴税款及滞纳金或者提供相应的担保然后可以依法申请行政复议；行政复议决定不服的，可以依法向人民法院起诉 。"国家税务总局《税务行政复议规则》还专门规定了税务行政复议的受理范围。一般反避税条款适用结果通常是税务机关按照合理方法调整纳税人的应税事实，继而作出征税决定。税务机关的特别纳税调整是应税事实的认定行为，必须经由司法检验。

第六节　风险防控策略

一、实体性执法风险防控策略

鉴于一般反避税条款的概括性，在处理涉嫌避税的案件时，通过树立和积累典型案例应成为执法操作重要辅助。典型案例中对具体案件的情景分析、对于系争交易是否具备经济实质的分析思路，相比一般反避税条款中的模糊性规定更为清晰，因此可实质起到解释、细化、明确一般反避税条款的作用。

二、程序性执法风险防控策略

1. 加强个案的专项税务信息交换，进一步促进税收信息自发、自动交换工作，形成税务信息交换的制度化与常态化。实质纳税原则的运用通常涉及政府多个部门，尤其是在资本弱化、避税港等避税方式的出现后，银行、对外贸易、金融监管、海关、工商管理等部口都与纳税人的避税行为紧密联系，必须加强与这些部门的协助，实现反避税的相关信息共享，充分发挥信息资料在调查取证中的作用。同时，还应加强国际反避税合作，在规制跨国企业避税及国内企业避税港时需要相关国家的配合与支持，要建立和完善与这些国家反避税信息分享机制，共同规制国际避税问题。甚至可借助国际反避税组织，通过多渠道，利用现代化信息平台获取更为丰富的反避税信息。

2. 执法过程中明确规定商业秘密的范围，制定相应的泄密处罚措施，严格保护纳税企业的合法利益。

3. 预约定价可增加税务机关对纳税人的事前审计，降低税务机关的执法成本和烦琐的调查程序。目前预约定价仅在少数的关联交易中存在，且主要是针对跨国避税，适用范围受限，在反避税中可扩大其适用范围，以降低执法风险。

4. 积极建立和完善听证、申辩制度。在实质课税原则适用中，纳税人可能对税务机关呈现的证据和事实存在争议，这时需要听取纳税人对其经济交易事实的辩解，以及有关实质课税的相关法律认定，税务机关听取纳税人的申辩有助于进一步的调查避税行为，在双方的沟通中也便于纳税人更好地了解反避税中相关法律的适用。申辩制度可以在税收听证中体现，在听证制度中要健全听证程序，保证听证程序的公开透明性，使听证能够具有实际可操作性，切实维护好纳税人的正当权益，为纳税人进一步寻求其他救济途径做好铺垫。

第七节　典型案例

案例一　产品低价外销引起的反避税调查案①

一、案情简介

某市国税局在对本市A公司经营数据和企业信息进行分析时发现，A企业的母公司B国际电子公司是该行业的全球领军企业，A企业近年来营业收入平稳增加，毛利率和利润率均处于较高水平，近10年企业平均利润率达到10%左右，从该企业产销和收入的经营数据以及申报情况来看，并无明显异常。但在对比分析企业销售情况时，却发现该企业内销产品的价格远远高于同类外销同类产品价格。后经调查发现，A企业内销产品数量不多，产品90%以上均外销给关联企业B公

① 参见宋晓燕：《反避税调查：解开产品低价外销秘密》，载《中国税务报》2016年8月16日，第B02版。

司，但A企业外销B公司的产品毛利率很低，同类产品内销毛利率高于外销毛利率的3倍。相同产品内外销价格差别如此之大，90%产品均低价外销且交易额巨大，极有可能存在将本应留在本地的利润转移到境外的可能。针对这些不正常现象，某市国税局调查人员对A企业部分产品内外销价格、毛利情况开展了相应调查。调查人员根据A企业提供的企业相关业务的会计报表和调取的B公司和A企业境内、外分销商的销售报表信息，发现B公司毛利率虽然很高，但其他境内、外分销商相关产品的毛利率均高于B公司，而A企业的外销毛利率最低，且企业内外销毛利率相差巨大。经实地调查并对A企业产品的整个销售各环节和经营信息进行全面梳理与系统分析，调查人员确定了A企业在集团公司中的功能以及与其母公司B公司的营运模式：A企业在生产过程中执行B公司为其设定的产品规格、质量标准以及生产工艺技术，执行相应质量控制流程，生产销售相关产品并负责售后服务工作。但在营运时，无产品定价权，也不开展产品营销活动，产品内外销售价格均由B公司决定。调查人员运用行业集团企业价值链分析方法，认为因B公司掌控了集团各环节产品的销售价格体系，A企业对其销售价格完全没有决策能力，这种管理模式造成A企业的利润水平在其集团总利润中占比较低。从整个集团价值链来看，A企业仅执行有限的生产职能和售后服务职能，B公司负责研发及营销职能。从内部交易性质来看，B公司从A企业收购产品，A企业因此从B公司获得一定收益，但同时，A企业使用B公司技术和工艺设计，同时也需向B公司支付一定费用。但实际交易信息显示，由于A企业的销售价格受控于B公司，A企业外销产品给B公司时，销售价格明显低于独立企业对外产品交易价格。A企业作为该集团公司的主要生产基地，只获得集团整体价值链利润的10%。综合各类企业数据及证据，可以认定A企业通过低价关联交易的方式转移利润至境外母公司B公司进行避税。

国际税基侵蚀和利润转移（BEPS）计划在有关无形资产转让方面规定："企业虽然没有无形资产或无形资产相关资产转让，但受控交易方将生产的产品销售给关联方，需识别受控交易各方所使用的无形资产，并考虑其对交易的影响。"《特别纳税调整实施办法（试行）》第40条规定："企业与关联方之间收取价款与支付价款的交易相互抵消的，税务机关在可比性分析和纳税调整时，原则上应还原交易。"据此，调查人员认为，A企业在产品生产中应用了B公司的专利技术，而且已影响产品的价格，因此A企业的内、外销价格差中的一部分应属于特许权使用费。但A企业销售给B公司产品仍然明显低于独立企业市场价格，不具有合理性，应予以调整，并补缴企业所得税。起初，A企业相关负责人称公司按期申报纳税，只是利润率较高，不存在避税问题。经过调查人员多次约谈，面对翔实证据，A企业最终自认其避税行为。同时，调查人员在A企业国际税收业务进行风险分析时还发现，该企业存在对其母公司及其他关联企业违规支付服务费问题，以及B公司利用空壳C公司转让A企业股权，试图利用税收优惠少缴股息税款问题。针对A企业存在的相关问题，某市国税局依法对A企业发出特别纳税调查调整通知书，补征企业预提所得税1250万元，企业所得税185万元，利息215万元。

二、评析

本案A企业虽然90%产品外销，但内销产品价格却远高于外销产品，针对A企业内外销产品差价巨大的情况，税务机关通过广泛采集企业信息，运用企业运营价值链分析方法，最终确认了关联企业通过低价交易方式避税的事实，并依法对A企业实施特别纳税调整，补征企业所得税。本案为反避税工作提供了一个新的视野和思路。

一是采用企业运营价值链分析方法对企业的经营模式和运营思路进行分析，查找企业内外销产品差价巨大的原因。价值链是一种高层次的物流模式，由原材料作为投入资产开始，直至原料通过不同过程售给顾客为止，其中作出的所有价值增值活动都可作为价值链的组成部分。价值链的范畴从核心企业内部向前延伸到了供应商，向后延伸到了分销商、服务商和客户。这也形成了价值链中的作业之间、公司内部各部门之间、公司和客户以及公司与供应商之间的各种关联，使价值链中作业之间、核心企业内部部门之间、核心企业与节点企业之间以及节点企业之间存在相互依赖关系，进而影响价值链的业绩。价值链分析方法是企业为一系列的输入、转换与输出的活动序列集合，每个活动都有可能相对于最终产品产生增值行为，从而增强企业的竞争地位。本案调查人员运用此方法，对企业可能出现的避税行为进行准确判断。

二是采取类比研究方法，针对A企业在销售行为和销售价格方面的疑点，采集和对比国内同行业企业、国际同业上市公司经营数据，并分析比较同类母公司及其他关联交易公司的财务数据，进一步确定A企业的经营销售情况，以明确其是否具有通过关联交易避税问题。

本案A企业如果单纯看企业的利润指标，其利润率是正常水平，貌似不存在避税问题，避税行为隐蔽性较强，这也是税务人员在对此类企业进行反避税分析与调查时容易忽略的问题。此案的成功查办提醒税务机关调查人员，针对当前跨国公司采取的避税方式越来越具有隐蔽性的特点，反避税人员要善于用国际视角对跨国公司全球运营的价值链进行分析，对企业经营思路和运用模式进行深入考察分析，并结合对国内外同行业企业的全方位对比，更加科学、细致、严谨地开展反避税调查工作，以减少税收流失，有效维护国家税收主权。

案例二 境外间接转让境内股权复杂架构难掩纳税义务①

一、案情简介

2015 年 4 月和 8 月，某区国税局陆续受理了 15 家境外非居民企业分两次间接转让境内 3 家居民企业股权的报送资料。境内被转让的 3 家居民企业分别是北京 A 公司、北京 B 公司和天津 C 公司。经调查，著名互联网企业 W 公司是境外非居民企业第一轮股权转让的受让方，同时也是第二轮股权转让受让方(4 家境外企业)的有限合伙人。从企业报送的资料来看，转让方均为注册于英属维尔京群岛、新加坡等地的境外投资机构；受让方为注册于开曼群岛、香港等地的上市公司及投资机构，转让标的为注册在开曼群岛的某非居民企业 F 公司。F 公司通过持有注册于香港、开曼群岛等地的多家中间层公司，间接持有北京 A 公司、北京 B 公司和天津 C 公司 3 家居民企业的股权。交易采取现金与股权支付相结合的支付方式，交易总对价为 27.5 亿美元。

了解完境外 15 家非居民企业间接转让中国境内 3 家企业居民企业股权的基本情况后，某区国税局相关业务人员立刻产生疑问：境外这 15 家非居民企业转让股权所得我国是否有征税权呢？基于此，某区国税局第一时间将相关情况向某市国税局国际税收管理处做了汇报，并立即组成业务团队开展审核、谈判工作。业务团队通过直接交流、案头审核和集体研讨，详细掌握了 15 家非居民企业境外转让股权的细节，决定首先研究其是否符合“安全港”规则。“安全港”规则是业界对国家税务总局《关于非居民企业间接转让财产企业所得税若干问题的公告》(国家税务总局公告 2015 年第 7 号，以下简称 7 号公告)第 5 条和第 6 条的形象说法。因为 7 号公

① 参见张剀：《境外间接转让境内股权复杂结构难掩纳税义务》，载《中国税务报》2016 年 7 月 15 日，第 051 版。

告的这两条规定对非居民企业转让股权的不征税的情形作了明确规定。如果非居民企业符合这些规定,就会被认定为具有合理的商业目的,进而不用纳税,就是"安全"的。

经查,15 家境外非居民企业分两次间接转让境内 3 家居民企业股权,不属于在公开市场买入并卖出同一上市境外企业股权取得间接转让中国应税财产所得。同时,除注册于卢森堡、新加坡、毛里求斯的 3 家非居民企业之外,其余转让方均无可适用的税收协定。另外,两轮交易中转让方、受让方不存在任何关联关系,交易对价不全部是股权支付,还包括现金支付。这些情况都与 7 号公告"安全港"的规则不相符,业务团队据此判断:此次交易不适用"安全港"规则。

与此同时,业务团队调查发现,15 家境外企业虽然在所在国家(地区)登记注册,但主要是提供投资融资服务平台,没有实质经营业务,股权主要价值直接来源于中国境内的 3 家居民公司,其产品的研发、推广、营销均在中国境内,注册用户绝大部分来自中国境内,中间层公司对此次股权转让贡献价值很小,取得的收入几乎全部来源于中国境内,不足以证实其具有经济实质。同时,这 15 家境外企业全部注册在开曼群岛、英属维尔京群岛等地,均为全球著名的"避税天堂",对股权转让不征税。这些情况完全符合 7 号公告第 4 条可以直接认定企业不具有合理商业目的情形。

在确定 15 家境外非居民企业间接转让中国境内 3 家居民企业股权不具有合理商业目的之后,确定征税范围和计税方法就显得格外重要。因 15 家境外非居民企业都有比较复杂的多层投资架构,根据我国相关税法,某区国税局在征税时对所有中间层公司都做了"穿透",即直接评估境内 3 家居民企业的股权价值。同时,通过谈判,税企双方认可按照股权转让协议中的转让价格作为计税价格,扣除中间层公司沉淀现金资产乘以转让比例的金额。另外,按照境外企业实际投入中国境内 3 家居民企业资金乘以转让比例作为股权转让的计税成本。这样,第一轮交易应纳税额总计近 1 亿美元,第二轮交易应纳税额总计 1.09 亿美元,两轮交易应纳税额总计约 2 亿美元。

确定征税范围后,税款按照什么样的比例在主管税务机关入库成为争论的焦点。一种观点认为,应该参照国家税务总局《关于沃尔玛收购好又多股权事项的批复》(税总函〔2013〕82 号)的计算方法,综合使用境内 3 家公司截至股权转让时点的实际出资额、2014 年年末净资产和 2014 年年末营业收入 3 项指标,对股权转让所得做了分配，每项指标占1/3权重。由此计算，归属于某区国税局的应纳税额总计为1.83亿美元。对此，另一种观点认为，应该用截至股权转让时点的注册资本额代替实际出资额，这样计算下来，归属于某市某区国税局的应纳税额就变为1.77亿美元。

经过认真研究，某区国税局坚持认为将截至股权转让时点的实际出资额作为分配收入的依据更加合理。因为注册资本是公司制企业章程规定的全体股权或发起人认缴的出资额，实收资本是投资者按照企业章程或合同实际投入企业的资本。由此可以看出，注册资本是股东愿意投入的资金，实收资本是企业实实在在投入企业运营的资金。如果实际资金没有到位，就是无源之水，企业根本无法运转。与此同时，在计算境外非居民企业到中国应该缴纳的税款时，使用的数据就是实收资本，而非注册资本。如果在计算税款在两地主管税务机关的分配额度时用注册资本，就导致两者计算口径的不一致。因此，相比较而言，将实际出资额作为收入分配指标更加合理。15家境外非居民企业在得知股权转让存在税务风险的情况下，都比较主动地配合税务机关，依法补缴了12亿元税款。税务机关建议，在各地税务机关不断强化非居民税收管理的背景下，一定要尽早重视税收，提前谋划安排，及时履行纳税申报义务，避免出现较高的税务风险。

二、评析

关于非居民企业股权转让，我国《企业所得税法》及其实施条例、国家税务总局《关于加强非居民企业股权转让所得企业所得税管理的通知》(国税函〔2009〕698号，以下简称698号文件)和7号公告都有相关规定。相比之下，7号公告的申报要求相比698号文件更加具体明确。698号文件规定申报的主体是实施间接转让的境外投资方(实际控制方)，即作为转让方的非居民企业，而7号公告规定交易双方以及被间接转让的中国居民企业都可以向主管税务机关申报交易。同时，698号文件对所要求提交的资料的规定相对较为笼统粗略，7号公告对资料的规定提供了更为具体明确的指导，并且规定避税安排的筹划方也要按照主管税务机关的要求提供相关信息。虽然7号公告对间接转让中国应税财产交易没有设定强制的报告义务，由纳税人或扣缴义务人自行判定是否报告并提交资料，但是如果该交易需缴纳中国企业所得税，是否提交资料的法律后果是有区别的。根据现行规定，纳税人未主动申报纳税或缴义务人未及时扣缴税款，且股权转让方未缴纳应纳税款的，主管税务机关可以按照《税收征收管理法》及其实施细则相关规定追究扣缴义务人责任;扣缴义务人已在签订股权转让合同或协议之日起30日内按7号公告第9条规定提交资料的,可以减轻或免除责任。

间接股权转让相关案件的涉税处理时间往往较长,而根据7号公告及相关法规,如交易涉及缴税,缴税时间如晚于交易签订后次年5月31日,税务机关将按照同期银行贷款利率加收利息。因此,为了避免不必要的利息损失,除了按照7号公告建议在合同签订30日内及时向税务机关报告间接转让交易情况外,交易各方也应及早就纳税判定和税务机关展开始沟通,积极配合推进纳税判定工作。在实践中,如果非居民企业对是否应在中国缴税与税务机关意见有分歧,或者税款计算方法比较复杂,或者涉及多地主管税务机关,或者涉及比照直接股权转让交易申请适用税收协定待遇的情况时,相关非居民企业更要积极主动与税务机关展开合作。

三、启示

2009年,国家税务总局发布了《关于加强非居民企业股权转让所得企业所得税管理的通知》(698号文件),第一次以法规的形式明确:非居民间接转让中国居民企业股权,在符合一定条件的前提下,有向中国税务机关提交资料的义务。同时明确:税务机关对不具有合理商业目的安排,可以重新定性和调整。698号文件弥补了非居民转让中国居民企业股权的政策空缺,尤其在非居民间接转让股权的税收管理上,解决了非居民来源于中国境内股权转让所得双重不征税问题,也契合了BEPS关注的国际避税主题。

随着征管实践的增多,税企双方对非居民间接转让股权的确定性需求越来越强烈,国家税务总局于是于2015年出台了《关于非居民企业间接转让财产企业所得税若干问题的公告》(7号公告)和《非居民企业间接转让财产企业所得税工作规程(试行)》,比较完整地规范了非居民企业间接转让财产的税收法规。从基层税务机关的实践来看,我国对非居民企业间接转让股权的日常管理中存在五大挑战:

第一,股权转让信息获取滞后,案件处理时效性弱。根据7号公告,间接转让中国应税财产的交易双方和被间接转让股权的中国居民企业,可以主动或按照税务机关要求向主管税务机关报告该转让事项,并提交相关资料。但在实践中,鲜有企业主动向主管税务机关报告转让事项。究其原因,主要有三点:一是被转让企业层级低,无法及时获悉股权交易情况;二是境外交易方不熟悉中国税法规定;三是境外非居民企业故意逃避纳税义务。税务机关对非居民税收征管滞后,加大了事后管理和税款追征的难度。

第二，扣缴义务履行困难，申报流程不完善。根据7号公告，对股权转让方直接负有支付相关款项义务的单位或个人为扣缴义务人。但是，作为扣缴义务人，如何判断转让方在中国境内存在纳税义务？特别是在合理商业目的又难以判断的前提下，扣缴义务人并不会花大量精力对此作出判断。当转让方不认可的情况下，扣缴难以执行。同时，一旦支付方决定履行扣缴义务，如何来确定扣缴税款的具体金额也是一个难题。作为支付方来说，获取计算股权转让所得的必要信息非常难，如果涉及多个中间控股公司，计算难度就更大了。

第三，举证资料来源单一，合理商业目的判定难度大。目前，对间接股权转让合理商业目的判定依然是实务中的难点，主要面临两个问题：一是判定所依据的信息和数据基础主要依靠交易双方和被转让居民企业主动提供，信息来源单一和信息获取不充分会对判定结果造成影响；二是判定对专业能力的要求很高。特别是其中股权价值构成、功能风险与经济实质、交易的可替代性等重要因素的判定均较为复杂。当涉及多层间接转让和税收协定安排时，判定难度更大——这对税务人员的专业素养有了更高的要求。

第四，转让标的架构复杂，实际征税地判定争议多。在实际申报环节中，虽然7号公告明确了股权转让方通过直接转让同一境外企业股权导致间接转让两项以上中国应税财产，应分别到各所涉主管税务机关申报缴纳企业所得税。但实务中还存在很多复杂情况。例如，被转让中国企业的实际管理机构和职能机构所在地存在差异，被转让企业总部设在北京，而其下属各职能机构则位于多个二线城市，这种情况下由谁来征税并不明确。

第五，间接转让形式多样，转让所得计算复杂。间接股权转让应税所得计算的两大计算依据是股权转让收入和股权转让成本。股权转让收入方面，在涉及多个中间层或打包转让的情况下，由于境内外各标的物公允价值认定存在差异，受益划分标准不统一，确定合理转让价格难度较大。例如，被打包转让的标的企业A公司控股1家中国居民企业，3家境外企业，而其中1家境外企业由控股若干中国居民企业。在类似情况下，确定每个标的物价格的难度就非常大。同时，在关联间接股权转让所使用的评估方法使用上，成本法、市场法和收益法所计算的评估价格差异较大，对于使用哪种方法税法并没有明确的规定，导致税务机关和纳税人在选择股权评估方法上长期存在争议。

基于上述五大问题，税务机关应积极采取措施予以应对。一是加大税收法规宣传力度,建立税企面对面沟通机制;二是规范操作,制定非居民企业申报配套措施;三是加强培训,提升税务人员业务素质和团队力量;四是进一步明确法律法规,减少税企争议和相关税务机关之间的争议;五是不断探索,总结典型案例指导实践。

第七章

文书送达的风险防控指引

第一节 业务概述

关于税务机关送达文书的方式在《税收征收管理法实施细则》第八章第 101 条、第 102 条、第 103 条、第 104 条和第 105 条作了具体规定,包括:直接送达、邮寄送达、留置送达、委托送达、公告送达等类型,基本上与《民事诉讼法》规定的文书送达方式相同。特别纳税调查调整执法程序涉及税务文书的送达,税务执法人员对不同的送达方式涉及的程序理解有偏差,可能引发执法风险。

第二节 风险防控策略

一、税务文书的直接送达

(一)具体方法

1. 将税务文书直接送交受送达人本人,由其签收。

2. 受送达人本人不在时,将税务检查文书交其同住成年家属签收。

3. 受送达人是单位经营者或者其他组织的,应当由单位经营者的法定代表人、其他组织的主要负责人或者该单位经营者、组织的财务负责人、负责收件的人签收;受送达人是个体工商户的,由个体工商户本人或者委托的代理人签收。

4. 受送达人有代理人的,可以将税务文书送交其代理人签收。

(二)直接送达中应当注意的问题

1. 受送达人本人在时,必须由其本人进行签收。

2. 受送达人本人不在时,可以由其同住的成年家属进行签收,这时候要特别注意只有符合同住、成年及家属这三项前提条件时，才能由其进行签收。

3. 在同住成年家属进行签收后，应当要求其提供户口本、身份证原件进行查验并复印备案。

4. 应当注意单位经营者没有依法进行工商登记的法定代表人、主要负责人，或者没有在税务机关备案的财务负责人是没有签收权的；经过税务登记的纳税人，一般财务人员没有签收权，必须是经过税务机关备案登记的财务负责人才享有签收权。负责收件的人作为签收人时，应持有加盖章的证明材料。

5. 代理人作为签收人时，必须要求其提供书面代理协议及授权委托书原件，查验后备案。

二、税务文书的留置送达

（一）留置送达的前提条件

受送达人或者其他签收人拒绝签收税务文书时。也就是说，必须受送达人本人或者其他符合条件的签收人在场，并且拒绝签收才适用这一送达方式。

（二）留置送达中应当注意的问题

1. 注意受送达人住所一般包括受送达人的生产经营地址、办公场地、办公地点或者住所。

2. 在留置送达中必须要有见证人签字。

3. 见证人的选择一般上应当选择有关基层组织。对于公民担任见证人时，应查明与受送达人之间是否具有利害关系，并应当核实其身份，并将身份证复印件留存备案。

4. 受送达人或者其他签收人拒绝签收税务文书的，税务执法人员应当在送达回证上记明拒收理由和日期，并由税务执法人员和见证人签名或者盖章。

三、税务文书的委托送达

（一）适用委托送达的前提条件

税务机关直接送达税务文书有困难。

（二）委托送达中应当注意的问题

1. 其他机关或者单位是指其他国家机关和事业单位或者群众性自治组织。

2. 个人不能接受税务机关委托送达税务文书；税务机关也不能委托个人送达税

务文书。

3. 委托送达税务文书的,以签收人或者见证人在送达回证上的签收或者注明的收件日期为送达日期,不是委托日期。

四、税务文书的邮寄送达

(一)适用邮寄送达的前提条件

税务执法人员直接送达有困难的。

(二)邮寄送达中应当注意的问题

1. 挂号邮寄送达税务文书,应当采取邮政特快专递方式。

2. 税务执法人员应当受送达人提供或确认自己的税务文书送达地址。可以要求受送达人签署税务文书送达地址确认书,也可以要求受送达人本人或单位经营者的法定代表人(负责人)在询问笔录中确认。提供或确认税务文书送达地址的内容,应包括详细地址、邮政编码和具体联系电话等内容。受送达人委托他人代收税务文书的,应当明确代收人的姓名或名称、代收地址、邮政编码和代收人的联系电话等内容。

3. 查明受送达人的住所地、经常居住地和经营场所。如果个体工商户的经常居住地与户籍登记的住所地不一致,单位经营者或其他组织现住所地(经营场所)与法定机关登记备案的住所地(经营场所)不一致,应当由受送达人确认或调取相关证据印证,并尽量要求受送达人确认税务文书的送达地址。

4. 受送达人未提供或确认税务文书送达地址的,要注意以下几点:

(1)个体工商户以其户籍登记中的住所地或经常居住地为送达地址。先以受送达人经常居住地为邮寄送达地址,如果通过该地址无法送达(包括查无此址、查无此人、无人签收等情形),再向受送达人户籍登记中的住所地、个体工商户的经营场所以及该受送达人其他居住地挂号邮寄送达税务文书。

(2)单位经营者或者其他组织以其工商登记或者其他依法登记、备案的住所地(主要经营场所)为送达地址。如果受送达人承认自己的实际住所地(主要经营场所)已改变但尚未办理变更登记备案手续,先以受送达人实际住所地(主要经营场所)为邮寄送达地址,通过该地址无法送达的,再向受送达人在法定机关登记备案的住所地(主要经营场所)挂号邮寄送达税务文书。如果有证据证明受送达人实际住所地(主要经营场所)已改变但未办理变更登记备案手续,受送达人亦未确认,可以同时向受送达人实际住所地（主要经营场所）、在法定机关登记备案的住所地（主要经营场所）挂号邮寄送达税务文书。

5. 准确填写收件人姓名或名称、联系电话，注明内装税务文书的名称和文号，并将 EMS 单据保存好。

6. 注意查询签收情况，固定相关证据。

（1）邮政企业退回挂号信件的，视退回原因采取相应措施。邮政企业注明收件人拒绝签收的，视为采取正常途径无法送达，依法适用公告送达程序送达税务文书。邮政企业注明退回原因为"查无此址、查无此人、收件人已搬迁"等情形的，应注意核实受送达人是否有其他通信地址。如果无法查到受送达人其他通信地址，依法适用公告送达程序送达税务文书。如果确实有其他通信地址，可以向这些通信地址挂号邮寄法律文书；仍然无法送达的，依法履行公告送达程序。因受送达人自己提供或者确认的送达地址不准确导致挂号信件退回，法律、法规、规章、司法解释或行政解释明确退回之日视为送达之日的，从其规定。特别提醒：邮政企业退回的挂号信件，不要拆封，连同退信凭单一并存档。

（2）挂号信件未退回的，及时向邮政企业查询签收情况，调取签收情况证明或者复印签收回执（通过邮政特快专递的，可通过网站或者电话查询）。有下列情形之一的，属于已经依法送达：受送达人本人签收；与受送达人同住的成年家属签收；受送达人是单位经营者或者其他组织，其法定代表人（主要负责人）或者办公室、收发室、值班室的工作人员签收；受送达人指定的代收人签收。其他人员签收的，可以采取以下方式确认：向受送达人复核确认其是否收到相关法律文书，或者是否同意收件人签收。向实际签收人调查核实是否已向受送达人转交的相关税务文书，或者虽然尚未转交但确属受送达人同意其签收。向邮政企业或其投递员核实，是否经受送达人同意交此实际签收人签收。如果无法证明受送达人收到税务文书，也无法证明实际签收人获得受送达人同意，应当依法重新送达相关税务文书，确实无法采取正常途径送达的，依法适用公告送达程序送达税务文书。

7. 邮寄送达的，以挂号函件回执上注明的收件日期为送达日期，并视为已送达。

五、税务文书的公告送达

（一）适用公告送达的前提条件

必须是同一送达事项的受送达人众多或者采用直接送达、留置送达、委托送达和邮寄送达等方式无法送达的情形出现时才能适用。

（二）公告送达中应当注意的问题

1. 只有在穷尽了前4种送达方式后仍不能送达的才能适用公告送达方式送达税务文书。

2. 应当按照法律规定确定公告期间。

3. 在公告送达的方式上，如果采取张贴公告的方式，应当在纳税人的住所地、经营地发布公告。如果采取登报的方式，应当是在纳税人住所地、经营地范围内发行量较大的公开发行的报纸上刊登公告，一般应当在标有CN标志的当地报纸上进行公告。

4. 公告内容应当表述清楚完整，应当向受送达人告知要送达的文书名称、字号以及相关处罚或者处理内容。

5. 公告送达税务文书，自公告之日起满30日，即视为送达。

六、必须向行政相对人送达税务文书

税务人员制作了税务文书之后，就必须向受送达人送达，否则就不在受送达人层面发生法律效力。因此，规范制作并依法向受送达人送达税务文书是防控风险的有效手段。当然，送达税务文书还必须取得《税务文书送达回证》。

七、必须由税务执法人员送达税务文书

税务机关的执法资格分为两个层面：一个是税务机关层面，必须具备执法主体资格，其载体是《税务行政执法主体资格证》；另一个是税务执法人员层面，必须具备执法资格，其载体是《税务检查证》。只有持有《税务检查证》，并且该检查证在有效期以内才能从事税务行政执法活动，否则没有税务行政执法权限。送达税务文书也是税务行政执法的一项具体执法活动，必须由持有《税务检查证》的税务执法人员才能进行，否则送达无效，产生风险。

八、如实记录受送达人拒绝签收税务文书时的理由

受送达人在拒绝签收税务机关送达的税务文书时，税务执法人员一定要在《税务文书送达回证》上记明拒收理由和日期，并制作现场笔录，如实详细记录受送达人拒绝签收税务文书的情形、理由和送达的全部情况，并要作为证据附卷备查。现

场笔录是行政执法的法定证据种类之一，税务执法人员一定要学会制作税务执法活动中的现场笔录。

九、如实记载送达日期和签收人

税务文书是否有效送达的标志是有没有《税务文书送达回证》，因此《税务文书送达回证》上一定要如实记载受送达人收到税务文书的日期，这是确定送达的税务文书生效的标志之一，如果没有填写收到日期，那么就无法判明该税务文书自何时起生效。同样，是何人收到的税务文书，也必须注明，否则无法判明税务文书的实际签收人与受送达人之间是否有关联，并由此判明税务文书是否有效送达。

十、规范填写《税务文书送达回证》

税务执法人员送达税务文书，一定要在《税务文书送达回证》上填写送达的税务文书名称、文书号、送达人、送达的税务机关、送达的日期、送达的地点一系列内容，并且要填写具体清楚，否则有风险。如果《税务文书送达回证》有备注栏，可以将送达时的一些特殊情况记载在备注栏里面。税务执法人员规范填写《税务文书送达回证》，可以有效防控税务文书送达程序的风险。

第八章

部分文书范本

一、特别纳税调整立案审核表

（一）适用范围

本文书适用于区县级以上税务机关实施特别纳税调整立案审核的情形。

（二）法律依据

根据国家税务总局印发的《特别纳税调整内部工作规程》第5条设置。

特别纳税调整立案审核表

（填写示例及填写要求）

第一部分：调查类型	转让定价
第二部分：基本情况	
调查期间：××××年至××××年	
纳税人名称：××有限责任公司	纳税人识别号（统一社会信用代码）：××××
经营地址：××市××区(县)××路××号××大厦×××室	注册资本：币种 人民币 金额 ×× 元
登记注册类型：有限责任公司（外商投资企业法人独资）	开业时间：××××年××月××日
法定代表人：×××	财务负责人：×××
联系电话：×××××××××××	电子邮箱：
主管税务机关：××市××区国税局	所属行业：行业代码 ××× 行业名称 ××。
投资构成：A公司 英属维尔京群岛 占注册资本100%	
主营业务范围及享受税收优惠政策：	
中介代理机构：××有限责任公司	代理人员姓名：×××
联系电话：×××××××××××	电子邮箱：

1.分成五大类：（1）“转让定价”；（2）“成本分摊协议”；（3）“受控外国企业”；（4）“资本弱化”；（5）“一般反避税”。

各大类又分若干小类，具体如下：（1）成本分摊协议分为无形资产、集团采购和集团营销策划；（2）资本弱化分为金融企业和非金融企业；（3）一般反避税分为滥用税收优惠、滥用税收协定、滥用公司组织形式、利用避税港避税和其他不具有合理商业目的的安排。

2.按照国民经济标准行业分类码及名称填报（详见附录）

3.投资方名称、投资方所在国家地区、投资比例

4.如果没有则填无。

第三部分：案件情况
调查情况简述： ××公司是外商独资企业，成立于1993年12月，其投资方：（英属维尔京群岛）A公司出资额100%，经营期限15年，注册资本：港币3000万元，主要经营范围：生产防盗器、五金塑胶模具、灯具及其配件、灯具压塑件、镇流器、灯泡包装。主要销售市场是美国，产品100%外销。××公司2000年开始获利，2000年至2004年享受"两免三减半"税收优惠。××公司生产经营购进的原材料、零配件等（包括价格和交易条件等）由A公司所控制，A公司是××公司外销对象。××公司生产的产品或商品的销售（包括价格和交易条件等）由B公司所控制，××公司董事或经理等高级管理人员一半以上或有一名常务董事由B公司委派。B公司的负责人与A公司的负责人是兄弟关系，B公司和A公司之间亦构成关联关系。 **主要避税嫌疑：** 1. 利润率明显偏低。××公司的税前利润率和息税前利润率均明显较低，1996年、1997年亏损，1998年后历年处于微利状态。而××公司投资方A公司在××公司利润率很低的情况下，仍不断追加投资，××公司的利润率并没有跟随销售额的明显上升有匹配的增长。 2. 毛利率低，产品销售成本占销售收入比重过高。以2004年为例，中国灯具行业的产品销售成本比例为84.8%，而××公司是94.59%，高出近10个百分点。 3. ××公司的产品由关联企业单方定价，该公司的产品入账价格为海关核定的价格，产品归类笼统，不能真实反映企业实际经营情况，具有关联企业控制的特征，这违背独立公平交易原则。
第四部分：审核情况
主管税务机关意见： 同意立案调查取证 ××××年 ××月 ××日
地市（州、区）税务机关意见： 同意立案调查取证 ×××× 年 ××月 ××日
省（自治区、直辖市、计划单列市）税务机关意见： 同意立案调查取证 ×××× 年 ××月 ××日
税务总局意见： 同意立案调查取证 ×××× 年 ××月 ××日
第五部分：附件

根据《特别纳税调整内部工作规程》第5条第2~3款

5.除全国联查案件和一般反避税管理以外的特别纳税调整案件，省级税务机关审核后同意立案的，应当及时通过案件管理系统呈报税务总局备案，并将《特别纳税调整立案审核表》以及有关资料转发给主管税务机关，主管税务机关应当组成办案小组实施调查；省级税务机关审核后不同意立案或者需进一步补充相关资料的，应当及时通过案件管理系统将意见转发给主管税务机关。

6.属于全国联查案件和一般反避税管理案件的，省级税务机关审核后，应当及时通过案件管理系统呈报税务总局审核，税务总局审核同意后，将《特别纳税调整立案审核表》以及有关资料转发给主管税务机关；税务总局审核后不同意立案或者需进一步补充相关资料的，应当及时通过案件管理系统将意见转发给主管税务机关。

7.与本立案审核表一并上报的其他资料，如立案报告等有关资料。

二、特别纳税调整工作联系单(适用于协查)

(一)适用范围

本文书适用于主管税务机关需要收集属于其他省(市)税务机关管辖的被调查纳税人关联方或可比对象相关资料的,层报省级税务机关,由省级税务机关转发办理的情形。

(二)法律依据

本文书根据《特别纳税调整内部工作规程》第7条设置。

特别纳税调整工作联系单

(适用于协查)

(填写示例及填写要求)

××市地方税务局:

根据我局特别纳税调整工作需要,请你局协助提供×××企业的以下信息:

1. ××企业组织结构和其他企业信息;
2. 企业的业务概况,包括所处的行业特征,市场环境、财务状况以及企业经营模式变化的合理性;
3. 关于××企业之间关联交易和分部财务报告的信息;
4. ××企业功能、风险和资产分析表;
5. 可比性分析;
6. 其他相关资料。

联系人:×××

联系电话:×××××××××××

××市国家税务局(章)

××××年××月××日

根据《特别纳税调整内部工作规程》第7条第2款

主管税务机关需要获取中央各部委有关信息资料的,应当层报税务总局,由税务总局审核后按规定程序办理;需要通过境外税务主管当局获取境外有关信息资料的,应当层报税务总局,由税务总局审核后根据我国对外签订的协定、协议或者安排的有关规定与境外税务主管当局开展信息交换。

1.填写协查税务局名称

2.根据特别纳税调整工作需要,请协查税务局协助提供企业信息的内容,内容应当一次性告知齐全。

3.在适用本文书时应区别不同情形,并考虑到工作的实际填写相关内容。

4.本通知书一式二份,一份送达协查税务局,一份税务机关留存。

三、特别纳税调整结案审核表

(一)适用范围

本文书特别纳税调整的结案审核。

(二)法律依据

根据《特别纳税调整内部工作规程》第 8 条设置。

特别纳税调整结案审核表

(填写示例及填写要求)

金额单位：人民币/元

第一部分：基本情况	
案件编号：××××	调查类型：转让定价
纳税人名称：××有限责任公司	纳税人识别号（统一社会信用代码）：
立案时间：××××年××月××日	调整期间：2010 年至 2015 年
主管税务机关：××××	所属行业：行业代码×××× 行业名称 ××
中介代理机构：××有限责任公司　　代理人员姓名：刘×× 联系电话：×××××××××××　　电子邮箱：	
调整前盈亏及纳税情况： 2010～2011 年度 企业销售实绩是××××万元，利润率×%，实际利润×××万元，上缴税款×××万元。 2011～2012 年度 企业销售实绩是××××万元，利润率×%，实际利润×××万元，上缴税款×××万元。 2012～2013 年度 企业销售实绩是××××万元，利润率×%，实际利润×××万元，上缴税收×××万元。	
调整后盈亏及纳税情况： 2013～2014 年度 企业销售实绩是××××万元，利润率×%，实际利润×××万元，上缴税款×××万元。 2014～2015 年度 企业销售实绩是××××万元，利润率×%，实际利润×××万元，上缴税款×××万元。	

1.按照国民经济标准行业分类码及名称填报。

2.如果没有则填无。

3.分年度填写。

4.分年度填写。

第二部分：结案情况
调查结论或者初步调整方案简述： ××企业的原材料购进以及产品销售业务都是和香港 C 公司进行的，×× 企业根本不核算产成品的单位成本，其真正的成本核算中心是香港公司。××企业的产品销售价格是由其关联公司香港 C 公司制定的，根本没有按照独立企业之间的业务往来进行独立、公平的交易，没有体现市场价格的波动，同时，它的毛利率远远低于同行业企业，以上事实充分证明了××企业购销价格完全受控于香港 C公司。 根据上述事实，依据《中华人民共和国外商投资企业和外国企业所得税法》第 13 条规定："外商投资企业或者外国企业在中国境内设立的从事生产、经营的机构、场所与其关联企业之间的业务往来，应当按照独立企业之间的业务往来收取或者支付价款、费用。不按照独立企业之间的业务往来收取或者支付价款、费用，而减少其应纳税的所得额的，税务机关有权进行合理调整。"因此，我们拟对 ××企业的 转让定价行为进行调整。经过分析后，我们认为可比受控价格法、销售价格法、成本加成法均不适用，因此我们尝试在可比利润法、利润分割法、净利润等方法中寻找合理的调整方法，最后决定采用 可比利润法制定调整方案对 ××企业的应纳税所得额进行调整。 调整补税情况： 经双方充分谈判磋商，最终达成一致意见，确定××公司2010 年至2015 年的总成本加成率分别为 4.535%、4.425%、4.880%、5.355%、6.675%、8.040%，六年共调增应纳税所得额 23,617,604.43元，补缴了外商投资企业所得税 243 万元。
第三部分：审核情况
主管税务机关意见： 同意 ××××年××月××日
地市（州、区）税务机关意见： 同意 ××××年××月××日
省（自治区、直辖市、计划单列市）税务机关意见： 同意 ××××年××月××日
税务总局意见： 同意 ××××年××月××日
第四部分：附件

5.分税种分年度填写。

6.根据《特别纳税调整内部工作规程》第8条、第9条

第8条："主管税务机关办案小组应当集体研究讨论形成案件初步调整方案或不予调整的意见和理由，填制《特别纳税调整结案审核表》，并附结案报告以及有关资料，通过案件管理系统层报省级税务机关，由省级会审小组集体审核。"

第9条："属于全国联查案件的重大案件，由主管税务机关填制《特别纳税调整结案审核表》，并附结案报告以及有关资料通过案件管理系统层报税务总局，按照有关规定由全国会审小组集体审核，无需经过省级会审小组集体审核。除全国联查案件以外的重大案件，经省级会审小组审核同意后，通过案件管理系统呈报税务总局，按照有关规定由全国会审小组集体审核。全国会审小组集体审核案件时，可以听取办案小组成员和省级会审小组成员对案件调查具体情况的汇报，共同讨论、评议案件。"

7.与本结案审核表一并上报的其他资料，如结案报告、协商内容记录等有关资料。

四、特别纳税调整补征税款情况统计表

(一)适用范围

本文书适用于主管税务机关向纳税人下发《特别纳税调查调整通知书》后填写补征税款、加收利息和滞纳金入库情况。

(二)法律依据

根据《特别纳税调整内部工作规程》第13条设置。

特别纳税调整补征税款情况统计表

(填写示例及填写要求)

案件编号：***

纳税人识别号(统一社会信用代码)：××××××××××

纳税人名称：××有限责任公司

金额单位：人民币/元

项目	企业所得税	增值税	消费税	其他税种	合计
入库时间	2015.10.9	2015.10.9	2015.10.9	2015.10.9	—
补征税款	×××	××	××	××	×××
加收利息	××	××	××	××	×××
加收滞纳金	—	—	—	—	—
合计	×××	××	××	××	×××

1.在纳税人实际补(退)税款之日起10日内,将补(退)税款、加收利息和滞纳金情况填制《特别纳税调整补征税款情况统计表》,通过案件管理系统层报税务总局备案。

2.分次入库的，以实际入库时间分次填写。

五、预约定价安排补(退)税款情况统计表

(一)适用范围

本文书适用于主管税务机关向纳税人送达《预约定价安排补(退)税款通知书》后填写补(退)税款、加收利息和滞纳金入库情况。

(二)法律依据

根据《特别纳税调整内部工作规程》第13条设置。

预约定价安排补（退）税款情况统计表

（填写示例及填写要求）

案件编号：****
纳税人识别号（统一社会信用代码）：×××××××××××
纳税人名称：××有限公司

金额单位：人民币/元

项目	企业所得税	增值税	消费税	其他税种	合计
入库时间	2016.11.1	—	—	—	—
退税款	×××	—	—	—	×××
加收利息	—	—	—	—	—
加收滞纳金	—	—	—	—	—
合计	×××	—	—	—	×××

1.根据《特别纳税调整内部工作规程》第13条

在纳税人实际补（退）税款之日起10日内，将补（退）税款、加收利息和滞纳金情况填制《预约定价安排补（退）税款情况统计表》，通过案件管理系统层报税务总局备案。

2.分次入库的，以实际入库时间分次填写。

3.填写时退税以负数填写。

六、相互协商协议补（退）税款情况统计表

（一）适用范围

本文书适用于主管税务机关向向纳税人送达《特别纳税调整相互协商协议补（退）税款通知书》后填写补（退）税款、加收利息和滞纳金入库情况。

（二）法律依据

根据《特别纳税调整内部工作规程》第13条设置。

相互协商协议补（退）税款情况统计表

（填写示例及填写要求）

案件编号：***
纳税人识别号（统一社会信用代码）： ×××××××××××
纳税人名称：××有限责任公司

金额单位：人民币/元

项目	企业所得税	增值税	消费税	其他税种	合计
入库时间	2015.10.9	2015.10.9	2015.10.9	2015.10.9	—
补征税款	×××	××	××	××	×××
加收利息	××	××	××	××	×××
加收滞纳金	—	—	××	—	—
合计	×××	××	××	××	××××

1.根据《特别纳税调整内部工作规程》第13条

在纳税人实际补（退）税款之日起10日内，将补（退）税款、加收利息和滞纳金情况填制《相互协商协议补（退）税款情况统计表》，通过案件管理系统层报税务总局备案。

2.分次入库的，以实际入库时间分次填写。

3.填写时退税以负数填写。

七、特别纳税调整工作联系单（适用于信息交换）

（一）适用范围

本文书适用于主管国家税务机关特别纳税调查调整过程中，发现企业避税疑点涉及地方税务机关管辖税种，用于信息交换的情形。

（二）法律依据

根据《特别纳税调整内部工作规程》第16条设置。

特别纳税调整工作联系单

(适用于信息交换)

××市地方税务局:

我局在对××××企业进行特别纳税调查调整过程中,发现如下避税疑点,现告知你局:

1. ××公司在产品销售增长速度较快的情况下长期处于微利状态,而且在公司投资回报率极低的基础上还追加巨额投资;

2. ××公司××××~××××年产品销售成本占产品销售收入的比例较大,一直维持在×%以上,造成毛利率长期在×%以下,毛利率偏低;

3. ××的原材料采购和产品销售业务,×%受控于关联公司香港C公司,这为转让定价提供了方便;

4. 实际经营状况与可行性报告中的预测获利能力偏差较大。

联系人:×××

联系电话:×××××××××××

××市国家税务局(章)

××××年××月××日

1. 本通知书一式二份,一份送达对方税务局,一份税务机关留存。

2. 填写信息交换税务局名称。

3. 填写根据特别纳税调整工作需要,信息交换内容应当一次性告知齐全。

4. 根据《特别纳税调整内部工作规程》第16条

各地国家税务局和地方税务局应当加强特别纳税调整工作的协调配合,涉及对方税务机关管辖税种的,应当向对方发出《特别纳税调整工作联系单(适用于信息交换)》;同时涉及双方管辖税种的,可以联合开展特别纳税调查调整。

八、特别纳税调查结论通知书

(一)适用范围

本文书适用于区县级以上税务机关对企业实施特别纳税调整事项调查,未发现企业减少应纳税收入或者所得额的情形。

(二)法律依据

本文书依照《企业所得税法》、《企业所得税法实施条例》、《税收征收管理法》、《税收征收管理法实施细则》的有关规定,以及《特别纳税调整实施办法(试行)》第42条设置。

× ×县国家税务局

特别纳税调查结论通知书

×国税特结通〔××××〕××号

（填写实例及填写要求）

× ×有限公司：

经对你企业2014年4月1日至2014年10月31日期间的特别纳税调整事项进行调查，未发现你企业违反《中华人民共和国企业所得税法》第六章第四十一条及其实施条例第六章第一百一十条，以及《中华人民共和国税收征收管理法》第三十三条及其实施细则第四十三条的有关规定，减少应纳税收入或者所得额。

× ×县国家税务局（章）

××××年××月××日

1.填写被通知人名称。

2.概括填写通知事项的内容。

3.本文书应由主管税务机关负责人批准。

4.本通知书一式三份，一份送被调查纳税人，一份送税务机关征收部门，一份由税务机关调查部门归档。

九、特别纳税调查初步调整通知书

（一）适用范围

本文书适用于区县级以上税务机关对纳税人实施特别纳税调整事项的调查，发现企业减少其应纳税收入或者所得额，并作出初步纳税调整的情形。

（二）法律依据

本文书依照《企业所得税法》、《企业所得税法实施条例》、《税收征收管理法》、《税收征收管理法实施细则》的有关规定，以及《特别纳税调整实施办法（试行）》第43条设置。

（三）填写要求

1. 抬头：填写被通知人名称。

2. 特别注意事项：本文书应由主管税务机关负责人批准。

3. “加收利息情况”：在“基准利率 +5 个百分点”或“基准利率”栏打“√”，按照有关规定不加收利息的，不填写此栏。

4. 本通知书与《税务文书送达回证》一并使用。

5. 本通知书一式两份，一份送被调查纳税人，一份由税务机关归档。

（四）文书范本

××县国家税务局
特别纳税调查初步调整通知书

×国税初调通〔××××〕××号

经调查，你企业于 2013 年至 2014 年纳税年度，违反《中华人民共和国企业所得税法》及其实施条例和《中华人民共和国税收征收管理法》及其实施细则关于特别纳税调整的有关规定，初步调增你企业应纳税收入××元，应补增值税、消费税等××元；调增你企业应纳税所得额××元，应补企业所得税××元，并按规定加收利息。

若你企业对上述初步调整意见有异议，请你企业收到本通知书之日起 7 日内书面报送本局。逾期视为弃权处理，我局将按税收法律法规的有关规定实施纳税调整。

特此通知。

××县国家税务局（章）
××××年××月××日

应纳税所得额调整项目表
(××××~××××年度)

企业名称(章):××有限公司　　　　纳税人识别号:×××××

调整项目	摘　要	应纳税所得额	
一、收入类调整项目		调增	调减
1. 视同销售收入		*	
2. 按权益法核算长期股权投资对初始投资成本调整确认收益		*	
3. 确认为递延收益的政府补助		*	
4. 境外应税所得		*	
二、扣除类调整项目			
1. 视同销售成本		*	
2. 广告费和业务宣传费支出		*	
三、资产类调整项目			
1. 财产损失	*		
2. 投资转让、处置所得	*		
小计			
净增(减)额		××	
企业申报所得额		×××	
注册会计师报告应纳税所得额		×××	
税务机关年度汇算清缴应纳税所得额		×××	
其他审计调整后应纳税所得额		×××	
特别纳税调查调整后应纳税所得额		×××	

金额单位:××人民币(元)

各项税收应补明细表

企业名称(章):××有限公司　　　　纳税人识别号:×××××

金额单位:××人民币(元)

税种	所属年度	应交税额	已交税额	应补税额	加收利息情况	
					基准利率 +5个百分点	基准利率
消费税	2013~2014	××	××	××	√	—
增值税	2013~2014	××	××	××	√	—
合计	——	××	××	××	××	

十、特别纳税调查调整通知书

（一）适用范围

本文书区县级以上税务机关对纳税人实施特别纳税调整事项的调查，发现企业减少其应纳税收入或者所得额，并作出纳税调整决定的情形。

（二）法律依据

本文书依照《企业所得税法》《企业所得税法实施条例》《税收征收管理法》《税收征收管理法实施细则》的有关规定，以及《特别纳税调整实施办法（试行）》第43条设置。

（三）填写要求

1. 抬头：填写被通知人名称。

2. 事由：概括填写通知事项的内容。

3. 特别注意事项：本文书应由主管税务机关负责人批准。

4. "限你企业自收到本通知书之日起____天内"横线上天数应根据《税收征收管理法实施细则》第73条规定限期缴纳税款的期限填写。

5. "加收利息情况"：在"基准利率+5个百分点"或"基准利率"栏打"√"，按照有关规定不加收利息的，不填写此栏。

6. 本通知书与《税务文书送达回证》一并使用。

7. 本通知书一式三份，一份送被调查纳税人，一份送税务机关征收部门，一份由税务机关调查部门归档。

（四）文书范本

××县国家税务局
特别纳税调查调整通知书

×国税特通〔××××〕××号

××有限公司：

经调查，你企业于2013年至2014年纳税年度，违反《中华人民共和国企业所得税法》及其实施条例和《中华人民共和国税收征收管理法》及其实施细则关于特别纳税调整的有关规定，决定调增你企业应纳税收入××元，应补增值税、消费税等××元；调增你企业应纳税所得额××元，应补企业所得税××元，并按有关规定加收利息。

限你企业自收到本通知书之日起十日内，向××县国家税务局负责税款征收部门缴纳上述税款及利息，逾期未缴纳税款的，从滞纳税款之日起，按日加收滞纳税款万分之五的滞纳金。

附件：1. 应纳税所得额调整项目表

2. 各项税收应补明细表

××县国家税务局（章）

××××年××月××日

告知：你企业如对本通知书调整纳税方面有异议，必须先依照本通知书决定缴纳或者解缴税款、利息及滞纳金，或者提供相应的担保，然后可自上述款项缴清或者提供相应担保被税务机关确认之日起六十日内向××市国家税务局申请行政复议。

应纳税所得额调整项目表
（××××年度）

企业名称（章）：××有限公司　　　　纳税人识别号：×××××××

金额单位：××人民币（元）

调整项目	摘　要	应纳税所得额	
一、收入类调整项目		调增	调减
1. 视同销售收入		*	
2. 按权益法核算长期股权投资对初始投资成本调整确认收益		*	
3. 确认为递延收益的政府补助			*

续表

调整项目	摘　要	应纳税所得额	
4. 境外应税所得		*	
二、扣除类调整项目			
1. 视同销售成本			*
2. 广告费和业务宣传费支出			*
三、资产类调整项目			
1. 财产损失		*	
2. 投资转让、处置所得		*	
小 计			
净增(减)额		××	
企业申报所得额		×××	
注册会计师报告应纳税所得额		×××	
税务机关年度汇算清缴应纳税所得额		×××	
其他审计调整后应纳税所得额		×××	
特别纳税调查调整后应纳税所得额		×××	

各项税收应补明细表

企业名称(章):××有限公司　　　　纳税人识别号:×××××

金额单位:××人民币(元)

税种	所属年度	应交税额	已交税额	应补税额	加收利息情况	
					基准利率 +5 个百分点	基准利率
消费税	2013~2014	××	××	××	√	—
增值税	2013~2014	××	××	××	√	—
合计	————	××	××	××	××	

十一、税务事项通知书

（一）适用范围

本文书在税务机关对纳税人、扣缴义务人等税收当事人通知有关税务事项时使用。除法定的专用通知书外，税务机关在通知纳税人缴纳税款、滞纳金，要求当事人提供有关资料，办理有关涉税事项时均可使用此文书。在本风险防控指引中主要涉及以下情形：

1. 鼓励企业自行调整：税务机关通过关联申报审核、同期资料管理、前期监控和后续跟踪管理等特别纳税调整遵从引导等手段，鼓励企业依据有关规定自行调增应纳税收入或者所得额的情形。

2. 要求被调查企业提供资料：税务机关在实施转让定价调查时，要求企业及其关联方，以及与关联业务调查有关的其他企业提供相关资料的情形。

3. 预约定价安排管理同意提交谈签意向：主管税务机关向企业通知送达同意其提交谈签意向的情形。

4. 预约定价安排管理同意提交正式申请：主管税务机关向企业通知送达同意其提交正式申请的情形。

5. 预约定价安排管理通知已签署双边或者多边预约定价安排：主管税务机关向企业通知，双方或者多方税务主管当局授权的代表已签署双边或者多边预约定价安排的情形。

6. 暂停、终止预约定价安排程序：主管税务机关向企业通知暂停、终止预约定价安排程序的情形。

7. 认定预约定价安排自始无效：没有按照规定的权限和程序签署预约定价安排，或者税务机关发现企业隐瞒事实的，认定预约定价安排自始无效的情形。

（二）法律依据

1. 鼓励企业自行调整：根据国家税务总局《关于特别纳税调整监控管理有关问题的公告》（国家税务总局公告 2014 年第 54 号）。

2. 要求被调查企业提供资料：根据国家税务总局《特别纳税调整内部工作规程》第 33 条。

3. 根据国家税务总局《关于完善预约定价安排管理有关事项的公告》第 6 条。

4. 根据国家税务总局《关于完善预约定价安排管理有关事项的公告》第 8 条。

5. 根据国家税务总局《关于完善预约定价安排管理有关事项的公告》第9条。

6. 根据国家税务总局《关于完善预约定价安排管理有关事项的公告》第14条。

7. 根据国家税务总局《关于完善预约定价安排管理有关事项的公告》第15条。

(三)填写要求

1. 抬头:填写被通知人名称。

2. 事由:概括填写通知事项的内容。

3. 依据:填写法律法规的内容,要求是具体到条、款、项、目。

4. 通知内容:填写税收当事人办理通知事项的时限、需要的资料、到达地点等内容。通知内容应当一次性告知齐全。

5. 特别注意事项:税务机关在适用本文书时应区别不同情形,并考虑到工作的实际填写相关内容。

6. 本通知书一式二份,一份送达被通知人,一份留存。

(四)文书范本

1. 鼓励企业自行调整:

××市国家税务局

税务事项通知书

×国税通〔××××〕××号

××市××有限责任公司:

纳税人识别号:××××××××××××××××××

事由:特别纳税调整风险。

依据:《国家税务总局关于特别纳税调整监控管理有关问题的公告》(国家税务总局公告2014年第54号)第一款。

通知内容:税务机关在对你单位×××/×××等的调查审核中,发现以下涉税问题:你单位×××××××××××× ,存在特别纳税调整风险。现要求你单位审核分析与关联方之间××××××的合理性,并按照有关规定20日之内提供同期资料或者其他有关资料对疑点进行说明。同时,你单位对存在的问题可以自行调整补税。

特此通知。

××市国家税务局(章)
××××年××月××日

2. 要求被调查企业提供资料:

××市国家税务局
税务事项通知书

×国税通〔××××〕××号

××市××有限公司:

纳税人识别号:××××××××××××××××××

事由:由于我局实施你单位转让定价调查,需要你公司提供《×××××》、《×××××》资料。

依据:《国家税务总局关于印发〈特别纳税调整实施办法〉(试行)》(国税发〔2009〕2号)第三十三条。

通知内容:现通知你公司于××××年××月××日前将上述资料报送我局。

××市国家税务局(章)
××××年××月××日

3. 预约定价安排管理同意提交谈签意向：

【单边范本】

×× 市国家税务局
税务事项通知书

×国税通〔××××〕××号

××市××有限公司：

纳税人识别号：××××××××××××××××××

事由：你公司于××××年××月××日向我局提交《预约定价安排预备会谈申请书》，经过我局与你公司开展的预备会谈情况，同意你公司提交《预约定价安排谈签意向书》。

依据：《国家税务总局关于完善预约定价安排管理有关事项的公告》（国家税务总局公告 2016 年第 64 号）第六条。

通知内容：同意你公司提交《预约定价安排谈签意向书》，并附送单边预约定价安排申请草案。

单边预约定价安排申请草案应当包括以下内容：

1. 预约定价安排的适用年度；

2. 预约定价安排涉及的关联方及关联交易；

3. 企业及其所属企业集团的组织结构和管理架构；

4. 企业最近 3 ~ 5 个年度生产经营情况、财务会计报告、审计报告、同期资料等；

5. 预约定价安排涉及各关联方功能和风险的说明，包括功能和风险划分所依据的机构、人员、费用、资产等；

6. 预约定价安排使用的定价原则和计算方法，以及支持这一定价原则和计算方法的功能风险分析、可比性分析和假设条件等；

7. 价值链或者供应链分析，以及对成本节约、市场溢价等地域特殊优势的考虑；

8. 市场情况的说明，包括行业发展趋势和竞争环境等；

9. 预约定价安排适用期间的年度经营规模、经营效益预测以及经营规划等；

10. 预约定价安排是否追溯适用以前年度；

11. 对预约定价安排有影响的境内、外行业相关法律、法规；

12. 企业关于不存在本条第3项所列举情形的说明；

13. 其他需要说明的情况。

××市国家税务局(章)
××××年××月××日

【双边或多边范本】

××市国家税务局
税务事项通知书

×国税通〔××××〕××号

××市××有限公司：

纳税人识别号：××××××××××××××××××

事由：你公司于××××年××月××日同时向国家税务总局及我局提交《预约定价安排预备会谈申请书》，经过国家税务总局组织与你公司开展预备会谈，同意你公司提交《预约定价安排谈签意向书》。

依据：《国家税务总局关于完善预约定价安排管理有关事项的公告》(国家税务总局公告2016年第64号)第六条。

通知内容：同意你公司提交《预约定价安排谈签意向书》，并附送单边预约定价安排申请草案。

双边或者多边预约定价安排申请草案应当包括以下内容：

1. 预约定价安排的适用年度；

2. 预约定价安排涉及的关联方及关联交易；

3. 企业及其所属企业集团的组织结构和管理架构；

4. 企业最近3～5个年度生产经营情况、财务会计报告、审计报告、同期资料等；

5. 预约定价安排涉及各关联方功能和风险的说明，包括功能和风险划分所依据的机构、人员、费用、资产等；

6. 预约定价安排使用的定价原则和计算方法，以及支持这一定价原则和计算方法的功能风险分析、可比性分析和假设条件等；

7. 价值链或者供应链分析，以及对成本节约、市场溢价等地域特殊优势的考虑；

8. 市场情况的说明，包括行业发展趋势和竞争环境等；

9. 预约定价安排适用期间的年度经营规模、经营效益预测以及经营规划等；

10. 预约定价安排是否追溯适用以前年度；

11. 对预约定价安排有影响的境内、外行业相关法律、法规；

12. 企业关于不存在本条第3项所列举情形的说明；

13. 其他需要说明的情况；

14. 向税收协定缔约对方税务主管当局提出预约定价安排申请的情况；

15. 预约定价安排涉及的关联方最近3～5个年度生产经营情况及关联交易情况；

16. 是否涉及国际重复征税及其说明。

××市国家税务局(章)

××××年××月××日

4. 预约定价安排管理同意提交正式申请：

××市国家税务局

税务事项通知书

×国税通〔××××〕××号

××市××有限公司：

纳税人识别号：××××××××××××××××××××

事由：你公司于××××年××月××日向我局提交《预约定价安排谈签意向书》及预约定价安排申请草案。经分析评估预约定价安排申请草案内容，认为预约定价安排申请草案符合独立交易原则的，同意你公司提交《预约定价安排正式申请书》。

依据：《国家税务总局关于完善预约定价安排管理有关事项的公告》（国家税务总局公告2016年第64号）第八条。

通知内容：同意你公司提交《预约定价安排正式申请书》，并附送预约定价安排正式申请报告。

××市国家税务局（章）
××××年××月××日

5. 预约定价安排管理通知已签署双边或者多边预约定价安排：

××市国家税务局
税务事项通知书

×国税通〔××××〕××号

××市××有限公司：

纳税人识别号：××××××××××××××××××

事由：通知双边预约定价安排签署情况。

依据：《国家税务总局关于完善预约定价安排管理有关事项的公告》（国家税务总局公告2016年第64号）第九条。

通知内容：××××年××月××日××税务局、××××税务局签署××××《双边预约定价安排》，现将双边预约定价安排签署情况通知你公司，并附送该《预约定价安排》。

附：《预约定价安排》

××市国家税务局（章）
××××年××月××日

6. 预约定价安排管理暂停、终止预约定价安排程序：

××市国家税务局
税务事项通知书

×国税通〔××××〕××号

××市××有限公司：

纳税人识别号：××××××××××××××××××

事由：你公司于××××年××月××日向我局提交《预约定价安排正式申请书》。经审查，本局发现你公司提供的关联方及关联交易系虚假资料。

依据：《国家税务总局关于完善预约定价安排管理有关事项的公告》（国家税务总局公告 2016 年第 64 号）第十四条。

通知内容：本局发现你公司提供的关联方及关联交易系虚假资料，属于应当终止预约定价安排程序的情形，现依据相关规定通知你公司终止预约定价安排程序。

××市国家税务局（章）
××××年××月××日

7. 认定预约定价安排自始无效：

××市国家税务局
税务事项通知书

×国税通〔××××〕××号

××市××有限公司：

纳税人识别号：××××××××××××××××××

事由：你公司于××××年××月××日与本局签订《××单边预约定价安

排》。本局在后续监控中发现你公司隐瞒关联交易事实。

依据:《国家税务总局关于完善预约定价安排管理有关事项的公告》(国家税务总局公告2016年第64号)第十五条。

通知内容:本局在后续监控中发现你公司隐瞒关联交易事实,属于应当认定预约定价安排自始无效的情形,现依据相关规定通知你公司上述预约定价安排自始无效。

××市国家税务局(章)

××××年××月××日

(五)特别责任限制

通知日期如涉及邮寄送达,税务机关可以告知纳税人等税收当事人"于收到本通知书之日起10日内办理相关事项"。

(六)特别权力限制

税务机关不能用本文书处理被调查纳税人涉及的税款。本文书只能适用于税务机关在实施转让定价调查时,鼓励企业自行调整的程序性税务事项。

十二、特别纳税调整监控管理报告

关于××××公司××××
特别纳税调整监控管理工作报告
(文书范本)

第一部分:监控管理工作整体概述

第二部分:具体情况

一、企业概况

(一)企业基本信息

(二)企业生产经营及纳税情况

二、关联关系的确定

【相关依据】

国家税务总局《关于完善关联申报和同期资料管理有关事项的公告》(国家税务总局公告2016年第42号)第2条、第3条:

企业与其他企业、组织或者个人具有下列关系之一的,可以确定关联关系存在。

(一)一方直接或者间接持有另一方的股份总和达到25%以上;双方直接或者间接同为第三方所持有的股份达到25%以上。

如果一方通过中间方对另一方间接持有股份,只要其对中间方持股比例达到25%以上,则其对另一方的持股比例按照中间方对另一方的持股比例计算。

两个以上具有夫妻、直系血亲、兄弟姐妹以及其他抚养、赡养关系的自然人共同持股同一企业,在判定关联关系时持股比例合并计算。

(二)双方存在持股关系或者同为第三方持股,虽持股比例未达到本条第(一)项规定,但双方之间借贷资金总额占任一方实收资本比例达到50%以上,或者一方全部借贷资金总额的10%以上由另一方担保(与独立金融机构之间的借贷或者担保除外)。

借贷资金总额占实收资本比例=年度加权平均借贷资金/年度加权平均实收资本,其中:

年度加权平均借贷资金=i笔借入或者贷出资金账面金额×i笔借入或者贷出资金年度实际占用天数/365

年度加权平均实收资本=i笔实收资本账面金额×i笔实收资本年度实际占用天数/365

(三)双方存在持股关系或者同为第三方持股,虽持股比例未达到本条第(一)项规定,但一方的生产经营活动必须由另一方提供专利权、非专利技术、商标权、著作权等特许权才能正常进行。

(四)双方存在持股关系或者同为第三方持股,虽持股比例未达到本条第(一)项规定,但一方的购买、销售、接受劳务、提供劳务等经营活动由另一方控制。

上述控制是指一方有权决定另一方的财务和经营政策,并能据以从另一方的经营活动中获取利益。

(五)一方半数以上董事或者半数以上高级管理人员(包括上市公司董事会秘书、经理、副经理、财务负责人和公司章程规定的其他人员)由另一方任命或者委派，或者同时担任另一方的董事或者高级管理人员；或者双方各自半数以上董事或者半数以上高级管理人员同为第三方任命或者委派。

（六）具有夫妻、直系血亲、兄弟姐妹以及其他抚养、赡养关系的两个自然人分别与双方具有本条第（一）至（五）项关系之一。

（七）双方在实质上具有其他共同利益。

除第（二）项规定外，上述关联关系年度内发生变化的，关联关系按照实际存续期间认定。

仅因国家持股或者由国有资产管理部门委派董事、高级管理人员而存在上述第（一）至（五）项关系的，不构成本公告所称关联关系。

三、关联交易的确定

【相关依据】

1.《中华人民共和国企业所得税法实施条例》第109条第1款。

2.国家税务总局《关于完善关联申报和同期资料管理有关事项的公告》（国家税务总局公告2016年第42号）第4条。

《公告》第4条：关联交易主要包括：

（一）有形资产使用权或者所有权的转让。有形资产包括商品、产品、房屋建筑物、交通工具、机器设备、工具器具等。

（二）金融资产的转让。金融资产包括应收账款、应收票据、其他应收款项、股权投资、债权投资和衍生金融工具形成的资产等。

（三）无形资产使用权或者所有权的转让。无形资产包括专利权、非专利技术、商业秘密、商标权、品牌、客户名单、销售渠道、特许经营权、政府许可、著作权等。

（四）资金融通。资金包括各类长短期借贷资金（含集团资金池）、担保费、各类应计息预付款和延期收付款等。

（五）劳务交易。劳务包括市场调查、营销策划、代理、设计、咨询、行政管理、技术服务、合约研发、维修、法律服务、财务管理、审计、招聘、培训、集中采购等。

四、特别纳税风险提示

（一）涉税风险内容

（二）针对存在的疑点和问题，主管税务机关根据国家税务总局《关于特别纳税调整监控管理有关问题的公告》（国家税务总局公告2014年第54号）的规定，向该公司送达了《税务事项通知书》，提示了存在特别纳税调整风险，要求该公司对疑点进行说明,并对存在的问题自行进行调整。

五、企业核实调整情况

(一)相关依据

1.《中华人民共和国企业所得税法》第48条。

2.《中华人民共和国企业所得税法实施条例》第121条、第122条。

3.国家税务总局《关于特别纳税调整监控管理有关问题的公告》(国家税务总局公告2014年第54号)第3条。

(二)调整情况

(三)税款及利息计算

(四)税款入库情况

××国税局

××××年××月××日

十三、税务检查通知书(一)、(二)

(一)适用范围

本文书适用于区县级以上税务机关依法针对企业转让定价调查及调整实施税务检查的情形。

(二)法律依据

本文书根据《税收征收管理法》第54条、第57条,《税收征收管理法实施细则》第89条,《特别纳税调整实施办法(试行)》第32条第2项、第35条设置。

(三)填写要求

1.抬头:填写被通知人名称。

2.事由:概括填写通知事项的内容。

3.依据:填写法律法规的内容,要求是具体到条、款、项、目。

4.通知内容:填写税务机关对纳税人等税收当事人进行税务检查的涉税内容及所属期间。通知内容应当一次性告知齐全。

5.特别注意事项:税务机关在适用本文书时应区别不同情形,并考虑到工作的实际填写相关内容。

6. 本通知书一式二份,一份送达被检查人,一份留存。

(四)文书范本

1. 税务检查通知书(一)

××县国家税务局
税务检查通知书

×国税×检通一〔××××〕×号

××公司:

纳税人识别号:××××××××××××××××××

根据《国家税务总局关于印发〈特别纳税调整实施办法〉(试行)的通知》(国税发〔2009〕2号)第32条第2项规定,决定派×××、×××人,自××××年×月×日起对你公司涉税情况进行检查(如检查发现此期间以外明显的税收违法嫌疑或线索不受此限)。届时请依法接受检查,如实反映情况,提供有关资料。

××县国家税务局(章)
××××年××月××日

告知:税务机关派出的人员进行税务检查时,应当出示税务检查证和税务检查通知书,并有责任为被检查人保守秘密;未出示税务检查证和税务检查通知书的,被检查人有权拒绝检查。

2. 税务检查通知书(二)

××区国家税务局
税务检查通知书

×国税×检通二〔××××〕×号

××公司:

纳税人识别号:××××××××××××××××××

根据《国家税务总局关于印发〈特别纳税调整实施办法〉(试行)的通知》(国税发〔2009〕2号)第35条规定,现派×××、×××等人,前往你处对特别纳税事项进行调查取证,请予支持,并依法如实提供有关资料及证明材料。

××区国家税务局(章)
××××年××月××日

告知:税务机关派出的人员进行税务检查时,应当出示税务检查证和税务检查通知书,并有责任为被检查人保守秘密。未出示税务检查证和税务检查通知书的,被调查人有权拒绝为税务机关提供有关资料及证明材料;有权拒绝协助税务机关调查取证。

十四、询问通知书

(一)适用范围

本文书适用于区县级以上税务机关检查人员依法就企业转让定价调查及调整向有关人员进行询问时的情形。

(二)法律依据

本文书根据《税收征收管理法》第54条、《特别纳税调整实施办法(试行)》第32条设置。

(三)填写要求

1. 抬头:填写被通知人名称。

2. 事由:概括填写通知事项的内容。

3. 依据:填写法律法规的内容,要求是具体到条、款、项、目。

4. 通知内容:填写税务机关对企业特别纳税事宜向有关人员进行询问的时间、地点、联系方式等内容。通知内容应当一次性告知齐全。

5. 特别注意事项:税务机关在适用本文书时应区别不同情形,并考虑到工作的实际填写相关内容。

6. 本通知书一式二份,一份送达被询问人,一份留存。

(四)文书范本

××区国家税务局
询问通知书

×国税询通〔××××〕×号

××有限公司:

依据《中华人民共和国税收征收管理法》第五十四条第(四)项规定,请你公司财务人员于××××年××月××日××时到××区国家税务局办公楼××室就你公司有关涉税事宜接受询问。

联系人:×××

联系电话:×××××××××××

税务机关地址:××县××路××号

××区国家税务局(章)

××××年××月××日

十五、询问(调查)笔录

(一)适用范围

本文书适用于区县级以上税务机关询问当事人及有关人员企业特别纳税相关情况的情形。

(二)法律依据

本文书根据《税收征收管理法》第54条、第58条,《行政处罚法》第37条,《特别纳税调整实施办法(试行)》第32条第4项设置。

(三)填写要求

1. 本笔录应当用钢笔、碳素笔、计算机制作,不得使用圆珠笔、铅笔。

2. 本笔录主页上方已设定的内容应逐项填写。

3. 本笔录的正文部分采用问答形式。在笔录的起始部分,税务执法人员不得少于两人,应表明身份,并明确告知被询问调查当事人法定义务与法定权利。

4. 特别注意事项:税务机关在适用本文书时应区别不同情形,并考虑到工作的实际填写相关内容。

5. 记录询问(调查)的内容要真实、准确、详细、具体,不能随意取舍。重要情节要尽量记下原话,以保持其原意不变。对于被询问(调查)人所提供的每一事实或情节,应当记明来源。对证人提供的物证、书证,要在记录中反映出来并记明证据的来源。询问人出示证据提问,也必须写明出示何物。

6. 询问(调查)结束,应将笔录交由被询问(调查)人核对,对没有阅读能力的,应向其宣读。如被询问(调查)人认为笔录有遗漏或差错,应允许其补充或改正。修改过的笔录,应当由被询问(调查)人在改动处押印。被询问(调查)人认为笔录无误后,在笔录结束处签名并押印;被询问(调查)人拒绝签名的,应当注明。询问(调查)人、记录人要签署日期并签名,询问(调查)人与记录人签名不得相互代签。

(四)文书范本

询问(调查)笔录

时间:××××年××月××日××时××分至××××年××月××日

××时××分

地点:××市××区××大厦××室

询问(调查)人:×××　　记录人:×××

被询问(调查)人: ×××　　性别:×

年龄:××　　职务:×××

工作单位: ××有限责任公司　　联系电话:×××××××××××

我们是××市××区 税务局的执法人员×××、×××,税务检查证号分别为××××、××××,行政执法证号分别为××××、××××。根据《中华人民共和国税收征收管理法》第五十四条(或第五十八条)、《国家税务总局关于印发〈特别纳税调整实施办法〉(试行)的通知》(国税发〔2009〕2号)第三十二条第四项规定,就××有限责任公司的涉税事宜,向你调查询问,请你配合,如实回答询问并提供有关资料。在调查中,你有陈述、申辩的权利,陈述申辩依法成立的,我局将予采纳。

调查情况将作笔录,经被调查人校阅后签字或押印,作为证据,你将对本《询问(调查)笔录》的内容和自己书写内容的真实性承担法律责任。你听清楚了吗?

答:听清楚了。

问:你认为我们是否与本案有直接利害关系,如有请提供证据,申请我们回避。

答:没有要申请回避的。

问:请详细说明××有限公司基本情况。

答:××有限公司,是澳门××集团公司(以下简称××集团)设在内地某市的外商独资企业,××××年×月成立,注册资本10000万元澳币,投资总额20000万元澳币。经营期限20年。公司主要是生产经营工业用机床、模具,产品100%出口。××××年当年盈利,××××~××××年享受"两免三减"的企业所得。

被调查人:×××(签名)

共肆页　第壹页

税税收优惠,××××~××××年适用30%的企业所得税率,3%地方所得税率,××××年起适用25%企业所得税率。

问:具体说明××有限公司控股情况。

答:××有限公司为×集团100%控股子公司,×集团作为×公司的控股股东行使对公司经营进行监管与控制、股利分配等共益权和自益权,×公司的经理及高级管理人员均由×集团委派。

问:××有限公司生产、采购、出口销售、核心技术的详细情况。

答:××有限公司生产用原材料、辅助材料、外购半成品等直接材料100%采购自×集团,×公司的产品100%出口销售给×集团,×公司生产产品的核心技术由×集团提供,由×集团拥有自主知识产权。

问:本局在现场调查你公司生产车间,查看生产技术准备过程、基本生产过程、辅助生产过程和生产服务过程,前往仓库了解物流管理过程,前往厂部查询生产计划、销售计划和董事会决议及相关文件资料。认为×公司从×集团购进直接材料及销售产品给×集团时,其交易价格均由×集团内部控制,×公司实际无独立定价权。

答:以上情况属实。

被调查人对询问(调查)笔录的意见:以上笔录共叁页,我看过(或者向我宣读过),与我说的相符。

被调查人:×××(签字押印)	××××年××月××日
调查人:×××	记录人:×××
××××年××月×× 日	××××年××月××日

共肆页　第壹页

(五)特别责任限制

询问(调查)人员、记录人是否回避为必经程序此处记录不可省略。

十六、调取账簿资料通知书

(一)适用范围

本文书适用于区县级以上税务机关针对企业转让定价调查实施调取被调查纳税人的账簿凭证等资料的情形。

（二）法律依据

本文书根据《税收征收管理法》第 54 条第 1 款及《税收征收管理法实施细则》第 86 条、《特别纳税调整实施办法（试行）》第 32 条第 5 项设置。

（三）填写要求

1. 抬头：填写被通知人名称。

2. 事由：概括填写通知事项的内容。

3. 依据：填写法律法规的内容，要求是具体到条、款、项、目。

4. 通知内容：填写税务机关需要调取被调查纳税人账簿资料的具体名称、数量、送达地点、送达时限等内容。通知内容应当一次性告知齐全。

5. 本通知书一式二份，一份送达被检查人，一份留存。

（四）特别权力限制

1. 通知日期如涉及邮寄送达，税务机关可以告知纳税人等税收当事人“于收到本通知书之日起 10 日内办理相关事项”；如涉及公告送达，通知期限可以告知纳税人等税收当事人“于本通知公告生效之日起 10 日内办理相关事项”。

2. 使用本文书调取被调查纳税人以前会计年度的账簿、记账凭证、报表和其他有关资料时，应由县以上税务局（分局）局长批准，必须在 3 个月之内完整退还；调取被调查纳税人当年的账簿、记账凭证、报表和其他有关资料时，应由设区的市、自治州以上税务局局长批准，必须在 30 日之内退还。

3. 以区县级税务机关名义作出本文书，向纳税人等税收当事人予以通知，就必须加盖区县级税务机关的章，不能加盖区县级税务机关直属的相关分局的章进行通知。

（五）范本

【以前会计年度】

×××县国家税务局
调取账簿资料通知书

×国税调〔××××〕×号

×××有限责任公司：

纳税人识别号：××××××××××××××××××××

根据《中华人民共和国税收征收管理法实施细则》第八十六条、《国家税务总局关于印发〈特别纳税调整实施办法〉(试行)的通知》(国税发〔2009〕2 号)第三十二条第五项规定,经××县国家税务局局长批准,决定调取你公司××××年×月×日至××××年××月××日的账簿、记账凭证、报表和其他有关资料到税务机关进行检查,请你公司于××××年××月××日前将上述资料送到××县国家税务局×××室。

联系人员:×××

联系电话:×××××××××××

税务机关地址:××××镇××路××号

××县国家税务局(章)

××××年××月××日

【当年】

××县国家税务局
调取账簿资料通知书

×国税调〔××××〕×号

×××有限责任公司:

纳税人识别号:××××××××××××××××××

根据《中华人民共和国税收征收管理法实施细则》第八十六条、《国家税务总局关于印发〈特别纳税调整实施办法〉(试行)的通知》(国税发〔2009〕2 号)第三十二条第五项规定,经××市国家税务局局长批准,决定调取你公司××××年×月×日至××××年××月××日的账簿、记账凭证、报表和其他有关资料到税务机关进行检查,请你公司于××××年××月××日前将上述资料送到××县国家税务局×××室。

联系人员:×××

联系电话:××××

税务机关地址：××××路××号

××县国家税务局(章)
××××年××月××日

十七、调取账簿资料清单

(一)适用范围

本文书适用于区县级以上税务机关调取或者退还账簿资料的情形。

(二)法律依据

本文书根据《税收征收管理法》第54条第1款、《税收征收管理法实施细则》第86条、《特别纳税调整实施办法(试行)》第32条第5项设置。

调取账簿资料清单

(填写示例及填写要求)

被查对象名称：××有限公司

共1页 第1页

序号	账簿资料名称	资料所属时期	单位	数量	页(号)数	备注
1	会计报表	2014	册	11		
2	记账凭证	2014	本	3		
3	总分类账	2014	册	2		
4	往来明细账	2014	册	2		
5	现金日记账	2014	册	2		
	以下空白					

税务检查人员签字：×××　××× 企业经办人签字：××× ××县国家税务局（章） 调取时间：2015年8月12日	税务检查人员签字：×××　××× 企业经办人签字：××× （××有限公司章） 退还时间：2015年8月19日

1.“备注”栏填写调取账簿资料的出处、有关附列资料等内容。

2.账簿资料的名称填写完后表格仍有空白处的需注明“以下空白”。

3.本清单一式二份，一份送达被检查人，一份由税务机关留存。

十八、税务资料受理回执

(一)适用范围

本文书适用于区县级以上税务机关在实施转让定价调查时,企业及其关联方、可比企业接到税务机关要求其提供相关资料的《税务事项通知书》后,税务机关向企业及关联方确认收悉资料的情形。

(二)法律依据

本文书根据《税收征收管理法》及《税收征收管理法实施细则》相关规定、《特别纳税调整实施办法(试行)》第33条设置。

(三)特别权力限制

税务机关不能用本文书处理被调查纳税人涉及的税款。本文书只能适用于税务机关在实施转让定价调查时,确认企业及其关联方,以及与关联业务调查有关的其他企业提供相关资料的程序性税务事项。

税务资料受理回执

（填写示例及填写要求）

×××销售有限公司：

你公司于××××年××月××日报送的下列资料收悉：

序号	资料名称	数量	备注
1	（××××-××××年度）企业营业记录	1册共计××页	—
2	关联交易相关资料	1册共计××页	—
3	其他同期资料	1册共计××页	—

报送人：××销售有限公司　　受理人：××

××县国家税务局（章）

××××年××月××日

1.填写提交资料企业或其关联方以及与关联业务调查有关的其他企业的名称。

2.填写提交资料的名称、数量、资料收悉时间等内容。清单内容应当填写齐全。

3.“备注”栏填写资料的出处、有关附列资料等内容。

4.本清单一式二份，一份送达资料提交企业或关联方，一份由税务机关留存。

十九、补正资料告知书

(一)适用范畴

本文书适用于区县级以上税务机关在实施转让定价调查时,要求企业及其关联方，以及与关联业务调查有关的其他企业，补充提供相关资料的情形。

（二）法律依据

本文书根据《税收征收管理法》《税收征收管理法实施细则》相关规定以及《特别纳税调整实施办法（试行）》第33条设置。

补正资料告知书

（填写示例及填写要求）

×××销售有限公司：

贵公司按照《税务事项通知书》（×国税通〔××××〕×号）提供的有关资料已于××××年××月××日收悉。经审查，需要补充下列材料：

序号	资料名称	数量	备注
1	关联交易相关资料	×份	—

请于××××年××月××日前补正。请将补正后资料邮寄至：

地址：××省××县××路××号

单位：××县国家税务局（收）

邮编：××××××

联系电话：××××-×××××××

××县国家税务局（章）

××××年××月××日

1.填写应补正资料的企业或其关联方以及与关联业务调查有关的其他企业的名称。

2.填写补正资料的名称、数量、资料收悉时间等内容。清单内容应当填写齐全。

3.“备注”栏填写资料的出处、有关附列资料等内容。

4.本清单一式二份，一份送达资料提交企业或关联方，一份由税务机关留存。

（三）特别责任限制

告知日期如涉及邮寄送达，税务机关可以告知纳税人等税收当事人“于收到本告知书之日起10日内办理相关事项”。

（四）特别权力限制

税务机关不能用本文书处理被调查纳税人涉及的税款。本文书只能适用于税务机关在实施转让定价调查时，要求企业及其关联方，以及与关联业务调查有关的其他企业补正提供相关资料的程序性税务事项。

二十、协商内容记录

(一)适用范围

本文书适用于区县级以上税务机关调查人员与被调查纳税人协商调查调整方案、征询企业意见。

(二)法律依据

本文书依照《特别纳税调整实施办法(试行)》第43条第2项的规定设置。

(三)填写要求

1. 本记录应当用钢笔(碳素笔)、毛笔书写或计算机制作,不得使用圆珠笔、铅笔。

2. 本记录主页上方已设定的内容应逐项填写。企业主谈人员应由企业法人代表参加,若法人代表不能参加应委托其他人员参加,并出具法人代表委托书给税务机关。

3. 本记录的正文部分采用问答形式。在记录的起始部分,税务主谈人员应表明身份,并明确告知企业主谈人员法定义务与法定权利。

4. 记录询问调查的内容要真实、准确、详细、具体,不能随意取舍。重要情节要尽量记下原话,以保持其原意不变。对于企业主谈人所提供的每一事实或情节,应当记明来源。对提供的物证、书证,要在记录中反映出来并记明证据的来源。税务主谈人出示证据提问,也必须写明出示何物。

5. 本记录一式一份,由税务机关归档。

(四)文书范本

协商内容记录

企业名称(章):××有限责任公司　　纳税人识别号:××××××××××××××

税务主谈人员	×××	企业主谈人员	×××,系该公司法定代表人
税务出席人员	××× ×××	企业出席人员	××× ×××
协商地点	××县国家税务局	协商时间	××××年××月××日××时××分到××时××分

记录人员:××　　调查人员签认备案:×××、×××　　共1页第1页

协商内容记录

××县国家税务局：

我们是××县国家税务局的执法人员×××、×××，税务检查证号分别为××××××、××××××，行政执法证号分别为××××××、××××××。根据《特别纳税调整实施办法（试行）》第四十三条的规定，我局现与你公司协商调查调整方案、征询你公司意见。请你公司配合，如实回答询问并提供有关资料。在协商中，你公司有陈述、申辩的权利，陈述申辩依法成立的，我局将予采纳。

协商情况将作笔录，经你公司校阅后签字或押印，作为证据，你公司将对本《询问（调查）笔录》的内容和自己书写内容的真实性承担法律责任。你听清楚了吗？

××材料销售公司：听清楚了。

××县国家税务局：你认为我们是否与本案有直接利害关系，如有请提供证据，申请我们回避。

××材料销售公司：不申请回避。

××县国家税务局：××材料销售公司，经我局调查发现，你公司××××年××月发生的一笔交易是向关联企业低价销售材料，已严重违背独立交易原则。以下是证据材料（包括《××材料销售公司与B公司销售合同》《企业关联关系认定表》《企业关联交易认定表》），你公司是否认可？是否提交相关证据？

××材料销售公司：我们之前不知道这笔交易违背了独立交易原则，现在知道了，认可。没有证据提交。

××县国家税务局：对你公司与关联方交易违背独立交易原则，我局决定日后向你公司送达《特别纳税调查初步调整通知书》，初步调增你企业应纳税收入×××元，应补增值税、消费税、营业税等×××元；调增你企业应纳税所得额×××元，应补企业所得税×××元，并按规定加收利息。

××材料销售公司：我公司同意，利息是多少？如何计算？

××县国家税务局：根据《中华人民共和国企业所得税法实施条例》第一百二十一条规定，税务机关根据税收法律、行政法规的规定，对企业作出特别纳税调整的，应当对补征的税款，自税款所属纳税年度的次年××月××日起至补缴税款之日止的期间，按日加收利息。《中华人民共和国企业所得税法实施条例》第一百二十二条规定，企业所得税法第四十八条所称利息，应当按照税款所属纳税年度中国人民银行公布的与补税期间同期的人民币贷款基准利率加5个百分点计算。你公司应补缴的×××税款属于××××年度的税款。

因此，计算利息的期限为从××××年××月××日到××××年××月××日，共18个月时间，加收的利息为×××元。

××材料销售公司：我公司没有异议。

××县国家税务局：你对以上陈述还有需要补充的吗？

××材料销售公司：没有。

问：请你看一下记录，是否和你说的一样？

××材料销售公司：相符。

税务主谈人员（章）：　　　　企业主谈人员（章）：

（五）特别权力限制

协商结束，应将记录交由企业核对，对没有阅读能力的，应向其宣读。如企业认为记录有遗漏或差错，应允许其补充或改正。修改过的记录，应当由企业主谈人员在改动处押印。企业认为记录无误后，除在记录结束处由主谈人员签名并押印外，还应当骑缝押印；企业拒绝签印的，应当注明，由至少两名调查人员签认备案。最后，税务主谈人、记录人要签署日期并签名，税务主谈人与记录人签名不得相互代签。

二十一、预约定价安排预备会谈申请书

（一）适用范围

企业有谈签预约定价安排意向，向税务机关书面提出的预备会谈申请。

（二）法律依据

根据国家税务总局《关于完善预约定价安排管理有关事项的公告》第5条第1项设置。

（三）填写要求

1. 企业有谈签预约定价安排意向的，税务机关需提示企业提交该申请书，并告知申请格式、填写要求等。

2. 企业提交本申请书，主管税务机关应留存归档。

（四）文书范本

预约定价安排预备会谈申请书

××市国家税务局：

根据

☑《中华人民共和国企业所得税法》及其实施条例

☑《中华人民共和国税收征收管理法》及其实施细则

□中华人民共和国（政府）与________（政府）间签订并执行的避免双重征税协定、协议或者安排的有关规定，现就我企业与关联方之间的业务往来，提出

☑单边预约定价安排预备会谈申请

□双边预约定价安排预备会谈申请

□多边预约定价安排预备会谈申请

联系人：×××

联系电话：×××××××××××

附报资料：共 × 份×× 页

1. 组织结构和其他关联企业信息；

2. 企业的业务概况，包括所处的行业特征，市场环境、财务状况以及企业经营模式变化的合理性；

3. 关于关联交易和分部财务报告的信息；

4. 功能、风险和资产分析表；

5. 可比性分析；

6. 合理转让定价方法的选择和使用；

7. 其他相关资料。

企业名称（盖章）：

纳税人识别号（统一社会信用代码）：

法定代表人（章）：

××××年××月××日

（五）特别权力限制

根据国家税务总局《关于完善预约定价安排管理有关事项的公告》第5条第1项：

企业申请单边预约定价安排的，应当向主管税务机关书面提出预备会谈申请，提交《预约定价安排预备会谈申请书》。主管税务机关组织与企业开展预备会谈。

企业申请双边或者多边预约定价安排的，应当同时向国家税务总局和主管税务机关书面提出预备会谈申请，提交《预约定价安排预备会谈申请书》。国家税务总局统一组织与企业开展预备会谈。

二十二、单边预约定价安排受理谈签意向审核表

（一）适用范围

本文书适用于是否受理纳税人单边预约定价谈签意向的审核。

（二）法律依据

根据《特别纳税调整内部工作规程》第17条设置。

（三）填写要求

1. 所属行业按照国民经济标准行业分类码及名称填报。

2. 投资构成需要列明各投资方名称、投资方所在国家（地区）和投资比例。

3. 代理案件的中介机构情况，如果没有则填“无”。

4. 附件是指与本审核表一并上报的其他资料，如预备会谈报告等有关资料。

（四）文书范本

单边预约定价安排受理谈签意向审核表

（填写示例及填写要求）

第一部分：基本情况	
安排拟适用年度：××××年至××××年	签订类型：新签 ☑ 修订 □ 续签 □
纳税人名称：××有限责任公司	纳税人识别号（统一社会信用代码）：××××
经营地址：××市××县××路××号	注册资本：币种人民币 金额 ×× 元
登记注册类型：	开业时间：××××年××月××日
法定代表人：×××	财务负责人：×××
联系电话：×××××××××××	电子邮箱：
主管税务机关：××税务局	所属行业：行业代码 ×× 行业名称 ××
投资构成（投资方名称、投资方所在国家地区、投资比例）： ××× 中国香港 占注册资本××% ××× 中国××省××市 占注册资本××%	

所属行业按照国民经济标准行业分类码及名称填报。

主营业务范围及享受税收优惠政策：
中介代理机构：××税务师事务所　代理人员姓名：××× 联系电话：××××××××××××　电子邮箱：
第二部分：预备会谈情况
纳税人就预约定价安排作出的简要说明： ××企业与关联企业××公司年度发生的关联交易金额在5000万元以上，其已经依法履行了关联申报义务，并按规定准备、保存和提供同期资料，××企业希望就次年起4个连续年度的关联交易（2012~2016）采用的定价原则和计算方法，提出协商并达成协议。 预备会谈达成一致意见： 同意谈签意向
第三部分：审核情况
主管税务机关意见： 同意谈签意向 ××××年××月××日
地市（州、区）税务机关意见： 同意谈签意向 ××××年××月××日
省（自治区、直辖市、计划单列市）税务机关意见： 同意谈签意向 ××××年××月××日
税务总局意见： ××××年××月××日
第四部分：附件

如果没有则填“无”。

根据《特别纳税调整内部工作规程》第17条第2款：税务机关在预备会谈期间和纳税人达成一致意见的，主管税务机关应当填制《单边预约定价安排受理谈签意向审核表》，附预备会谈报告以及有关资料，通过案件管理系统层报省级税务机关审核。省级税务机关审核后同意的，应当及时呈报税务总局备案，并由主管税务机关向纳税人送达同意其提交谈签意向的《税务事项通知书》。

附件是指与本审核表一并上报的其他资料，如预备会谈报告等有关资料。

二十三、预约定价安排谈签意向书

(一)适用范围

本文书适用于企业收到主管税务机关送达同意其提交谈签意向的《税务事项通知书》后,向税务机关提交《预约定价安排谈签意向书》的情形。

(二)法律依据

本文书根据国家税务总局《关于完善预约定价安排管理有关事项的公告》第6条第1项设置。

(三)填写要求

1. 企业提交本意向书应附送单边、双边或者多边预约定价安排申请草案。

2. 企业提交本意向书,主管税务机关应留存归档。

(四)文书范本

预约定价安排谈签意向书

××市国家税务局:

根据

☑《中华人民共和国企业所得税法》及其实施条例

☑《中华人民共和国税收征收管理法》及其实施细则

□中华人民共和国(政府)与________(政府)间签订并执行的避免双重征税协定、协议或者安排的有关规定,按照你局××××年××月××日送达我企业的《税务事项通知书》(×国税意向〔××××〕×号)的要求,现就我企业与关联方××集团公司之间的业务往来,提出

☑单边预约定价安排谈签意向

□双边预约定价安排谈签意向

□多边预约定价安排谈签意向

请予签收。

附报资料:共 ×× 份 ×× 页

1. 相关的集团组织架构、公司内部结构、关联关系、关联交易情况;

2. 企业近 3 年财务、会计报表等资料，产品功能和资产（包括无形资产和有形资产）；

3. 安排所涉及的关联交易类别和纳税年度；

4. 关联方之间功能和风险划分；

5. 安排适用的转让定价原则和计算方法，以及支持这一原则和方法的功能风险分析、可比性分析和假设条件；

6. 市场情况的说明；

7. 安排预约期间的年度经营规模、经营效益预测以及经营规划；

8. 与安排有关的关联交易、经营安排及利润水平等财务方面的信息；

9. 是否涉及双重征税；涉及境内、外有关法律、税收协定等相关问题。

10. 其他相关资料。

企业名称（盖章）：××有限公司

纳税人识别号（统一社会信用代码）：××××××

法定代表人（章）：×××

××××年××月××日

（五）特别权力限制

根据国家税务总局《关于完善预约定价安排管理有关事项的公告》第 6 条第 3 项，有下列情形之一的，税务机关可以拒绝企业提交谈签意向：

1. 税务机关已经对企业实施特别纳税调整立案调查或者其他涉税案件调查，且尚未结案的；

2. 未按照有关规定填报年度关联业务往来报告表；

3. 未按照有关规定准备、保存和提供同期资料；

4. 预备会谈阶段税务机关和企业无法达成一致意见。

二十四、预约定价安排正式申请书

（一）适用范围

本文书适用于主管税务机关向企业送达同意其提交正式申请的《税务事项通知书》，企业收到通知后，可以向税务机关提交《预约定价安排正式申请书》的情形。

（二）法律依据

本文书根据国家税务总局《关于完善预约定价安排管理有关事项的公告》第8条设置。

（三）填写要求

1. 企业提交本申请书，应一并附送预约定价安排正式申请报告。

2. 企业提交本申请书，主管税务机关应留存归档。

（四）文书范本

预约定价安排正式申请书

（填写示例及填写要求）

××市国家税务局：

根据

☑《中华人民共和国企业所得税法》及其实施条例

☑《中华人民共和国税收征收管理法》及其实施细则

□中华人民共和国（政府）与________（政府）间签订并执行的避免双重征税协定、协议或者安排的有关规定，按照你局××××年××月××日送达我企业的《税务事项通知书》（×国税预约〔××××〕×号）的要求，现就我企业与关联方××集团公司之间的业务往来，提出：

☑单边预约定价安排正式申请

□双边预约定价安排正式申请

□多边预约定价安排正式申请

请予签收。

附报资料：共××份××页

1. 相关的集团组织架构、公司内部结构、关联关系、关联交易情况；

2. 企业近3年财务、会计报表等资料，产品功能和资产（包括无形资产和有形资产）；

3. 安排所涉及的关联交易类别和纳税年度；

4. 关联方之间功能和风险划分；

5. 安排适用的转让定价原则和计算方法，以及支持这一原则和方法的功能风险分析、可比性分析和假设条件；

6. 市场情况的说明；

7. 安排预约期间的年度经营规模、经营效益预测以及经营规划；

8. 与安排有关的关联交易、经营安排及利润水平等财务方面的信息；

9. 是否涉及双重征税；涉及境内、外有关法律、税收协定等相关问题；

10. 其他相关资料。

企业名称（盖章）：×××××

纳税人识别号（统一社会信用代码）：××××××××

法定代表人（章）：×××

××××年××月××日

（五）特别权力限制

根据国家税务总局《关于完善预约定价安排管理有关事项的公告》第 8 条第 2 项，有下列情形之一的，税务机关可以拒绝企业提交正式申请：

1. 预约定价安排申请草案拟采用的定价原则和计算方法不合理，且企业拒绝协商调整；

2. 企业拒不提供有关资料或者提供的资料不符合税务机关要求，且不按时补正或者更正；

3. 企业拒不配合税务机关进行功能和风险实地访谈；

4. 其他不适合谈签预约定价安排的情况。

二十五、单边预约定价安排签署审核表

（一）适用范围

本文书适用于是否与纳税人签署单边预约定价安排的审核。

（二）法律依据

根据《特别纳税调整内部工作规程》第 17 条设置。

单边预约定价安排签署审核表

（填写示例及填写要求）

第一部分：基本情况（系统内可通过案件编号自动带出）	
案件编号：***	主管税务机关：××市国家税务局
纳税人名称：×机械制造有限公司	纳税人识别号（统一社会信用代码）：
送达同意纳税人提交谈签意向的《税务事项通知书》日期：××××年××月××日	安排适用年度：××××年至××××年
主管税务机关：××市国家税务局	所属行业：行业代码×××× 行业名称 电影机械制造
中介代理机构：税务师事务所 代理人员姓名：××、×× 联系电话：××××××××××× 电子邮箱：	

所属行业按照国民经济标准行业分类码及名称填报。

如果没有则填“无”。

第二部分：分析评估及协商情况
一、了解×公司经营范围、历史经营状况，评估×公司的经营规划、发展趋势，重点审核×公司的生产项目、可行性研究报告、投资预（决）算、董事会决议等，分析了反映经营业绩的有关信息和资料，如财务、会计报表、审计报告等。 二、分析、评估×公司与×集团之间在供货、生产、运输、销售等各环节以及在开发、使用专利技术等方面各自执行的功能以及在存货、信贷、外汇、市场等方面所承担的风险。 三、以×公司提供的可比信息资料为依据，分析、评估境内、境外是否存在可比产品价格信息，可比企业和申请企业之间的实质性差异和调整的可行性，在不能确认可比交易或经营活动的合理性时，中介代理进一步提供了有关资料、说明等，以证明其所选用的转让定价调整原则和计算方法能够公平地反映了×公司与×集团关联交易和经营现状，并可得到相关财务、经营资料的证实。分析×公司、×集团及其他可比企业的相关财务、经营等资料，评估选用其他转让定价调整原则和计算方法的可行性。 四、对关键假设进行分析，对影响行业盈利能力和×公司生产经营的因素及其影响程度进行评估，在此基础上合理确定预约定价安排适用的假设条件。 五、对转让定价调整原则和计算方法进行分析，评估该转让定价原则和计算方法是否能够合理地运用于×公司与×集团间以前、现在和未来年度的关联交易以及是否符合我国境内外有关法律、税收协定或安排和是否存在双重征税的问题。 六、对预期经调整后的利润区间进行评估，以确定能否为税务机关和企业所接受。

在分析评估过程中，经办人员在转让定价调整方法的选定上与×公司产生分歧。在协商过程中，认为×公司与×集团间关联交易高度整合且难以单独评估各方交易结果。最后达成一致协商意见，利润分割法是本案转让定价调整的最佳方法。之后，双方就假设条件、定价原则、计算方法以及适用期限等主要问题进行进一步协商，确定适用期限为自×公司提交正式申请年度的次年起×个未来连续年度，即××××年××月××日至××××年××月××日。双方经协商达成一致并形成初步预约定价安排，内容包括：关联方基本信息、安排涉及的关联交易及适用年度、安排选定的可比价格或交易、转让定价原则和定价方法、预期经营结果、相关术语定义、假设条件、企业年度报告、记录保存、假设条件变动通知等义务、安排的法律效力、文件等信息的保密性、相互责任条款、安排的修订、解决争议的方法和途径、生效日期及附则。
第三部分：审核情况
主管税务机关意见： 审核同意签署《单边预约定价安排》　　××××年××月××日
地市（州、区）税务机关意见： 审核同意签署《单边预约定价安排》　　××××年××月××日
省（自治区、直辖市、计划单列市）税务机关意见： 审核同意签署《单边预约定价安排》　　××××年××月××日
税务总局意见： 审核同意签署《单边预约定价安排》　　××××年××月××日
第四部分：附件

附件是指与本审核表一并上报的其他资料，如预约定价安排文本、分析评估报告等有关资料。

二十六、单边预约定价安排(参照文本)

(一)适用范围

本文书适用于主管税务机关与企业的法定代表人或法定代表人授权的代表正式签订单边预约定价安排。

(二)法律依据

本文书根据国家税务总局《关于完善预约定价安排管理有关事项的公告》第9条设置。

(三)填写要求

预约定价安排文本可以包括以下内容:

1. 企业及其关联方名称、地址等基本信息;

2. 预约定价安排涉及的关联交易及适用年度;

3. 预约定价安排选用的定价原则和计算方法,以及可比价格或者可比利润水平等;

4. 与转让定价方法运用和计算基础相关的术语定义;

5. 假设条件及假设条件变动通知义务;

6. 企业年度报告义务;

7. 预约定价安排的效力;

8. 预约定价安排的续签;

9. 预约定价安排的生效、修订和终止;

10. 争议的解决;

11. 文件资料等信息的保密义务;

12. 单边预约定价安排的信息交换;

13. 附则。

(四)文书范本

单边预约定价安排

根据《中华人民共和国企业所得税法》及其实施条例和《中华人民共和国税收

征收管理法》及其实施细则的有关规定，经××有限责任公司正式申请，××市国家税务局确认，双方愿意签署本预约定价安排。

第一条　一般定义

在本预约定价安排中，除上下文另有解释的以外：

（一）“主管税务机关”是指××市国家税务局。

（二）“纳税人”是指××有限责任公司，纳税人识别号（统一社会信用代码）××××××××××××××××××，地址××省××市××区××路××号××单元××室。

第二条　适用范围

（一）税种范围：本预约定价安排适用所得税以及其他税种。

（二）企业与其关联方之间业务往来类型：本预约定价安排适用于企业与其关联方×集团之间的供货、生产、运输、销售等业务往来。

第三条　适用期间

本预约定价安排适用于××××年至××××年共2个纳税年度，每一纳税年度自××月××日至××月××日。

第四条　关键假设

本预约定价安排选用的定价原则和计算方法是基于以下假设条件：

1. ×公司、×集团的实际经营模式不变。

2. ×公司主营业务收入为关联产品销售收入，其他业务收入及其他偶然性收入占总收入比不超过×%。

3. ×公司的关联交易产品生产使用的直接材料全部采购自×集团。

4. ×公司的关联交易产品全部出口销售给×集团，随后再销售。

5. ×集团拥有的关联交易产品的核心生产技术自主产权未过保护期，且其在市场上仍具技术优势，可变现净值未大幅贬值。

6. 市场对×公司关联交易产品需求稳定，×集团再销售未出现大量积压。年度初期和期末存货量差异不应超过本年销售量的××%。

7. 政府关于汇率、出口退税、关税、进出口限制、国际协定等政策的变动未对关联企业及其经营状况产生实质性影响。

在执行期内，若上述假设条件发生变化，企业应在发生变化××日内向主管税务机关报告，双方视具体情况修订或终止本预约定价安排。

第五条　转让定价方法

××有限责任公司与其关联方之间关联交易采用的转让定价原则和计算方法为利润分割法。(每一关联交易分别列明)

第六条　年度报告

在预约定价安排适用期间,企业应在每个纳税年度终了后六个月内提交预约定价安排执行情况的年度报告,并提交如下资料:

1. 执行预约定价安排情况;

2. 实质性变化报告。

第七条　预约定价安排的效力

在本预约定价安排适用期间,双方均应遵照执行。如果企业没有遵照执行,主管税务机关可视具体情况进行处理,或单方终止本预约定价安排。

第八条　预约定价安排的续签

本预约定价安排不作为续签的依据。企业应当按照有关规定提出续签申请。

第九条　争议的解决

如双方就本预约定价安排的实施和解释发生歧义,应先协商解决。经协商不能解决的,双方均可向上一级税务机关申请协调;预约定价安排同时涉及两个或者两个以上省、自治区、直辖市和计划单列市税务机关的,或者同时涉及国家税务局和地方税务局的,双方均可向国家税务总局申请协调。如果企业不能接受协调结果,可以考虑修订或终止本预约定价安排。

第十条　保密义务和责任

主管税务机关与企业在本预约定价安排的谈签及执行过程中获取的信息,双方均负有保密义务。

国家税务总局可以按照有关规定与其他国家(地区)税务主管当局就单边预约定价安排文本实施信息交换(涉及国家安全的信息除外)。

第十一条　生效、修订与终止

本预约定价安排自双方法定代表人或其授权人签字盖章后生效。

由主管税务机关和企业的法定代表人或者其授权代表于××××年××月××日在××市国家税务局签署本预约定价安排。

主管税务机关或企业修订或终止预约定价安排,均应书面通知对方。通知内容包括修订或终止时间及原因。

第十二条　附则

本预约定价安排应当使用中文,一式两份,主管税务机关和企业各执一份。

××市国家税务局　　　　　　　　　　××有限责任公司
签名:　　　　　　　　　　　　　　　签名:
日期:××××年××月××日　　　　　　日期:××××年××月××日
职务:法定代表人　　盖章:　　　　　　职务:法定代表人　　盖章:

(五)特别权力限制

签署主体为双方的法定代表人或者法定代表人授权的代表,授权代表需提交授权委托书原件。

二十七、单边预约定价安排信息交换(中文)

(一)适用范围

本文书适用于税务机关在签署单边预约定价安排后填写层报税务总局的情形,仅作为信息交换使用。是单边预约定价安排信息交换表(英文)中文翻译版。

(二)法律依据

本文书根据《特别纳税调整内部工作规程》第17条设置。

(三)填写要求

1. 本表项目除部分标注为选填项目外,其余均为必填项。

2. 第五部分纳税人其他信息"安排涉及关联交易金额":填写单边预约定价安排适用期间涉及关联交易预计合计金额。

第五部分纳税人其他信息"年度营业收入":填写单边预约定价安排适用期间预计纳税人平均年度营业收入。

第五部分纳税人其他信息"年度营业利润":填写单边预约定价安排适用期间预计纳税人平均年度营业利润。

3. 第六部分对单边预约定价安排作简要描述和总结,填写单边预约定价安排的简要描述和总结,并简要说明第五部分各项金额的关键假设和计算过程。

4. 第八部分纳税人所属企业集团内其他实体有关信息,分别填写纳税人最终控股企业、直接控股企业和单边预约定价安排涉及关联方有关信息。其中,实体名称、地址为必填项,纳税人识别号或者其他税务识别号码为选填项。

(四)特别权力限制

根据《特别纳税调整内部工作规程》第17条第4款:

主管税务机关应当在签署单边预约定价安排之日起10日内,填制《单边预约定价安排信息交换表(中文)》和《单边预约定价安排信息交换表(英文)》,并通过案件管理系统层报税务总局。

金额单位:人民币/元

第一部分:案件编号	
第二部分:纳税人及其所属企业集团基本信息	
纳税人识别号(统一社会信用代码)	
纳税人名称	
地址	
街道	
楼房号(选填)	
房间号(选填)	
楼层(选填)	
区(市、县)(选填)	
邮箱(选填)	
邮政编码	
市	
国家	
省(选填)	
纳税人主要经营活动(选填)	
纳税人所属企业集团名称	
第三部分:单边预约定价安排签署日期	
________年____月____日	
第四部分:单边预约定价安排适用会计年度/纳税年度	

续表

第五部分:纳税人其他信息(选填)			
安排涉及关联交易金额			
年度营业收入			
年度营业利润			
第六部分:对单边预约定价安排作简要描述和总结			
第七部分:纳税人所属企业集团其他信息			
最终控股企业所在国家(地区)			
直接控股企业所在国家(地区)			
安排涉及关联方所在国家(地区)			
第八部分:纳税人所属企业集团内其他实体有关信息			
	实体名称	地址	纳税人识别号 或者其他税务识别号码(选填)
1			
2			
3			
4			
5			

二十八、单边预约定价安排信息交换表(英文)

(一)适用范围

本文书适用于税务机关在签署单边预约定价安排后填写层报税务总局的情形,仅作为信息交换使用。

(二)法律依据

本文书根据《特别纳税调整内部工作规程》第 17 条设置。

（三）填写要求

1. 本表项目除部分标注为选填（optional）项目外，其余均为必填项。

2. 第五部分纳税人其他信息“安排涉及关联交易金额”，填写单边预约定价安排适用期间涉及关联交易预计合计金额。

第五部分纳税人其他信息“年度营业收入”，填写单边预约定价安排适用期间预计纳税人平均年度营业收入。

第五部分纳税人其他信息“年度营业利润”，填写单边预约定价安排适用期间预计纳税人平均年度营业利润。

3. 第六部分对单边预约定价安排作简要描述和总结，填写单边预约定价安排的简要描述和总结，并简要说明第五部分各项金额的关键假设和计算过程。

4. 第七部分信息接收国家（地区），分别填写纳税人最终控股企业、直接控股企业和单边预约定价安排涉及关联方所在国家（地区）。

5. 第八部分纳税人所属企业集团内其他实体的有关信息，请分别填写纳税人最终控股企业、直接控股企业和单边预约定价安排涉及关联方有关信息。其中，实体名称、地址为必填项，纳税人识别号或者其他税务识别号码为选填项。

（四）特别权力限制

根据《特别纳税调整内部工作规程》第 17 条第 4 款，主管税务机关应当在签署单边预约定价安排之日起 10 日内，填制《单边预约定价安排信息交换表（中文）》和《单边预约定价安排信息交换表（英文）》，并通过案件管理系统层报税务总局。

1. Ruling reference number, if any.	
2. Identification of the taxpayer and where appropriate the group of companies to which it belongs.	
TaXpayer identification number (TIN) or other tax reference number	
Legal name of the entity	
Address	

续表

Street	
Building (optional)	
Suite (optional)	
Floor (optional)	
District name (optional)	
Post Office Box (optional)	
Post Code	
City	
Country	
State/Province/Canton (optional)	
Taxpayer's main business activity (optional)	
Name of multinational enterprise (MNE) group, if different	
3. Date of issuance.	
4. Accounting periods/tax years covered by the ruling.	
5. Additional information regarding the ruling and the taxpayer (optional).	
Transaction amount, if any	
Entity's annual turnover	
Profit of the entity	
6. Short summary of the issue covered by the ruling.	

续表

<table>
<tr><td colspan="4"></td></tr>
<tr><td colspan="4">7. Recipient jurisdiction.</td></tr>
<tr><td colspan="3">Ultimate parent</td><td></td></tr>
<tr><td colspan="3">Immediate parent</td><td></td></tr>
<tr><td colspan="3">Related party with whom the taxpayer enters into a transaction covered by the ruling</td><td></td></tr>
<tr><td colspan="4">8. Details of the entities in the recipient jurisdiction.</td></tr>
<tr><td></td><td>Name of entity</td><td>Address</td><td>TIN or other tax reference number, where available</td></tr>
<tr><td>1</td><td></td><td></td><td></td></tr>
<tr><td>2</td><td></td><td></td><td></td></tr>
<tr><td>3</td><td></td><td></td><td></td></tr>
<tr><td>4</td><td></td><td></td><td></td></tr>
<tr><td>5</td><td></td><td></td><td></td></tr>
</table>

二十九、预约定价安排补(退)税款通知书

(一)适用范围

本文书适用于税务机关根据预约定价安排对企业作出追溯调整的情形。

(二)法律依据

本文书根据《企业所得税法》、《企业所得税法实施条例》、《税收征收管理法》《税收征管法实施细则》的有关规定,和国家税务总局《关于完善预约定价安排管理有关事项的公告》第9条第4项设置。

××市国家税务局

预约定价安排补（退）税款通知书

×国税预调〔××××〕×号

××有限公司:

根据

☑我局与你企业于______年____月____日签署的《单边预约定价安排》

□中国税务主管当局与 ________________ 税务主管当局于______年____月____日签署的______________（双边或者多边预约定价安排名称）的有关规定，对你企业自______年至______年的纳税年度进行如下调整：

调增（减）你企业应纳税所得额 ××元，应补企业所得税××元，并按规定加收利息。

你企业应当自收到本通知书之日起____日内，向××市国家税务局缴纳上述税款及利息。逾期未缴纳税款的，按照《中华人民共和国税收征收管理法》有关规定执行。

特此通知。

附：1. 企业所得税调整项目表
2. 其他税种调整项目表
3. 各项税收应补（退）明细表

××市国家税务局（章）

______年____月____日

1.“应交税额”填写根据预约定价安排企业应当追溯调整的税款金额。

2.“已交税额”填写企业在收到《预约定价安排补（退）税款通知书》前已经自行缴纳的税款金额。

3.税务机关应当根据实际情况列示应补（退）的具体税种及税款。应当加收利息的，按照《企业所得税法实施条例》第122条规定的人民币贷款基准利率执行。

4.所填天数应当比照《税收征收管理法实施细则》第73条规定限期缴纳税款的期限。

5.本通知书应由主管税务机关负责人批准。

6.本通知书为A4竖式，一式三份，一份送企业，一份送税务机关征收管理部门,一份由税务机关负责预约定价安排。

7.本通知书与《税务文书送达回证》一并使用。

附 1

企业所得税调整项目表

所属年度(××××~××××)

企业名称:××有限公司

纳税人识别号(统一社会信用代码):××××××××××××××××××

金额单位:人民币/元(列至角分)

调整项目	摘　　要	应纳税所得额	
		调　　增	调　　减
一、收入类调整项目			
1. 视同销售收入		*	
2. 按权益法核算长期股权投资对初始投资成本调整确认收益		*	
3. 确认为递延收益的政府补助			*
4. 境外应税所得		*	
二、扣除类调整项目			
1. 视同销售成本			*
2. 广告费和业务宣传费支出			*
三、资产类调整项目			
1. 财产损失		*	
2. 投资转让、处置所得		*	
3. 视同销售收入		*	
4. 按权益法核算长期股权投资对初始投资成本调整确认收益		*	
5. 确认为递延收益的政府补助			*
小　　计		*	*
净增(减)额		*	
预约定价安排调整前应纳税所得额		*	
弥补以前年度亏损额		*	
调整当年度亏损额		*	
预约定价安排调整后应纳税所得额		*	

附 2

其他税种调整项目表

所属年度(××××~××××)

企业名称:××有限公司

纳税人识别号(统一社会信用代码):××××××××××××××

金额单位:人民币/元(列至角分)

税种	调整项目	摘　要	调　增	调　减
增值税			*	
消费税				*
小　计			*	*

附 3

各项税收应补(退)明细表

企业名称：××有限公司

纳税人识别号(统一社会信用代码)：×××××××××××××

金额单位：人民币/元(列至角分)

税　　种	所属年度	应交税额	已交税额	应补(退)税额
企业所得税	××××~××××	××	××	××
增值税	××××~××××	××	××	××
消费税	××××~××××	××	××	××
合　　计		××	××	××

三十、预约定价安排续签申请书

(一)适用范围

本文书适用于预约定价安排执行期满后自动失效。企业向税务机关提出续签申请的情形。

(二)法律依据

本文书依照国家税务总局《关于完善预约定价安排管理有关事项的公告》第11条设置。

(三)填写要求

1. 企业提交本申请书,应一并附送执行现行预约定价安排情况的报告、现行预约定价安排所述事实和经营环境未发生实质性变化的说明材料以及续签预约定价安排年度的预测情况等相关资料。

2. 企业提交本申请书,税务机关应留存归档。

(四)文书范本

预约定价安排续签申请书

××市国家税务局:

☑我企业与你局于××××年××月××日签署的《单边预约定价安排》

□中国税务主管当局与__________税务主管当局于________年____月____日签署的__________(双边或者多边预约定价安排名称)将于________年____月____日适用期满,期满后,拟就未来年度(即________年度至________年度)与关联方之间的业务往来提出续签申请。

企业名称(盖章):

纳税人识别号(统一社会信用代码):

法定代表人(章):

××××年××月××日

附:1. 执行现行预约定价安排情况的报告(纳税人提供);

2. 现行预约定价安排所述事实和经营环境未发生实质性变化的说明材料以

及续签预约定价安排年度的预测情况(纳税人提供)。

三十一、居民企业参股外国企业信息报告表

(一)适用范围

居民企业成立或参股外国企业,或者处置已持有的外国企业股份或有表决权股份,符合以下情形之一:

1. 在本公告施行之日,居民企业直接或间接持有外国企业股份或有表决权股份达到10%(含)以上;

2. 在本公告施行之日后,居民企业在被投资外国企业中直接或间接持有的股份或有表决权股份自不足10%的状态改变为达到或超过10%的状态;

3. 在本公告施行之日后,居民企业在被投资外国企业中直接或间接持有的股份或有表决权股份自达到或超过10%的状态改变为不足10%的状态。

(二)法律依据

根据《企业所得税法》第45条,《企业所得税法实施细则》第116条、第117条、第118条,《特别纳税调整实施办法(试行)》第八章受控外国企业,国家税务总局《关于居民企业报告境外投资和所得信息有关问题的公告》(国家税务总局公告2014年第38号)设置。

(三)文书范本

居民企业参股外国企业信息报告表

(填写示例及填写要求)

一、报告人信息			
企业名称:	××有限责任公司	纳税识别号:	××××××××××××××

1.按照《国家税务总局关于居民企业报告境外投资和所得信息的公告》(以下称公告)第1条规定应该填报本表的企业为本表报告人。报告人直接或间接投资多家外国企业,并符合规定条件的,应该分别按每个符合条件的被投资外国企业填报本表。

二、被投资外国企业信息

外国企业名称：	××商贸公司	所在国纳税识别号：	××××××××××××
成立地：		主营业务类型：	
报告人持股比例：	××%		

持有外国企业 10% 以上股份或有表决权股份的其他股东情况

持股股东名称	居住地或成立地	持股类型	持股比例	达到10%以上权益份额的起始日期
×××		有表决权股份	××%	

中国居民个人担任外国企业高管或董事情况

中国居民个人姓名	中国境内常住地	身份识别号	职务	任职起止日期

2.本表相关栏目应填报的名称为外文的，应同时填报中文译文名称。

3.持股股东名称栏仅填报在被投资外国企业直接持有10%以上股份或有表决权股份的所有股东。

4.持股类型栏、被收购股份类型栏和被处置股份类型栏按照有表决权股份和无表决权股份填报。

5.持股比例栏按照《特别纳税调整实施办法（试行）》第77条第2款规定计算填报。

6.中国居民个人姓名栏应该填报担任被投资外国企业高管和董事，且按照个人所得税法规定构成在中国有住所，或者在中国无住所但在中国境内居住满一年。

7.身份识别号栏按中国居民个人所持身份证件的识别号填写。

××				××××年××月××日至××××年××月××日
三、外国企业股份变动信息				
报告人收购外国企业股份情况				
被收购股份类型	交易日期	收购方式	收购前报告人在外国企业持股份额	收购后报告人在外国企业持股份额
有表决权股份		现金收购		×.×%
报告人处置外国企业股份情况				
被处置股份类型	处置日期	处置方式	处置前报告人在外国企业持股份额	处置后报告人在外国企业持股份额

8.收购外国企业股份情况仅填报导致公告第1条规定情形的一次或多次收购交易及其相关情况。

9.交易日期栏和处置日期栏按中国会计制度确认的相关交易或处置行为完成的日期填报。

10.外国企业股份处置情况仅填报导致公告第1条规定情形的一次或多次股份处置交易及其相关情况。

有表决权股份		现金销售	××%	
四、报告人声明				
我谨在此声明：以上呈报事项准确无误，如有不实，愿承担相应的法律责任。 报告人签字和盖章： 报告日期：××××年××月××日				
经办人：　　联系电话：				
以下由主管税务机关填写				
受理人：××× 联系电话：××××××××			税务机关（盖章） ××××年××月××日	

(四)审核要点

该表分为四个部分：

第一部分是境内企业的信息，只有企业名称和纳税识别号，因为是向主管税务局报告所以其他企业信息税务局应该掌握。

第二部分是被投资外国企业信息。

1. 被投资企业基本信息和报告人持股比例。持股比例是以中国居民股东多层间接持有股份按各层持股比例相乘计算，中间层持有股份超过50%的，按100%计算。[依据《特别纳税调整实施办法(试行)》第77条第2款。]

示例：假设甲乙都是中国居民，丙是外国企业，甲持有乙25%股份，乙持有丙40%股份，那么甲持有丙25%×40%=10%股份。但是甲持有乙60%股份，乙持有丙40%股份，甲相当于持有乙100%股份，那么甲持有丙也是40%股份。同时甲持有乙25%股份，乙持有丙80%股份，那么乙相当于持有丙100%股份，所以甲持有丙是25%×100%=25%股份。该表其他地方的持股比例也是这样计算的。填报该报告表的持股比例是10%以上，含10%。

2. 持有外国企业10%以上股份或有表决权股份的其他股东情况。其中持股类型栏以及下面的被收购股份类型栏和被处置股份类型栏，按照有表决权股份和无表决权股份填报。在不考虑特例的情况下就是普通股还是优先股。这个目的是确认对被投资外国企业共同控制的相关方。

3. 中国居民个人担任外国企业高管或董事信息。这涉及关联关系认定的7种情况中的一种：国家税务总局《关于完善关联申报和同期资料管理有关事项的公告》第2条第5项规定："一方半数以上董事或者半数以上高级管理人员(包括上市公司董事会秘书、经理、副经理、财务负责人和公司章程规定的其他人员)由另一方任命或者委派，或者同时担任另一方的董事或者高级管理人员；或者双方各自半数以上董事或者半数以上高级管理人员同为第三方任命或者委派。"

示例：母公司A在关联公司B虽然股权不到25%但是可以控制董事会，董事多数是A公司委派，这种情况下A和B就是关联方。或者甲乙都是子公司，其董事会的多数董事皆由母公司丙委派，这种情况下甲乙就是关联方。当然丙公司按照前面的例子就是甲乙的A公司，和甲乙都是关联方。同样，这两个公司控制董事会的多数董事或者高级管理人员，虽然不是别人委派的，但是一拨人，也应被认定为关联方。

所谓"可以控制董事会的董事会高级成员"，简单来说就是协议控制，控制方虽然股权不占多数，但是通过特殊条款可以控制董事会的行为，其中包括复杂的如VIE股权架构。示例：甲公司占乙公司10%的股份，公司章程约定公司决议表决时甲公司代表必须在场。表面上看是对少数股东的尊重，但是如果表决内容甲公司不同意，本来他的股份投反对票也无济于事，但是通过表决时退场可以使表决无效。这时候甲公司在董事会的代表就属于可以控制董事会的董事会高级成员。

第三部分是外国企业股份变动信息。这里的收购或者处置外国企业股份情况仅指导致国家税务总局《关于居民企业报告境外投资和所得信息有关问题的公告》第1条规定情形的一次或多次收购交易及其相关情况。

《关于居民企业报告境外投资和所得信息有关问题的公告》第1条规定情形是指："（一）在本公告施行之日，居民企业直接或间接持有外国企业股份或有表决权股份达到10%（含）以上；（二）在本公告施行之日后，居民企业在被投资外国企业中直接或间接持有的股份或有表决权股份自不足10%的状态改变为达到或超过10%的状态；（三）在本公告施行之日后，居民企业在被投资外国企业中直接或间接持有的股份或有表决权股份自达到或超过10%的状态改变为不足10%的状态。"

关于三种情况的解释放在《公告》引文的后面，即（1）公告实施时就拥有外国企业10%股份；（2）即本来不足10%后来超过了；（3）即本来超过了10%后来不足了。

第四部分是报告人声明，这是依国际惯例对报告真实性的确认。

三十二、受控外国企业信息报告表

（一）适用范围

受控外国企业是指根据《企业所得税法》第45条的规定，由居民企业，或者由居民企业和居民个人（以下统称中国居民股东，包括中国居民企业股东和中国居民个人股东）控制的设立在实际税负低于《企业所得税法》第4条第1款规定税率水平50%的国家（地区），并非出于合理经营需要对利润不作分配或减少分配的外国企业。

《企业所得税法》第4条第1款规定："企业所得税的税率为25%。"

即外国企业所在地实际税负低于12.5%并且非出于合理经营需要对利润不作分配或减少分配的，需报送此表。

（二）法律依据

根据《企业所得税法》第45条，《企业所得税法实施条例》第116条、第117条、第118条，《特别纳税调整实施办法（试行）》第八章受控外国企业，国家税务总局《关于居民企业报告境外投资和所得信息有关问题的公告》设置。

（三）填写要求

1. 按照《特别纳税调整实施办法（试行）》第76条规定，构成中国居民企业股东的企业为本表的报告人。由报告人投资的多家外国企业构成《特别纳税调整实施办法（试行）》第76条规定的受控外国企业的，报告人应分别各受控外国企业填报本表。

2. 企业名称或股东名称为外文的，应同时填报中文译文名称。

3. 股东名称栏仅填报符合《特别纳税调整实施办法（试行）》第76条规定的所有中国居民股东。

4. 折合人民币汇率选用栏按本表所用汇率确定方法填报，如按受控外国企业年度平均汇率或年末汇率确定。

5. 未分配利润栏按可分配利润栏减以前年度已视同分配额以及本年度分配额超出以前年度已视同分配额的数额之差填报。

6. 视同分配给报告人股息栏和视同分配给其他中国居民股东的股息栏以未分配利润栏为基础，按照《特别纳税调整实施办法（试行）》第80条规定计算填写。

7. 本表视同分配给报告人股息栏及对应可抵免外国税额栏数额计入居民企业年度申报表相关栏目。

8. 本表中货币金额一律使用人民币填写。

（四）文书范本

受控外国企业信息报告表

一、报告人信息			
企业名称	××有限责任公司	纳税人识别号	×××××××××××××××
二、受控外国企业信息			
企业名称	××商贸公司	纳税人识别号	×××××××××××××××
注册地址		法定代表人	×××
成立时间		纳税年度起止	
记账本位货币	美元	折合人民币汇率选用	7:1

续表

主营业务范围						
三、受控外国企业构成条件　　持股比例☑　　　　实质控制□						
四、持有受控外国企业股份的中国居民股东持股信息						
股东名称	持股数量	持股比例	直接持股数量和比例	起止时间	间接持股数量和比例	起止时间

五、例外适用情况		
1. 受控外国企业是否在国家税务总局指定的非低税率国家（地区） 实际税负：	是□	否☑
2. 受控外国企业年度利润是否不高于500万元人民币	是□	否☑
3. 受控外国企业主要取得积极经营活动所得	是□	否☑

六、受控外国企业利润分配			
可分配利润总额	1000万元	可抵免外国税额	100万元
以前年度已视同分配额	0	可抵免外国税额	0
本年度分配额超出以前年度已视同分配额的数额	0	可抵免外国税额	0
未分配利润额	1000万元	可抵免外国税额	100万元
视同分配给报告人股息	450万元	可抵免外国税额	45万元
视同分配给其他中国居民股东的股息	0	可抵免外国税额	0
备注			

七、报告人声明	
我谨在此声明：以上呈报事项准确无误，如有不实，愿承担相应的法律责任。 报告人签字和盖章：　　　　　　报告日期：××××年××月××日	
以下由主管税务机关填写	
受理人： 联系电话：	税务机关（盖章） ××××年××月××日

（五）审核要点

第一、二部分境内外企业基本信息，其中折合人民币汇率选用是指年度平均汇率或年末汇率二选一确定。

第三部分中持股比例和实质控制依据《企业所得税法实施条例》第117条。《企业所得税法》第45条所称控制，包括：（1）居民企业或者中国居民直接或者间接单一持有外国企业10%以上有表决权股份，且由其共同持有该外国企业50%以上股份；（2）居民企业，或者居民企业和中国居民持股比例没有达到第1项规定的标准，但在股份、资金、经营、购销等方面对该外国企业构成实质控制。

在《特别纳税调整实施办法（试行）》第77条第1款中这个规定被再次明确："本办法第七十六条所称控制，是指在股份、资金、经营、购销等方面构成实质控制。其中，股份控制是指由中国居民股东在纳税年度任何一天单层直接或多层间接单一持有外国企业10%以上有表决权股份，且共同持有该外国企业50%以上股份。中国居民股东多层间接持有股份按各层持股比例相乘计算，中间层持有股份超过50%的，按100%计算。"（详见《居民企业参股外国企业信息报告表》审核要点第二部分。）

第四部分中的间接持股数量和比例是对持股或者控制的数字化表述，这是这张表最核心的地方。

第五部分例外适用情况对应的是《特别纳税调整实施办法（试行）》第84条："中国居民企业股东能够提供资料证明其控制的外国企业满足以下条件之一的，可免于将外国企业不作分配或减少分配的利润视同股息分配额，计入中国居民企业股东的当期所得：（一）设立在国家税务总局指定的非低税率国家（地区）；①（二）主要取得积极经营活动所得；②（三）年度利润总额低于500万元人民币。"③

第六部分受控外国企业利润分配中，核心词是"视同"。根据《特别纳税调整实

① 具体国家名单是依据国家税务总局《关于简化判定中国居民股东控制外国企业所在国实际税负的通知》（国税函〔2009〕37号）"中国居民企业或居民个人能够提供资料证明其控制的外国企业设立在美国、英国、法国、德国、日本、意大利、加拿大、澳大利亚、印度、南非、新西兰和挪威的，可免于将该外国企业不作分配或者减少分配的利润视同股息分配额，计入中国居民企业的当期所得"所得。

② 目前有中介专门从事积极经营的证明，避税地当地政府到大使馆的证明材料都能出具。所以，税务局还应该着重审核被控制企业财务报表中的成本费用、房租合同、人员工资单等这些会计基础资料。

③ 即对于低利润企业不视同分配。

施办法(试行)》第80条,计入中国居民企业股东当期的视同受控外国企业股息分配的所得,应按以下公式计算:

中国居民企业股东当期所得 = 视同股息分配额 × 实际持股天数 ÷ 受控外国企业纳税年度天数 × 股东持股比例

中国居民股东多层间接持有股份的,股东持股比例按各层持股比例相乘计算。

例如,甲持有A公司30%的股份,其妻子乙持有A公司25%的股份,A公司持有B公司的50%股份,甲、乙均为中国居民,A、B均为境外企业。A公司在2014年持有B公司股权200天,B公司税后利润1000万元,那么中国居民企业股东当期所得 = 1000 × 200 ÷ 365 × 50% = 273.97万元。

《特别纳税调整实施办法(试行)》第82条规定:"计入中国居民企业股东当期所得已在境外缴纳的企业所得税税款,可按照所得税法或税收协定的有关规定抵免。"即抵免限额应当分国(地区)不分项:

抵免限额 = 中国境内、境外所得依照企业所得税法和本条例的规定计算的应纳税总额 × 来源于某国(地区)的应纳税所得额 ÷ 中国境内、境外应纳税所得总额

国外纳税抵免限额的据实扣除,超过抵免限额的部分,可以在以后5个年度内,用每年度抵免限额抵免当年应抵税额后的余额进行抵补,具体计算参照财政部、国家税务总局《关于企业境外所得税收抵免有关问题的通知》(财税〔2009〕125号)及《企业所得税汇算清缴申报表》表A108000、A108010、A108020、A108030执行。

第七部分报告人声明,这是依国际惯例对报告真实性的确认。

三十三、非居民企业欠税追缴告知书

(一)适用范围

本告知书适用于主管税务机关对非居民的欠缴税款实施追缴。

(二)法律依据

本告知书依据《企业所得税法》第39条、第40条及《非居民承包工程作业和提供劳务税收管理暂行办法》的相关规定设置。

(三)填写要求

1. 抬头:填写被告知人名称。

2. 事由 :概括填写告知事项的内容。

3. 内容:填写税务机关对非居民的欠缴税款实施追缴的相关内容。

4. 本告知书一式三份，一份送达非居民纳税人，一份送达扣缴税款的其他支付人，一份由税务机关存档。

（四）文书范本

××区国家税务局
非居民企业欠税追缴告知书

×国税缴告〔××××〕××号

××有限公司：

纳税人识别号：×××××××××××××××

××有限责任公司于××××年××月××日至××××年××月××日在××省××市××区从事劳务，取得收入×××××元，未依法于××××年××月××日前申报缴纳企业所得税，欠税金额为××××元。对其未按期缴纳的税款，按照税法规定，应从缴纳税款期限届满之日起按日加收滞纳税款万分之五的滞纳金。

依据《中华人民共和国企业所得税法》第三十九条、第四十条及《非居民承包工程作业和提供劳务税收管理暂行办法》的规定，我局对该非居民的欠缴税款实施追缴，你方应当自收到本告知书后15日内从应付（纳税人名称）的劳务款项中扣缴上述税款及滞纳金、罚款并划拨到我局账户。

开户行：××银行××支行

开户单位：××区国家税务局

账户号：××××××××××××××××××××

本告知书涉及的纳税人、扣缴义务人若同我局在纳税上有争议，必须先依照本告知书的期限缴纳税款及滞纳金或者提供相应的担保，然后可自上述款项缴清或者提供相应担保被税务机关确认之日起60日内依法向××市国家税务局申请行政复议。

××区国家税务局

××××年××月××日

三十四、非居民企业承包工程作业和提供劳务企业所得税扣缴义务通知书

（一）适用范畴

本通知书适用于主管税务机关制定非居民企业承包工程作业和提供劳务企业所得税扣缴义务人的情形。

（二）法律依据

本通知书依据《企业所得税法》第38条及《非居民承包工程作业和提供劳务税收管理暂行办法》的相关规定设置。

非居民企业承包工程作业和提供劳务
企业所得税扣缴义务通知书

×国税扣通〔××××〕××号

（填写实例及填写要求）

××有限公司：……………………………………………………………… 1.填写被通知人名称。

根据《中华人民共和国企业所得税法》第三十八条“对非居民企业在中国境内取得工程作业和劳务所得应缴纳的所得税，税务机关可以指定工程价款或者劳务费的支付人为扣缴义务人”的规定，本局现指定你方作为下表中工程作业和劳务项目应纳企业所得税的扣缴义务人，在向表中所列非居民企业支付工程价款或劳务费时，代扣代缴企业所得税。

2.概括填写通知事项的内容。

具体扣缴事项如下：

项目名称	×××		
非居民名称	×××	国别	中国
	×××	国别	中国
	×××	国别	中国
征收方式	☑据实征收　□核定征收		
计算依据	☑收入总额（核定利润率 ×%） □应纳税所得额		
扣除项目	分包支出、代扣款项		
税　　率	☑25%　□其他____		
计算方法	应纳税所得额×适用税率		
扣缴方式	在支付工程价款或劳务费时，按次扣缴所得税		
扣缴期限	扣缴后7日内向主管税务机关申报缴纳		

3.填写税务机关对非居民企业承包工程作业和提供劳务企业所得税扣缴义务人指定的相关内容。

××县国家税务局（章）

××××年××月××日

4.本通知书一式二份，一份送达纳税人，一份留存。

三十五、纳税人、扣缴义务人涉税保密信息查询申请表

The Application for the Inquiry of the Secret Tax Information of Taxpayers and Tax Withholding Agents

<table>
<tr><td rowspan="2">申请单位(个人)
Application Institution/individual</td><td rowspan="2" colspan="2"></td><td rowspan="2">查询人(代理人)
Name of the applicant/agent</td><td>姓名 name</td><td></td></tr>
<tr><td>有效身份证件号码
Availably ID number</td><td></td></tr>
<tr><td>申请单位(个人)电话
Telephone number of the applicant</td><td colspan="2"></td><td colspan="2">申请单位法人代表或财务负责人章
Signature of the applicant's legal representative or the chief financial officer</td><td></td></tr>
<tr><td colspan="6">申请查询事项 Item to be inquired</td></tr>
<tr><td>被查询纳税人名称(姓名)
Name of the taxpayer to be inquired</td><td></td><td colspan="3">被查询纳税人识别号码(身份证号码)
Taxpayer identification number of the taxpayer to be inquired /ID number</td><td></td></tr>
<tr><td>查询内容
Content to be inquired:</td><td colspan="5"></td></tr>
<tr><td>查询结果的用途
Purpose of the inquiring result:</td><td colspan="5"></td></tr>
<tr><td colspan="6">受理情况 Acception(税务机关填写 be filled by the tax bureau)</td></tr>
<tr><td>资料审查
Material examination</td><td colspan="2">受理意见
Acception opinion</td><td colspan="2" rowspan="2">部门负责人章:
Signature of the department in charge
年 月 日
yy/mm/dd</td><td rowspan="2">税务机关负责人审批意见:
Opinion of the examination and approvment from the tax bureau
年 月 日
yy/mm/dd</td></tr>
<tr><td>单位介绍信
Introduction letter ( )
有效身份证件 A vailably ID ( )
委托授权书
Authorization letter ( )
抵押/质押合同
Mortagage/impawn contract ( )</td><td colspan="2">( )同意受理
be accepted.
( )由于以下原因,不予受理
be rejected for the followings:
1. 申请资料不全,请予补正
incompleted materials.
2. 不具有查询权限
deficiency of the inquiring popedom.</td></tr>
<tr><td colspan="6">办结情况 Transaction results(税务机关填写 be filled by the tax bureau)</td></tr>
</table>

续表

(　)已按申请提供相关涉税信息。 Have provided the related taxation information according to the application. (　)经批准，已提供涉税信息复印件。Have confirmed and provided the manifold of the taxation information. (　)由于以下原因，未提供查询信息。Have not provided the information for the followings: 1. 2.	
税务机关经办人章 Signature of the person in charge	年　月　日 yy/mm/dd
查询人签收 Signature of acception of the applicant	年　月　日 yy/mm/dd

（一）适用范围

本申请表适用于税务机关外部依法对纳税人涉税信息向税务机关提出的查询申请的情形。

This application is fit for the inquiring application put forward by the exterior legally.

（二）法律依据

依据《纳税人涉税保密信息管理暂行办法》有关规定，向纳税人或其他单位提供涉税保密信息查询。

（三）填写要求

1. 人民法院、人民检察院和公安机关依法查询的，可不填“申请单位法人代表或财务负责人章”一栏。

The people's court、the people's procuratorate and the public security organs do not have to fill "Signature of the applicant's legal representative or the financial affairs person in charge".

2. 本表为 A3 竖式，一式两份，申请人留存一份，税务机关留存一份。

This application is upright A3, in duplicate, kept by the applicant and the tax bureau.

3.“资料审查”、“受理意见”和“办结情况”栏目中“(　)”根据实际情况以“√”予以确认。

The "(　)", in the column of "Material examination"、"Acception opinion" and "Transaction results" should be confirmed by "√".

三十六、税务事项告知书(Notice of Tax Matter)

(一)适用范围

本文书是通用执法文书,用于税务机关向涉外纳税人、扣缴义务人、纳税担保人等税收当事人通知某项税务事项或补正税务资料时使用,凡有专用文书的,不得用本文书代替。

(二)法律依据

本文书依照《税收征收管理法》及《税收征收管理法实施细则》设置。

(三)填写要求

本函一式两份:一份税务机关留存,一份寄至当事人。

This notice is in duplicate with one copy kept by the responsible tax office and the other sent to the notified party.

编号 Serial number:

__________:

根据我们掌握的资料(信息),你于________年____月至________年____月因____________(事项)在____________(地点)取得应当在中国申报纳税的收入________元。请你或你的代理人于________年____月____日前就以上收入向中国______省(市)______市(区)______国家税务局(地方税务局)进行纳税申报或作出必要说明。

如果你拒绝与中国税务机关合作,中国税务机关将按照《中华人民共和国税收征收管理法》第六十二条、第六十三条的规定对你进行处罚,并根据《中华人民共和国政府与________国政府关于对所得避免双重征税和防止偷漏税的协定》(或安排)的规定,将你未按中国法律规定履行纳税义务的情况通知________(国家或地区)税务主管当局。

In accordance with the information concerning your tax matters, it is ascertained that you received an income of RMB (from y/m/d to y/m/d) for ________(activity) in ________(place). The income is taxable in China. Therefore, you are notified to file your tax return or give explanations thereupon to the responsible tax office ____________(name of tax office) prior to ________(y/m/d).

Your failure of the notified cooperation may result in penalty on you as stipulated in the "Tax Collection and Administration Law of the people's Republic of China" and the information may be communicated to the tax competent authority of ________ (name of State) pursuant to the "Agreement between the Government of the People's Republic of China and the Government of ________ for the Aviodance of the Double Taxation and the Prevention of Fiscal Evasion with respect to Taxes on Income".

联系单位:中国　　省(市)　　市(区)国家税务局(地方税务局)________科

Responsible tax office :

联系人(Contact):

联系电话(Tel):

传真(Fax):

地址(Add):

邮政编码(Post Code):

税务机关(章)

(Stamp of Tax Office)

年　　月　　日(y/m/d)

第九章

归档资料清单

一、特别纳税调查选案归档资料清单

序号	归档资料名称
1	集体研究讨论会议记录
2	特别纳税调查案件管理疑点企业分析调查情况登记表
3	特别纳税调查案件管理承办意见表
4	特别纳税调查案头分析表

二、特别纳税调查立案归档资料清单

序号	归档资料名称
1	特别纳税调整立案审核表
2	特别纳税调整立案报告及资料

三、特别纳税调查结案归档资料清单

序号	名　　称	归档机关
1	《特别纳税调整结案审核表》及结案报告	主管税务机关
2	《特别纳税调整工作联系单(适用于信息交换)》	主管税务机关
3	《特别纳税调整工作联系单(适用于协查)》	主管税务机关
4	《特别纳税调查初步调整通知书》	主管税务机关
5	《特别纳税调查调整通知书》	主管税务机关
6	《应纳税所得额调整项目表》	主管税务机关

续表

序号	名　　称	归档机关
7	《各项税收应补(退)明细表》	主管税务机关
8	《税务文书送达回证》	主管税务机关
9	《特别纳税调整补征税款情况统计表》	主管税务机关
10	《非居民企业税收收入情况统计表》	主管税务机关
11	《预约定价安排补(退)税款情况统计表》	主管税务机关
12	《相互协商协议补(退)税款情况统计表》	主管税务机关
13	企业针对初步调整通知书提出的异议	主管税务机关
14	《协商内容记录》	主管税务机关
15	各级税务机关的审核意见	各级税务机关
16	各级税务机关的承办意见	各级税务机关
17	会审专家名单	国家税务总局 省级税务机关
18	会审专家变动情况	国家税务总局 省级税务机关
19	会审专家对会审案件提出的会审说明及调整方案的投票情况	国家税务总局 省级税务机关
20	特别纳税调查案头分析资料	主管税务机关
21	特别纳税调查案件管理疑点企业分析调查资料	主管税务机关
22	特别纳税调整立案审核表及立案资料	主管税务机关
23	企业关联交易同期资料	主管税务机关
24	特别纳税调查调整跟踪管理情况及结论	主管税务机关
25	其他资料	各级税务机关

参 考 文 献

1. 周自吉:《转让定价基础理论与实务操作》,中国财政经济出版社 2014 年版。

2. [美]罗伊·罗哈吉:《国际税收基础》,林海宁、范文祥译,北京大学出版社 2006 年版。

3. 刘剑文:《国际所得税法研究》,中国政法大学出版社 2000 年版。

4. 王松年:《国际会计前沿》,上海财经大学出版社 2001 年版。

5. 邓先宏主编、国家外汇管理局资本流动脆弱性分析和预警体系课题组编:《跨境资本流动与或有负债关系分析》,中国商务出版社 2007 年版。

6. 刘剑文主编:《国际税法学》,北京大学出版社 2004 年版。

7. 陈少英主编:《国际税法学》,上海人民出版社 2009 年版。

8. 梁淑红:《资本弱化研究》,经济管理出版社 2011 年版。

9. 肖太寿:《中国国际避税治理问题研究》,中国市场出版社 2012 年版。

10. 廖益新主编:《国际税法学》,高等教育出版社 2008 年版。

11. 陈巩皓:《转让定价反避税调整的方法与难点研究》,厦门大学 2014 年硕士学位论文。

12. 刘亚慧:《S 国税局转让定价反避税案例研究》,湖南大学 2016 年硕士学位论文。

13. 曾进、陈挺:《预约定价安排(APA)律师实务案例分析——双边预约定价安排实证解析》,载《税务规划》2012 年第 8 期。

14. 朱青:《成本分摊协议税收管理难点问题分析》,载《财会月刊》2010 年第 11 期。

15. 熊凌云、陈晓雅:《跨国经营税收筹划探讨——以苹果公司为例》,载《商业会计》2017 年第 2 期。

16. 金戎:《完善受控外国企业税制　加强受控外国企业管理》,载《涉外税务》

2008 年第 8 期。

17. 周金荣:《关于新〈企业所得税法〉受控外国公司公司规制的探讨》,载《税务研究》2008 年第 1 期。

18. 邴杰、王海军、刘思文、王永庆:《利润应该归属谁? ——国内首例运用受控外国企业反避税案的启示》,载《国际税收》2015 年第 6 期。

19. 高华:《国际避税与反避税法律问题研究》,载《华中科技大学学报》2003 年第 5 期。

20. 关涟:《一般反避税管理与其他特别纳税调整比较》,载《中国税务》2015 年第 3 期。

图书在版编目(CIP)数据

特别纳税调整执法风险防控理论与实务 / 徐爱水,丁小团著. -- 北京 : 法律出版社, 2018
ISBN 978 -7 -5197 -2115 -2

Ⅰ. ①特… Ⅱ. ①徐… ②丁… Ⅲ. ①税收管理-行政执法-风险管理-中国 Ⅳ. ①D922.22

中国版本图书馆 CIP 数据核字(2018)第 063331 号

特别纳税调整执法风险防控理论与实务
TEBIE NASHUI TIAOZHENG ZHIFA FENGXIAN FANGKONG LILUN YU SHIWU

徐爱水 丁小团 著

责任编辑 章 雯
装帧设计 李 瞻

编辑统筹 法商出版分社
出版 法律出版社
开本 710 毫米×1000 毫米 1/16
总发行 中国法律图书有限公司
印张 18
经销 新华书店
字数 293 千
印刷 固安华明印业有限公司
版本 2018 年 7 月第 1 版
责任印制 胡晓雅
印次 2018 年 7 月第 1 次印刷

法律出版社/北京市丰台区莲花池西里 7 号(100073)
网址/www. lawpress. com. cn
投稿邮箱/info@ lawpress. com. cn
举报维权邮箱/jbwq@ lawpress. com. cn
销售热线/010 -63939792/9779
咨询电话/010 -63939796

中国法律图书有限公司/北京市丰台区莲花池西里 7 号(100073)
全国各地中法图分、子公司销售电话:
统一销售客服/400 -660 -6393
第一法律书店/010 -63939781/9782 西安分公司/029 -85330678 重庆分公司/023 -67453036
上海分公司/021 -62071010/1636 深圳分公司/0755 -83072995

书号:ISBN 978 -7 -5197 -2115 -2 **定价**:59.00 元
(如有缺页或倒装,中国法律图书有限公司负责退换)